八閩文庫

八閩文庫 要籍選刊 15

毛詩古音攷
屈宋古音義

［明］陳第 撰　郭庭平 點校

海峽出版發行集團
THE STRAITS PUBLISHING & DISTRIBUTING GROUP
福建教育出版社

八閩文庫總序

葛兆光　張　帆

一

在傳統中國的文化史上，福建算是後來居上的區域。經歷了東晉、中唐、南宋幾次大移民潮，浙、閩之間的仙霞嶺，早已不是分隔内外的屏障，而成了溝通南北的通道。歷史使得福建越來越融入華夏文明之中，唐宋兩代，特别是在「背海立國」的宋代，東南的經濟發達，海洋的地位凸顯，福建逐漸從被文明中心影響的邊緣地帶，成爲反向影響全國文明的重要區域。在七世紀的初唐，詩人駱賓王曾説「龍章徒表越，閩俗本殊華」（駱臨海集箋注卷二晚憩田家，陳熙晉箋注，上海古籍出版社一九八五年，第三六頁），前一句説的是華夏的衣冠對斷髮文身的越人没有用，後一句説的是閩地的風俗本來就與華夏不同，意思都是瞧不起東南。但是，到了十五世紀的明代中期，黄仲昭在弘治八閩通志序裏卻説，八閩雖爲東南僻壤，但自唐以來文化漸盛，「至宋，大儒君子接踵而出」，實際上它的文明程度，已經「可以不愧於鄒魯」（四庫全書存目叢書史部一七七册，齊魯書社一九九六年，第三六四頁）。

的確，自從福建在唐代出了第一個進士薛令之，而且晉江有歐陽詹，福清有王棨，莆田有徐夤、黄滔這些傑出人物之後，到了更加倚重南方的宋代，福建出現了蔡襄（一〇一二—一〇六七）、陳襄（一〇一七—一〇八〇）、游酢（一〇五三—一一二三）、楊時（一〇五三—一一三五）、鄭樵（一一〇四—一一六二）、林光朝（一一一四—一一七八）、朱熹（一一三〇—一二〇〇）、蔡元定（一一三五—一一九八）、陳淳（一一五九—一二二三）、真德秀（一一七八—一二三五）等一大批著名文人士大夫。這些出身福建或流寓福建的士人學者，大大繁榮和提升了這裏的文化，甚至使得整個中國的文化重心逐漸南移，也許，就像程頤説的那樣「吾道南矣」（宋史卷四二八道學楊時傳，中華書局一九七七年，第一二七三八頁）。也就是説宋代之後，原本偏在東南的福建，逐漸成了中國重要的文化區域。

不過，習慣於中原中心的學者，當時也許還有偏見。以來自中心的偏見視東南一隅的福建，那時福建似乎還是「邊緣」。雖然人們早已承認福建「歷宋逮今，風氣日開」（黄虞稷閩小紀序，撰於康熙五年，續修四庫全書史部七三四册，上海古籍出版社二〇〇二年，第一二七頁），但有的中原士人還覺得福建「僻在邊地」。像北宋樂史的太平寰宇記，一面承認「此州（福州）之才子登科者甚衆」，一面仍沿襲秦漢舊説，稱閩地之人「皆蛇種」，並引十道志説福建「嗜欲、衣服，别是一方」（樂史太平寰宇記卷一〇〇江南東道一二，中華書局二〇〇七年，第一九九一頁）。所以，歷史上某些關於福建歷史、文化和風俗的著作，似乎還在以中原或者江南的眼光，特别留心福建地區與核心區域不同的特異之處，筆下一面凸顯異域風情，一面鄙夷南蠻鴃舌。但是從大的方面説，我們看到宋代以降，實際上福建與中原的精英文化越來越趨向同一，正如宋人祝穆方輿勝覽所説，「海濱幾及洙泗，百里三狀元」，前一句裏所謂「洙泗」即孔子故鄉，這是説福建沿海文風鼎盛，幾乎趕得上孔子故里；後一句裏「三狀元」是指南宋乾道年間福建登第的三個狀元，即乾道二年（一一六六）的蕭國梁、乾道五年的鄭僑和乾道八年的黄定，他們都是福建永福（今永泰）這個地方的人（祝穆新編方輿勝覽卷一〇，施和金點校，中華書局二〇〇三年，第一六三頁）。

文化漸漸發達，書籍或者文獻也就越來越多，福建文獻的撰寫者中不僅有本地人，也有流寓或任職於閩中的外地人。日積月累，這些文獻記録了這個多山臨海區域千年的文化變遷史，而八閩文庫的編纂，正是把這些文獻精選並彙集起來，爲現代人留下唐宋以來有關福建的歷史記憶。

二

福建鄉邦文獻數量龐大，用一個常見的成語説，就是「汗牛充棟」。那麼多的文獻，任何歸類或叙述都不免挂一漏萬。不過，我們這裏試圖從區域文化史的角度，談一談福建文獻或書籍史的某些特徵。

毫無疑問，中國各個區域都有文獻與書籍，秦漢之後也都大體上呈現出華夏同一思想文化的底色，但各區域畢竟有其地方特色。如果我們回溯思想文化的歷史，那麼，唐宋之後福建似乎也有一些特點。恰恰因爲是後來居上的文化區域，所以福建積累的傳統包袱不重，常常會出現一些越出常軌的新思想、新精神和新知識。這使得不少代表新思想、新精神和新知識的人物與文獻，往往先誕生在福建。衆所周知的方面之一，就是宋代儒家思想的變遷。應當説，宋代的理學或者道學，最初乃是一種批判性的新思潮，一些儒家士大夫試圖以屬於文化的「道理」鉗制屬於政治的「權力」，所以，極力强調「天理」的絶對崇高，人們往往稱之爲道學或理學，也根據學者的出身地叫作「濂洛關閩之學」。其中，「閩」雖然排在最後，卻應當説是宋代新儒學的高峰所在，以至於後人乾脆省去濂溪和關中，直接以「洛閩」稱之（如清代張夏雒閩源流録），以凸顯道學正宗，恰在洛陽的二程與福建的朱熹，而道學最終水到渠成，也正是在福建。因爲宋代道學集大成的代表人物朱熹，雖然祖籍婺源，卻出生在福建，而且相當長時間在福建生活。他的學術前輩或精神源頭，號稱「南劍三先生」的楊時、羅從彦（一〇七二—一一三五）、李侗（一〇九三—一一六三），也都是南劍州即今福建南平一帶人，他的提攜者之一陳俊卿（一一一三—一一八六），則是興化軍即今莆田人，而他的最重要的弟子黄榦（一一五二—一二二一）是閩縣（今福州）人，陳淳是龍溪（今龍海）人。

正是在這批大學者推動下，福建逐漸成爲圖書文獻之邦。慶元元年（一一九五），朱熹在福州州學經史閣記中曾經説，一個叫常濬孫的儒家學者，在福州地方軍政長官詹體仁、趙像之、許知新等資助下，修建了福州府學用來藏書的經史閣，即「開之以古人敎學之意，而後爲之儲書，以博其問辨之趣」（朱文公文集卷八〇，朱子全書第二四册，上海古籍出版社、安徽教育出版社二〇一〇年，第三八一四頁）。宋代之後，經由近千年的日積月累，我們看到福建歷史上出現了相當多的儒家論著，也陸續出現了有關儒家思想的普及讀物。大家可以從八閩文庫中看到，這裏收録的不僅有朱熹、真德秀、陳淳的著述，也有明清學者詮釋理學思想之作，像明人李廷機性理要選、清人雷鋐雷翠庭先生自恥録等等，應當説，這些論著構成了一個歷經宋元明清近千年的福建儒家文化史。

三

説到福建地區率先出現的新思想、新精神和新知識，當然不應僅限於儒家或理學一系。更應當記住的是，從宋代以來，中國政治、經濟和文化的重心，逐漸從西北轉向東南，一方面由於中原文化南下，被本地文化激蕩出此地異端的思想，另一方面海洋文明東來，同樣刺激出東南濱海的一些更新的知識。

我們注意到，在福建文獻或書籍史上，呈現了不少過去未曾有的新思想、新精神和新知識。比如唐宋之間，福建不僅出現過譚峭（生卒年不詳）化書這樣的道教著作，也出現過像百丈懷海（約七二〇—八一四）、潙山靈佑（七七一—八五三）、雪峰義存（八二二—九〇八）那樣充滿批判性的禪僧，還出現過禪宗史上撰於泉州的最重要禪史著作祖堂集。又如明代中後期，那個驚世駭俗而特立獨行的李贄（一五二七—一六〇二），有人説他的獨特思想，就是因爲他生在各種宗教交匯融合的泉州，傳説他曾受到伊斯蘭教之影響，當然更因爲有佛教與心學的刺激，使他成了晚明傳統思想世界的反叛者。而另一個莆田人林兆恩（一五一七—一五九八），則是乾脆開創了三一教，提倡「三教合一」，也同樣成爲正統的政治意識形態的挑戰者。再如明清時期，歐洲天主教傳教士「梯航九萬里」，也把天主教傳入福建，特别是明末著名傳教士艾儒略（一五八二—一六四九）應葉向高（一五五九—一六二七）之邀來閩傳教二十五年，從而福建才會有「三山論學」這樣的思想史事件，也産生了三山論學記這樣的文獻。無論是葉向高，還是謝肇淛，這些思想開明的福建士大夫，多多少少都受到外來思想的刺激。最後需要特别提及的是，由於宋元以來，福建成爲向東海與南海交通的起點，所以，各種有關海外的新知識，似乎都與福建相關，宋代趙汝适撰寫諸蕃志的機緣，是他在泉州市舶司任職；元代汪大淵撰寫島夷志略的原因，也是他從泉州兩度出海。由於此後福州成爲面向琉球的接待之地，泉州成爲南下西洋的航線起點，因而福建更出現了像張燮東西洋考、吴朴渡海方程、葉向高四夷考、王大海海島逸志等有關海外新知的文獻，這一有關海外新知的知識史，一直延續到著名的林則徐四洲志。老話説「草蛇灰線，伏脈千里」，歷史總有其連續處，由於近世福建成爲中國的海外貿易和海上交通的中心，所以，這裏會成爲有關海外新知識最重要的生産地，這才能讓我們深切理解，何以到了晚清，福建會率先出現沈葆楨開辦面向現代的船政學堂，出現嚴復通過翻譯引入的西方新思潮。

甚至還可以一提的是，近年來福建霞浦發現了轟動一時的摩尼教文書，這些深藏在道教科儀抄本中的摩尼教資料，説明唐宋元明清以來，福建思想、文化和宗教在構成與傳播方面的複雜性和多元性。所以，在八閩文庫中，不僅收録了譚峭化書，李贄焚書續焚書、藏書續藏書，林兆恩林子會編等富有挑戰性的文獻，也收録了張燮東西洋考、趙新續琉球國志略等關係海外知識的著作，讓我們看到唐宋以來，福建歷史上新思想、新精神和新知識的潮起潮落。

四

在八閩文庫收録的大量文獻中，除了福建的思想文化與宗教之外，也留存了有關福建政治、文學和藝術的歷史。如果我們看明人鄧原岳編閩中正聲、清人鄭杰編全閩詩録收録的福建歷代詩歌，看清人馮登府編閩中金石志、葉大莊編閩中石刻記、陳棨仁編閩中金石略中收録的福建各地石刻，看清人黄錫蕃編閩中書畫録中收録的唐宋以來福建書畫，那麽，我們完全可以同意歷史上福建的後來居上。這正如陳衍（一八五六—一九三七）在閩詩録的序文中所説「余維文教之開，吾閩最晚，至唐始有詩人，至唐末五代中土詩人時有流寓入閩者，詩教乃漸昌，至宋而日益盛」（續修四庫全書集部一六八七册，第四一一頁）。可見，宋史地理志五所説福建人「多向學，喜講誦，好爲文辭，登科第者尤多」，「今雖閭閻賤品處力役之際，吟詠不輟」（杜佑通典州郡十二），真是一點兒不假。

清代學者朱彝尊（一六二九—一七〇九）曾説「閩中多藏書家」（曝書亭集卷四四淳熙三山志跋，四部叢刊初編集部二七九册，上海書店一九八九年，第六〇一頁）。

千年以來的人文日盛，使得現存的福建傳統鄉邦文獻，經史子集四部之書都很豐富，翻檢八閩文庫，就可以感覺到這一點，這裏不必一一叙説。需要特別指出的是，福建歷史上不僅有衆多的文獻留存，也是各種書籍刊刻與發售的中心之一。福建多山，林木葱蘢，具備造紙與刻書的有利條件，從宋元時代起，福建就成爲中國書籍出版的中心之一。宋元時代福建的所謂「建本」或「麻沙本」曾經「幾遍天下」（葉夢得石林燕語卷八，侯忠義點校，中華書局一九八四年，第一一六頁），更有所謂「麻沙、崇安兩坊産書，號稱『圖書之府』」的説法（新編方輿勝覽卷一一，第一八一頁）。版本學家也許將它與蜀本、浙本對比，覺得它並不精緻，但是，從書籍流通與文化貿易的角度看，正是這些廉價圖書，使得很多文化知識迅速傳向中國四方，也深入了社會下層。淳熙六年（一一七九），朱熹在建寧府建陽縣學藏書記中曾説到，「建陽版本書籍行四方，無遠不至」，可當時嘉禾縣學居然藏書很少，「學於縣之學者，乃以無書可讀爲恨」，於是一個叫姚耆寅的知縣，就「鬻書於市，上自六經，下及訓傳、史記、子、集，凡若干卷以充入之」。當地刊刻的書籍，豐富了當地學者的知識，也增加了當地文獻的積累，甚至扭轉了當地僅僅重視「世儒所誦科舉之業」的風氣（朱文公文集卷七八，朱子全書第二四册，第三七四五頁），這就是一例。到了清代，汀州府成爲又一個書籍刊刻基地，近年特別受到中外學者注意的四堡，就是一個圖書出版和發行中心，文獻記載這裏「以書版爲産業，刷就發販，幾半天下」（咸豐長汀縣志卷三一物産）。所以，美國學者包筠雅（Cynthia J. Brokaw）文化貿易：清代至民國時期四堡的書籍交易（劉永華、饒佳榮等譯，北京大學出版社二〇一五年）就深入研究了這個位於汀州府長汀、清流、寧化、連城四縣交界地區的客家聚集區的書籍事業，繼承宋元時代建陽地區（如麻沙）刻書業，這裏再一次出現中國書籍出版史上佔據重要位置的福建書商群體。

可以順便提及的是，福建刻書業也傳至海外。福建莆田人俞良甫，元末到日本，由九州的博多上岸，寓居在京都附近的嵯峨，由他刻印的書籍被稱爲「博多版」。據説，俞氏一面協助京都五山之天龍寺雕印典籍，一面自己刻印各種圖書，由於所刊雕書籍在日本多爲精品，所以被日本學者稱爲「俞良甫版」。

從建陽到汀州，福建不僅刊刻了精英文化中的儒家九經三傳、諸子百家以及文選、文獻通考、賈誼新書、唐律疏議之類的典籍，也刊刻了很多大衆文化讀本，諸如西廂記、花鳥争奇和話本小説。特別在明清兩代書籍流行的趨勢和作爲商品的書籍市場的影響下，蒙學、文範、詩選等教育讀物，風水、星相、類書等實用讀物，小説、戲曲等文藝讀物，在福建大量刊刻。如果我們不是從版本學家的角度，而是從區域文化史的角度去看，這種「易成而速售」（石林燕語卷八，第一一六頁）的書籍生產方式，使得各種文獻從福建走向全國甚至海外，特別是這些既有精英的、經典的，也有普及的、實用的各種知識的傳播，是否正是使得華夏文明逐漸趨向各地同一，同時也日益滲透到上下日常生活世界的一個重要因素呢？

五

八閩文庫的編纂，當然是爲福建保存鄉邦文獻，前面我們説到，保存鄉邦文獻，就是爲了留住歷史記憶。

這次編纂的八閩文庫，擬分爲三個部分。第一部分是「文獻集成」，計劃選擇與收録唐宋以來直到晚清民初的閩人各種著述，以及有關福建的文獻，共一千餘種，這部分採取影印方式，以保存文獻原貌。這是八閩文庫的基礎部分，按傳統的經史子集四部分類，這是爲了便於呈現傳統時代福建書籍面貌，因而數量最多。第二部分是「要籍選刊」，精選一百三十餘種最具代表性的閩人著述及相關文獻，以深度整理的方式點校出版，不僅爲了呈現歷代福建文獻中的精華，也爲了便於一般讀者閱讀。第三部分則爲「專題彙編」，初步擬定若干類，除了文獻總目之外，還將包括書目提要、碑傳集、宗教碑銘、官員奏摺、契約文書、科舉文獻、名人尺牘、古地圖等，我們認爲，這是以現代觀念重新彙集與整理歷史資料的一個新方式，它將無法納入傳統的四部分類，卻是對理解福建文化與歷史至關重要的文獻，進行整理彙集，必將爲研究與理解福建，提供更多更系統的資料。

經歷幾年討論與幾年籌備，八閩文庫即將從二〇二〇年起陸續出版，力争用十年時間，經過一番努力，打下一個比較完備的福建文獻的基礎。

當然，不能説八閩文庫編纂過後，對於福建文獻的發掘與整理就已完成。八閩文庫僅僅是我們這一兩代人的工作，還有更多或更深入的工作，在等待著未來的幾代人去努力。無論從舊材料中發現新問題，還是以新眼光發現新材料，都是建立在前人的基礎上，而又對前人的工作不斷修正完善的過程。還是朱熹寫給陸九齡的那句廣爲流傳的老話：「舊學商量加邃密，新知培養轉深沉。」用舊的傳統融會新的觀念，整理這些縱貫千年的歷史文獻，也就無論「人間有古今」了。

八閩文庫要籍選刊出版説明

福建自唐代以降，名家輩出，著述繁興，流傳千載，聲光燦然。遺存之文獻，多可彰顯福建歷史發展脈絡，展示前賢思想學術及文學藝術成就，爲研究福建區域文化之基本典籍。八閩文庫「要籍選刊」擇取重要之閩人著作及相關福建文獻百數十種，予以點校。其中具備條件者，將採用編年、箋注、校證等方式整理。諸書略依經史子集分部編次，陸續出版。

二〇二一年八月

整理前言

陳第（一五四一—一六一七），字季立，號一齋。明代福建省連江縣龍西鋪人。自幼隨父兄讀書，天資聰穎，過目不忘。十九歲考中秀才，進入縣學讀書，每次考試都名列前茅。二十五歲師從潘碧梧學文，在福州如蘭精舍讀書，後來跟從老師在福州、漳州一帶講學。其間參加秋闈都鎩羽而歸，於是棄文從武。三十三歲師從俞大猷學兵，先在京營教練兵車，後到薊北戍邊。三十七歲爲潮河提調，四十歲擢爲遊擊將軍，駐紮漢兒莊，鎮守喜峰口。因不願討好上司並與之同流合汙，四十三歲解甲歸田。回到連江後，閉門讀書十餘年，五十七歲開始出遊。從此歷時近二十年，遊兩粵，登五嶽，足跡幾乎踏遍神州大地。七十六歲欲遊四川峨眉山，剛到南平因病而返，翌年三月逝世，享年七十七歲。陳第把遊歷、讀書、著述有機地結合起來，自稱「述經有四，遊州有八」（陳第一齋先生考終録自挽聯），爲後人留下了豐富的文化遺産。

陳第的第一本書松軒講義，刊刻於萬曆二十二年（一五九四）。陳第四十歲擢任遊擊將軍，駐漢兒莊。他爲當地軍民子弟興辦義學，有空自己也前往授課，松軒講義就是當年的講稿。陳第在薊門戍邊期間，還著有薊門塞曲和薊門兵事。薊門塞曲刊刻於萬曆二十九年（一六〇一），共收録陳第在薊門寫的一百首詩歌。薊門兵事刊刻於萬曆三十一年（一六〇三），全書分上下兩卷，是研究陳第在薊門守邊經歷的第一手資料。這三本書從不同的角度反映了陳第的邊塞生活、軍事活动及其思想感情。

陳第的揚名之作是毛詩古音攷，刊刻於萬曆三十四年（一六〇六）。全書共四卷，通過本證、旁證，共探究詩經中五百零二个字的古音，還對「相鼠」一詞释義。陳第在書中提出「時有古今，地有南北，字有更革，音有轉移」的著名觀點，並用大量的實例證明古本音不同於今韻，從而徹底否定了長期以來佔統治地位的「叶音説」，開闢了古音研究的新紀元。對這部著作，明代著名學者焦竑率先給予高度贊揚：「乃寥寥千古，至季立始有歸一之論，其爲功可勝道哉！」（焦竑毛詩古音攷序）陳第的另一本古音學專著屈宋古音義，刊刻於萬曆四十二年（一六一四）。全書共三卷，探究屈原、宋玉三十八篇作品的古音義，與毛詩古音攷相爲印證。第一卷檢屈宋音跟毛詩相同的八十餘字，以及毛詩所未有的一百五十餘字。第二、三卷分別爲屈原、宋玉作品注音釋義。毛詩古音攷與屈宋古音義比翼雙飛，不愧爲中國古音學的經典之作。

陳第「專欲以發揮五經爲業」（陳第一齋先生考終録遺誡），可惜因病没有完成麟經直指的寫作，最終「述經有四」，成書者除毛詩古音攷外，还有伏羲圖贊、尚書疏衍和二戴粹纂（已佚）。伏羲圖贊刊刻於萬曆三十七年（一六〇九），全書分上下兩卷，並附圖問和雜卦傳古音攷。焦竑讀後慨嘆：「不意晚年見此奇特。」（焦竑伏羲圖贊序）董應舉認爲此書「尤爲超絶，一筆圓成，當與太極圖表裏，斷然千古無疑也」（董應舉崇相集祭陳一齋文）。尚書疏衍刊刻於萬曆四十年（一六一二），全書共四卷。第一卷爲尚書攷、古文辨、引書證和尚書評，第二卷爲虞書，第三卷爲夏書、商書，第四卷爲周書，總共列出一百一十六個條目進行探討、考辨與評論，指陳得失，頗多創見。

與上述「述經」專著不同，謬言與意言是語録體著作，可視之爲讀書心得或指要，其中不乏精粹警策之語。謬言刊刻於萬曆二十三年（一五九五），全書共八章二百一十三條，是陳第晚年家居時訓子之言，反映了陳第对儒學的獨到見解，以及追求實用的治學態度。意言刊刻於萬曆二十五年（一五九七），全書共一百八十六條，不分章節類别，錯雜以問答式。其内容相當廣泛，包括政治、文化、學術、道德，以及對歷史人物、歷史事件或某一著作的評價等。書劄爐存則是書信體文集，刊刻於萬曆二十九年（一六〇一），共保存二十四封信件，既是陳第生平心跡的自然表露，也是陳第人生經歷的補充記録。

陳第不僅是滿腹詩書的學者，還是一個産量不菲的詩人。單是留傳下來的詩歌，就有近千首之多，分别收入薊門塞曲（見上）、兩粤遊草、寄心集、五嶽遊草和一齋先生考終録等五部書中。兩粤遊草刊刻於萬曆二十九年（一六〇一），是陳第從五十八歲到六十歲遊兩廣時的作品，計一百零一首詩歌，另含九篇文章。寄心集刊刻於萬曆三十九年（一六一一），這年陳第七十一歲，「檢垂髫以至白首」（陳第寄心集自序）所寫的四言與五言詩共一百五十八首，彙編成册。全書共六卷，卷一詠懷，卷二言志，卷三感古，卷四雜詠，卷五給家人，卷六贈師友。五嶽遊草刊刻於萬曆四十四年（一六一六），陳第「檢遊中所作，自泰山而後，衡山而前，分爲七類」（陳第五嶽遊草自序），總共五百九十六首。此書以體裁分類，卷一五言古詩七十六首，卷二七言古詩五十四首，卷三五言律詩一百三十八首，卷四五言排律十三首，卷五七言律詩一百七十首，卷六五言絶句五十八首，卷七七言絶句八十七首。一齋先生考終録是陳第的最後一部書，刊刻於萬曆四十五年（一六一七），收録陳第在病榻上寫的二十八首詩，另含遺誡一篇、自挽聯兩副，還附録陳第在薊門寫的七篇文章。上述十四种書共三十五卷，以一齋集傳世。除外，陳第的世善堂藏書目録編輯於萬曆四十四年（一六一六），全書分上下兩卷，共六部六十三類，計「萬有餘卷」（陳第世善堂藏書目録題詞）。這本藏書目録很有特色，「類名較前賢特爲詳悉，立類標準亦與衆不同，頗具創造精神」。（李日剛中國目録學，明文書局一九八三年）而且内有「斷種秘册約三百餘」，（葉昌熾藏書紀事詩，中華書局一九九一年）不過，關於「斷種秘册約三百餘」真僞問題，後世多有質疑者，以爲乃陳第曾孫陳元鍾後來擅自添加。其價值爲歷代藏書家所稱道。还有東番記，寫於萬曆三十一年（一六〇三），後來編入沈有容的閩海贈言。全文雖然只有一千四百餘字，但具有很高的學術價值，是最早記載臺灣當地居民風俗的調查報告。此文原來已經佚而不傳，直到一九五五年臺灣學者方豪先生在日本東京圖書館獲得閩海贈言全書影本，東番記才與舟師客問（陳第另一篇佚文）一起重新進入讀者的視野。

詩經是我國最早的一部詩歌總集，收集了西周初年至春秋中葉（公元前十一世紀至公元前六世紀）的三百零五首詩歌。隨著時間的不斷推移，語音發生了很大的變化，導致後人讀詩經產生不叶韻的問題。北周沈重作毛詩音義創立叶韻之説，唐代陸德明提倡韻緩之説，宋代吴棫則兼而承之，著韻補（五卷）等書，開啓專門研究古韻的先河。但是，他並没有發現古音，無法真正解決音韻不叶的問題。朱熹的詩集傳，叶韻説體現得更加突出，他相當隨意地以改變韻脚讀音的方法來求得聲音的和諧。直至明代陳第異軍突起，著毛詩古音攷，才從根本上推翻叶韻説，讓古韻研究步入正軌。王力説：「古音學研究本來在宋代已經開始了，例如吴棫、鄭庠、徐月卿等都曾經討論過古音的問題。但是，系統的科學的研究還是從明末的陳第開始的。」（王力漢語史稿，中華書局一九八〇年）

毛詩古音攷刊刻於明萬曆三十四年（一六〇六），陳第逝於萬曆四十五年（一六一七），在這短短的十餘年時間内，「自焦竑以外，無人能通其説」（欽定四庫全書提要評毛詩古音攷），當然談不上有什麽影響。所幸的是，就在陳第逝世前幾年，即萬曆四十一年（一六一三），顧炎武呱呱落地。而顧炎武駕鶴西歸前一年，即清康熙二十年（一六八一），江永又降臨世間。後來顧炎武的詩本音與江永的古韻標準相繼問世，繼承並發展了陳第的古音學説，使自宋以來的「叶音説」從根本上得以糾正。四庫提要指出：「國朝顧炎武作詩本音，江永作古韻標準，以經證經，始廓清妄論，而開除先路則此書（按：指毛詩古音攷）實爲首功。」張裕釗在重刊毛詩古音攷序中説：「我朝經學度越前古，實陳氏有以啓之。雖其後顧、江諸賢之書，宏博精密，益加於前時，然陳氏創始之功顧不偉哉？」王國維説得最乾脆：「自明以來，古韻學之發明有三：一爲連江陳氏古本音不同今韻之説，二爲戴氏陰陽二聲相配之説，三爲段氏古四聲不同今韻之説。」（王國維韻學餘説影印本，齊魯書社二零一八年）

毛詩古音攷一書，概而言之，似可以「一種觀念，兩面證明，三大貢獻」來概括。一種觀念，是指「時有古今，地有南北，字有更革，音有轉移」的著名觀點，後來被歸納爲「古音時地説」，成爲古音研究的一個基本理論原則。朱曉農先生則稱之爲「音移觀」，他説：「用『音移』觀念作標準來衡量，可以看到顧炎武以後都受陳第影響。這就是説，古音學是從陳第開始的。」（朱曉農古音學始末，載上海社會科學院編學習與探索，一九八六年）王力先生也曾在中國音韻學史中説：「古音學的建立，首先應該歸功於明代的陳第。」這種觀念具體表現爲「古詩無叶音」的主張。陳第在毛詩古音攷跋中寫道：「往季讀焦太史筆乘曰：『古詩無叶音。』此前人未道語也，知言哉。」所謂「叶音」，是指臨時改變詩歌韻脚的讀音，以求音韻和諧的方法。陳第篤信「古詩無叶音」，極力反對「叶音説」，與焦竑不謀而合。他在屈宋古音義跋中説：「余少受詩家庭，先人木山公嘗曰：『叶音之説，吾終不信。以近世律絶之詩叶者且寡，乃舉三百篇盡謂之叶，豈理也哉？然所從來遠，未易遽明爾。豎子他日有悟，毋忘吾所欲論著矣。』余於時默識教言，若介於胸臆。故上綜往古篇籍，更相觸證，久之豁然自信也。獨弱侯先生論與余合，抑何其寥寥乎。」由此可見，「古詩無叶音」一語，雖引自焦竑的文章，但確實是陳第自己的古音理念，而把焦竑視爲難得的知音。陳第的古音學説，給「叶音説」致命一擊，張世禄先生説：「蓋至陳氏，叶音之説，始破除浄盡。」（張世禄中國古音學，商務印書館一九三五年）葉光球先生在聲韻學大綱韻學概要中認爲：「至明陳第出，著毛詩古音攷及屈宋古音義，於是古音學研究始入正軌。」

兩面證明，自然是指從「本證」與「旁證」兩個方面來論證古音。陳第解釋説：「本證者，詩自相證也。旁證者，采之他書也。」顯然，不管是「本證」還是「旁證」，都屬於例證，如果單一而論似乎談不上創新，但把它們結合在一起，就形成了新穎的考證古音的科學方法，因而富有創造性。更何况容肇祖先生認爲：「用證據來考訂古書，便是學術史上一大進步，這便是科學的治學方法，懂得應用這方法便是他在思想史上最大的貢獻。」（容肇祖明代思想史，開明書店一九四一年）

至於三大貢獻，胡蘇先生作如是闡述：「第一是觀念層面上的，他用歷史的眼光看待古今音的差異，認爲古今音的不同，乃有一個歷史變化的過程，是一種必然。」「第二個貢獻是理念層面上的，他用大量的證據證實了焦氏提出的『古詩無叶音』説，使其理論具有實際意義。」「第三大貢獻是方法層面上的，陳氏用自己的研究實踐，給學術界提供了探求古音的途徑和方法。」（胡蘇略論陳第對古音學的貢獻，載語言理論研究二〇〇六年第二期）竊以爲此論頗爲中肯。只是把陳第的古音著述簡單地視爲對焦氏觀點的證明，未免失之偏頗。

屈宋古音義寫於萬曆四十二年（一六一四），探究屈原、宋玉三十八篇作品古音義，與毛詩古音攷相印證，是陳第的第四部學術著作。孫巧雲先生認爲：「自隋到明代，楚辭音研究方面唯有陳第屈宋古音義。陳第此書實有開創之功，直接開啓清代考證古音音系的門徑。」（孫巧雲論陳第屈宋古音義之歷史地位，唐山學院學報，二〇一一年第二期）

四庫提要對屈宋古音義作了簡明的概述：「第既撰毛詩古音攷，復以楚辭去風人未遠，亦古音之遺，乃取屈原所著離騷等二十五篇，除其天問一篇，得二十四篇。又取宋玉九辯九篇、招魂一篇，益以文選所載高唐賦、神女賦、風賦、登徒子好色賦四篇，得十四篇。共三十八篇。其中韻與今殊者二百三十四字，各推其本音，與毛詩古音攷互相發明。惟每字列本證，其旁證則間附字下，不另爲條。體例小異，以前書已明故也。書本一卷。其後二卷則舉三十八篇各爲箋注，而音仍分見諸句下。蓋以參考古音，因及訓詁，遂附録其後，兼以『音義』爲名。實則卷帙相連，非别爲一書。」

如果説毛詩古音攷重在證音，那麽屈宋古音義在證音之餘，還側重於誦讀（即運用）。爲什麽這麽説呢？其一，從篇幅上看，屈宋古音義共三卷，其中唯第一卷證音，第二、三卷爲屈宋之文注音釋義，並不像毛詩古音攷四卷都致力於證音。其二，從證音過程看，屈宋古音義不再嚴格采用「本證」「旁證」的體例，相對而言比較寬鬆。其三，從引用的材料看，屈宋古音義也不如毛詩古音攷來得豐富、周詳。這是因爲毛詩古音攷已基本上實現了古本音的求證目標，接下來的屈宋古音義還要將古音運用於誦讀實踐，從而變换角度進一步證明「古詩無叶音」。

關於這一點，陳第在屈宋古音義自序中説得很明白：「豈惟屈宋是爲？將以羽翼夫毛詩，使天下後世篤信古音而不疑，是區區論著之夙心也已。」至於釋義，恐怕只是副產品，他在凡例四則中説：「余初録屈宋辭賦，只存其正文不著註。友人謂無註難讀，因取舊註删潤之，間亦附以鄙意。」這樣看來，似不應把屈宋古音義看成是毛詩古音攷的簡單重復。正如張民權先生所説的那樣：「對後來影響最大的還是陳第，他不僅是在理論與觀念創新方面有所建樹，而且在語音史的本體研究方面也卓有貢獻，所著毛詩古音攷和屈宋古音義成爲漢語史上的經典之作。」（張民權論傳統古音學的歷史推進及其相關問題，載古漢語研究二〇一一年第一期）

説到古詩誦讀，不妨試舉屈原的國殤爲例。如果按照今音誦讀，可以説是「嘔啞嘲哳難爲聽」。爲什麼呢？問題出在韻脚上。如甲、接、雲、先、行、傷、馬、鼓、怒、野、反、遠，有幾個字讀起來押韻上口？古詩怎麼會如此不諧韻呢？問題癥結在於：「蓋爲今之詩，古韻可不用也。讀古之詩，古韻可不察乎？」（陳第毛詩古音攷自序）原來這些現在讀起來不押韻的字，古音是完全押韻的。還以國殤爲例：

操吴戈兮被犀甲（古音結），車錯轂兮短兵接。

旌蔽日兮敵若雲（古音延），矢交墜兮士争先。

凌余陣兮躐余行（古音杭），左驂殪兮右刃傷。（以上皆二句一韻）

霾兩輪兮縶四馬（古音姥），援玉枹兮擊鳴鼓。天時懟兮威靈怒（古上聲），嚴殺

盡兮棄原壄（古音暑）。（四句一韻）

出不入兮往不反（古音顯），平原忽兮路超遠（古音演）。（二句一韻）

帶長劍兮挾秦弓，首身離兮心不懲。誠既勇兮又以武，終剛强兮不可淩。身既死兮神以靈，魂魄毅兮爲鬼雄（古音盈）。（六句一韻）

顯然，只有懂得用古音誦讀，才可以做到朗朗上口。怪不得陳第在屈宋古音義跋中說：「夫古今聲音必有異也，故以今音讀今，以古音讀古，句讀不齟於脣吻，精義自繹於天衷，確乎不可易之道也。」

屈宋古音義的第二卷選注屈原作品，第三卷選注宋玉作品，陳第都把爲韻腳注古音放在首位，既讓讀者對古音一目瞭然，又爲他們的誦讀提供方便，其目的在於進一步證明「古音無叶韻」。還值得一提的是，爲了達到這個目的，他别出心裁地在斷章上狠下功夫。陳第在凡例四則中說：「然從前註楚辭者，或以一二句、三四句斷章，雖解其義，而其韻混淆未易曉也。如離騷屢次轉韻，其韻之多有至八句、十二句爲一韻者。招魂亦屢次轉韻，韻之多有至十六句、二十句爲一韻者，今余一以韻爲斷。若惜往日、悲回風有以二十句、二十二句、二十四句爲一韻者，其韻既長，不得不分而註之，然亦書於其下。其他二句、三句韻者，亦明書之。」在這裏，陳第對注楚辭提出了「以韻爲斷」的主張，這是前所未有的創新。爲什麽這樣做呢？原因很簡單，傳統的斷章解義，往往著眼於内容，導致「其韻混淆未易曉」。而陳第所要的結果，是讓讀者清清楚楚地知曉古韻的和諧，大可隨心誦讀，根本不要靠叶音來湊合。於是一篇作品不管轉韻幾次，也不管一韻幾句，他一概「以韻爲斷」。爲了解決一韻句子過多，只能分而注之的矛盾，他采取在韻末或篇末加按語的方法，標明多少句爲一韻，藉以提醒讀者注意古韻。比如惜往日是在韻末加按語，從開頭到「身幽隱而備之」，分五處加注，而後標明「至此，二十二句爲一韻」。接下來一韻一注，依次標明「至此，十二句爲一韻」、「四句韻」、「六句韻」、「八句韻」。從「自前世之嫉賢兮」到結尾分三處加注，最後標明「至末，二十句爲一韻」。又如離騷是在篇末加按語：「愚按：離騷韻，六句爲韻者一段，八句爲韻者五段，十二句爲韻者二段，餘皆四句爲韻。今皆以韻分章，以便誦讀云。」儘管陳第對所有作品並没有一一加上「幾句韻」的按語（似亦無必要），但他「以韻爲斷」的做法清晰明朗，而且始終如一。

簡而言之，屈宋古音義的段落安排，體現原著以韻爲層次的特點，不再考慮意義上的層次，力求與作者的著述思想相吻合。同時將原著的排版，跟當代的排印作合理的轉換，使之既不違背作者的初衷，又符合當代讀者的閱讀習慣。

毛詩古音攷於萬曆三十四年（一六〇六）夏刻成，屈宋古音義於萬曆四十二年（一六一四）春刻成，均爲最初的明萬曆刻本。後因兩書一併收入一齋集，故或稱之爲明萬曆一齋集本。顯然，這是陳第古音二書的源頭。

據中國古籍善本書目記載，明崇禎九年（一六三六）出現飯石軒刻本，上海圖書館、復旦大學圖書館均有藏書。遺憾的是，筆者在這兩家圖書館目録查詢系統並没有查到相關藏書記録。還值得注意的是，毛詩古音攷一書在第三批江蘇省珍貴古籍名録推薦名單中，曾出現寶應縣圖書館所藏明崇禎九年飯石軒刻本，但在後來的第三批江蘇省珍貴古籍名録中，仍爲「明萬曆三十四年（一六〇六）刻一齋集本」，並未提及飯石軒刻本，可見所謂飯石軒刻本乃明萬曆刻本之誤。

清乾隆二十七年（一七六二）、乾隆三十二年（一七六七），徐時作先後重刻毛詩古音攷、屈宋古音義，是爲崇本山堂刻本。徐時作（一六九七—一七七七），字鄴侯，號筠亭，福建建寧（古爲綏安縣）人。清雍正五年（一七二七）進士，著有崇本山堂詩文集等。清乾隆四十二年（一七七七）六月，四庫全書毛詩古音攷校畢，提要云：「此本及屈宋古音義皆建寧徐時作購得舊刻，復爲刊傳。」顯然，四庫本是以崇本山堂刻本爲底本。崇本山堂刻本因此名聲大噪，後來有人重刻毛詩古音攷與屈宋古音義，亦以崇本山堂刻本爲底本。比如清光緒六年（一八八〇），武昌張氏以崇本山堂刻本爲底本。民國二十三年（一九三四），雙流黄氏濟忠堂則重刊武昌張氏本。清嘉慶十年（一八〇五），張海鵬學津討原叢書刻成，其中包含毛詩古音攷與屈宋古音義，稱爲學津討原刻本。張海鵬，字若雲，號子瑜，江蘇常熟人。治經之暇，以剞劂爲己任，從一個秀才成爲知名的叢書編刻大家。

清道光五年（一八二五），四川龍萬育重刻毛詩古音攷，即敷文閣刻本。龍萬育，字燮堂，成都人，清代嘉慶、道光年間知名刻書家，以刻印讀史方輿紀要顯名後世。清道光二十八年（一八四八）秋，陳第七世從孫陳斗初歷時十八年終於完成重刊一齋集工程。一齋集收入陳第十四部著作，共三十五卷（世傳萬曆本一齋集只有三十二卷，缺薊門兵事二卷、一齋先生考終録一卷），其中包含毛詩古音攷與屈宋古音義，是爲清道光一齋集刻本。清同治二年（一八六三），湖南長沙余肇鈞重刻毛詩古音攷與屈宋古音攷（是書惟卷一古音攷部分，故云），是爲明辨齋刻本。他在校刊一齋先生古音攷二種弁言中説：「予家藏有二本，其一爲萬曆中會山樓合刻一齋全集十二種本，其一爲綏安徐筠亭所刻二書單行本，後復於友人處假得學津討原本。三本比勘，原刻爲優，兹故以原本付剞劂云。」所謂原本，乃弁言所云「萬曆中會山樓合刻一齋全集十二種本」，即明萬曆刻本。近人嚴式誨（一八九〇—一九七六），字谷聲，又作谷蓀，四川成都人，原籍陜西渭南孝義里，故自署「渭南嚴氏」。他從一九二三年至一九三六年陸續刻成音韻學叢書（二十種，一百二十三卷），其中包含毛詩古音攷與屈宋古音義，是爲音韻學叢書本。

今整理陳第毛詩古音攷與屈宋古音義二書，均選擇明萬曆一齋集刻本影印本［一九九七年北京出版社四庫禁毀叢刊（集部第五七册）影印明萬曆會山樓刻本］作爲底本，因爲這個版本是原刻，而且保存比較好，是最值得信任的刻本。校本則選擇清乾隆四十二年（一七七七）欽定四庫全書毛詩古音攷與屈宋古音義復本（簡稱「四庫本」），以及清同治二年（一八六三）余肇鈞重刻毛詩古音攷與屈宋古音攷復本（簡稱「明辨本」）。雖然四庫本以崇本山堂刻本爲底本，到底隔了一層，但相信其校對與訂正工作會做得比較好。而明辨本是在「三本比勘，原刻爲優」之後，以明萬曆一齋集本「付剞劂」的。這樣的選擇，使得點校本的質量有了根本的保證。

郭庭平於臨江齋

目録

毛詩古音攷

屈宋古音義

毛詩古音攷

序

焦竑

詩必有韻，夫人而知之。至以今韻讀古詩，有不合輒歸之於叶，習而不察，所從來久矣。吳才老、楊用修著書，始一及之，猶未斷然盡以爲古韻也。余少讀詩，每深疑之，迨見卷軸寖多，彼此互證，因知古韻自與今異，而以爲叶者謬耳。故筆乘中間論及此，不謂季立俯與余同也。

甲辰歲，季立過余，曰：「子言古詩無叶，千載篤論，如人之難信何？」及觀古音攷一書，取詩之同類者，而臚列之爲本證，已取老、易、太玄、騷賦、參同、急就、古詩謡之類，臚列之爲旁證，令讀者不待其畢，將啞然失笑之不暇，而古音可明也。噫，季立之用心可謂勤矣。

韻之於經，所關若淺鮮，然古韻不明，至使詩不可讀。詩不可讀，而正得失、動天地、感鬼神之教，或幾於廢，此不可謂之細事也。乃寥寥千古，至季立始有歸一之論，其功豈可勝道哉？世有通經嗜古之士，必以此爲津筏；而簡陋自安者，至以好異目君，則不學之過矣。

蓋余嘗言季立有三異，而或者之所言不與焉：身爲名將，手握重兵，一旦棄去之，瓶鉢蕭踈，野衲不若，一異也；周遊萬里，飄飄若神仙，不可羈紲，而辭受硜硜，不以秋豪自點，二異也；貫穿馳騁，著書滿家，其涉獵者廣博矣，而語字畫聲音，至與繭絲牛毛爭其猥細，三異也。若夫爲今詩從今韻，以古韻讀古詩，所謂各得其所耳，奚異焉？余爰係其語於簡端，有不知君者，亦可得其爲人之大略云。

萬曆丙午夏，秣陵焦竑弱侯書於所居恬愉館中。

自序

夫詩，以聲教也，取其可歌、可咏、可長言嗟歎，至手足舞蹈而不自知，以感竦其興、觀、羣、怨。事父事君之心，且將從容以紬繹，夫鳥獸草木之名義，斯其所以爲詩也。若其意深長而於韻不諧，則文而已矣。故士人篇章必有音節，田野俚曲亦各諧聲，豈以古人之詩而獨無韻乎？蓋時有古今，地有南北，字有更革，音有轉移，亦勢所必至。

故以今之音讀古之作，不免乖剌而不入，於是悉委之叶。夫其果出於叶也？作之非一人，采之非一國，何「母」必讀米，非韻杞、韻止，則韻祉、韻喜矣；「馬」必讀姥，非韻組、韻黼，則韻旅、韻土矣；「京」必讀疆，非韻堂、韻將，則韻常、韻王矣；「福」必讀偪，非韻食、韻翼，則韻德、韻億矣？厥類實繁，難以殫舉。其矩律之嚴，即唐韻不啻，此其故何邪？又左國、易象、離騷、楚辭、秦碑、漢賦，以至上古歌謡、箴、銘、頌、贊，往往韻與詩合，實古音之證也。或謂三百篇，詩辭之祖，後有作者規而韻之耳。不知魏晉之世，古音頗存，至隋唐澌盡矣。唐宋名儒，博學好古，間用古韻，以炫異耀奇，則誠有之。若讀「垤」爲「姪」，以與「日」韻，堯戒也；讀「明」爲「芒」，以與「良」韻，皋陶歌也。是皆前於詩者，夫又何故？且讀「皮」爲「婆」，宋役人謳也；讀「丘」爲「欺」，齊嬰兒語也；讀「户」爲「甫」，楚民間謡也；讀「裘」爲「基」，魯朱儒謔也；讀「作」爲「詛」，蜀百姓辭也；讀「口」爲「苦」，漢白渠誦也。又，「家」，「姑」讀也，秦夫人之占；「懷」，「回」讀也，魯聲伯之夢；「旂」，「斤」讀也，晉滅虢之徵；「瓜」，「孤」讀也，衛良夫之譟。彼其閭巷贊毁之間，夢寐卜筮之頃，何暇屑屑模擬，若後世吟詩者之限韻邪？

愚少受詩家庭，竊嘗留心於此。晚季獨居海上，慶弔盡廢。律絶近體，既所不閑，六朝古風，企之益遠，惟取三百篇，日夕讀之，雖不能手舞足蹈，契古人之意，然可欣、可喜、可戚、可悲之懷，一於讀詩洩之。又懼子姪之學詩，而不知古音也，於是稍爲攷據，列本證、旁證二條：本證者，詩自相證也；旁證者，采之他書也。二者俱無，則宛轉以審其音，參錯以諧其韻，無非欲便於歌咏，可長言嗟嘆而已矣。蓋爲今之詩，古韻可不用也；讀古之詩，古韻可不察乎？嗟夫，古今一意，古今一聲，以吾之意而逆古人之意，其理不遠也；以吾之聲而調古人之聲，其韻不遠也。患在是今非古，執字泥音，則支離日甚，孔子所删，幾於不可讀矣。愚也聞見孤陋，攷究未詳，姑藉之以請正明達君子。

閩三山陳第季立題。

毛詩古音攷總目

卷一

服音逼 采音泚 友音以 樂音撈 喈音基 斆音約 母音米 行音杭 懷音回 觥音光 振音真
華音敷 家音姑 逵音求 有音以 泳如字 馬音姥 尾音倚 子音止 角音録 居音倨 事音始 降音
洪 下音虎 敗音備 夜音裕 牙音翁 訟音公 皮音婆 蛇音駝 革音亟 哉音資 三音森 昴音留
悔音喜 脱音兑 車音姑 發音廢 訧音怡 風孚金切 野音暑 南音寧 淵音因 顧音古 霾音貍 來
音釐 思音西 兵音邦 老音柳 信音伸 軌音九 怒上聲 死音洗 違音怡 弟音底 救音求 葛音結
節音即 久音几 謀音迷 衛音越 干音堅 言音延 泉音錢 歎音天 門音民 艱音斤 遺音韋 邪音
徐 貽去聲 鮮音洗 景音養上聲 害音係 儀音俄 天音汀 道音島 宜音俄 晳音制 顔音研 上平
聲 麥音密 北音必 兄音荒 京音疆 田音陳 千音親 命音名 相鼠解義 爲音譌 俟音矣 驅音丘
反音顯 䖟音盲 尤音怡 百音博

卷二

青音菁　丘音欺　媒音迷　垣音延　關音堅　眈音沉　爽平聲　德音的　反音販　右音以　甲音結
厲音賴　瓜音孤　括音潔　渴音竭　其音記　許音甫　乾音堅　難音年　脩音束　罹音羅　覺音教　憂音
要　父音甫　涘音矣　蕭音脩　艾音義　歲音試　穴音絲　麻音磨　嗟音磋　施音沱　國音役　館音貫
薦音芍　畏音威　園音延　好音丑　好音休去聲　阜音否　彭音傍　旁音滂　英音央　陶音由　濡音柔
侯音胡　加音歌　來音釐　將音鏘　餐音千　士音始　阪音顯　晦音喜　佩音皮　達他悦切　雲音銀　存
音秦　員音云　娱音吴　願上聲　明音芒　夢音民　還音旋　間音堅　茂音牡　素音蘇　闥他悦切　發音
歇　顛音真　令平聲　雙音菘　畂音米　怛音鐵　鰥音矜　夕音芍　正音征　貫音眷　亂音戀　偕音几
閑音玄　外音意　輻音逼　苗音毛　除音宁　邁音厲　慆音由　愉音偷　樞音丘　榆音由　婁音閭　栲音
糗　考音糗　保音剖　繡音嘯　水音準　朋音鵬　隅音魚侯切　户音虎　者音渚　姓平聲　怙音古　巔音
真　碩音芍　獲音霍　中音烝　邑音匽　葭音孤　梅音迷　裘音箕　澤音鐸　戟音角　簋音九　飽音浮上
聲　湯音傷　樂音療　斯音其　訊音誶　予音與　鷊音逆　糾音矯　懰音柳　慘音懆　卷音權　膏音告
結音吉　猗儺俱平　飄音漂　設音示　年音寧　火音喜　烈音厲　耜音以　庚音剛　宇音廡　子音止
稻音島　壽上聲　圃去聲　稼音姑去聲　饗音鄉　垤音姪　至音即　嘉音歌　錡音阿　瑕音胡

卷三

嗚音芒 不音夫 務音侮 生音星 舅音久 咎音糾 愆音遣 暇音甫 享音鄉 福音偪 作音詛

故平聲 來音力 戒音急 哀音噫 牧音密 載音即 近音記 時音始 來音利 又音意 臺音題 萊音

黎 耇音古 後音虎 寫音暑 泥音瀰 豈如字 晛音荒 載音祭 喜去聲 憲音軒 衡音杭 旅音魯

馳音駝 禱音斗 兕音豕 寡音古 宅音鐸 驕音高 晰音制 煇音薰 旂音斤 海音喜 牙音吾 客音

恪 玉音珏 山音仙 西音先 裼音啻 議音俄 池音沱 具音臼 雄音盈 殆音以 仕音始 屆音記

闋音氣 定平聲 政平聲 誦音宗 邦音崩 口音苦 厲音冽 威音血 姒音以 輔音甫 意音憶 沼音

召 伏音偪 囂榻嗷二音 夜音裕 出音吹去聲 血音絡 用音庸 底音脂 集音讐 富音係 負音恃

上聲 似音以 梓音滓 在音止 噫音意 威音畏 盟音芒 樹音暑 厚音甫 階音基 禍音虎 舍音舒

易音施 翩音彬 幡音掀 怨宜音威 視音始 東音當 契音挈 試音西 夏音虎 濁音獨 賢音刑 疷

當作疧 戚音促 僭音侵 雅音伍 祀音乙 慶音羌 炙音灼 庶音鵲 格音閣 孫音申 愆音傾 備音

畢 告音骼 奏音族 盡上聲 徹音赤 甸音陳 祜音古 耔音只 敏音米 覃音剡 白音博 左七何切

屏音丙 翰音玄 秣音迷 柏音博 奕音約 懌音弱 怲音方 仰音昂 抗音岡 的音灼 能音泥 反音

番 郵音移 出音赤 史音始 怠音以 地音沱 幅音逼 平音駢 讓平聲 取音楚 屬音注 瘵音祭

臻音秦 髮方結切 儋音儋 牛音疑 愛音緯 遐音何 茅音侔 燔音玄 獻音軒 卒音萃

卷四

鴇音金 臭平聲 孚音浮 集音雜 龜音箕 伉音岡 附上聲 趣音湊 婦音喜 男音寧 斁音妒

季音魚對反 喪平聲 君音均 安音煙 孝音臭 祀音以 育音益 副音闢 匐音必 叟音搜 句音彀

主音祖 斗音堵 沙音娑 緐音軒 宣音先 巘音掀 刀音刁 依音倚 溉音既 使音始 大音地 笑音

消 終音真 晝音注 羹音岡 舊音几 撥音撇 世音泄 疾音祭 酒才笑反 刑音杭 尚音常 虞音豫

逝音折 報音彪去聲 射音約 昭音照 藐音貌 填音真 泯音民 往音汪 疑音仡 溺音弱 瞻音章

迪音鐸 垢音古 赫音壑 歌音箕 臨音隆 助音祖 川音春 遯平聲 去音庫 宰音滓 蕃音軒 伯音

博 寶音補 嘽音顛 茹音汝 解音係 完音延 蠻音眠 貊音莫 江音工 緒音渚 業音岳 騷音搜

騖音姜 誨音戲 鞏音古 苴音阻 訓音馴 震平聲 耦音擬 造音走 吴如字 才音喻 繹音約 逆音

博 楅音逼 尺音綽 舄音鵲 昔音錯 平音旁 爭音真 何如字 圉音怡 龍音寵平聲 動上聲 伐音

歇 嚴音莊 丸音延

卷一

服音逼。徐蒧曰：「服，見於詩者凡十有六，皆當爲蒲北切，而無與房六叶者。」愚按：不特詩、易，古辭皆此音。

本證關雎「求之不得，寤寐思服。悠哉悠哉，輾轉反側。」有狐「有狐綏綏，在彼淇側。心之憂矣，之子無服。」葛屨「要之襋之，好人服之。」蜉蝣「蜉蝣之翼，采采衣服。心之憂矣，於我歸息。」候人「維鵜在梁，不濡其翼。彼其之子，不稱其服。」采薇「四牡翼翼，象弭魚服。豈不日戒，玁狁孔棘。」六月「六月棲棲，戎車既飭，四牡騤騤，載是常服。」又「比物四驪，閑之維則。維此六月，既成我服。」又「有嚴有翼，共武之服。共武之服，以定王國。」采芑「方叔率止，乘其四騏。

四騏翼翼，路車有奭。簟笰魚服，鉤膺鞗革。」文王「商之孫子，其麗不億。上帝既命，侯於周服。」下武「媚兹一人，應侯順德。永言孝思，昭哉嗣服。」文王有聲「自南自北音必，無思不服。」蕩「曾是彊禦，曾是掊克，〔二〕曾是在位，曾是在服。」

旁證易謙二三「鳴謙貞吉，中心得也。勞謙君子，萬民服也。」豫彖「天地以順動，故日月不過而四時不忒。聖人以順動，則刑罰清而民服。」成王冠頌「令月吉日，王始加元服。去王幼志，心衮職。」儀禮「令月吉日，始加元服。棄爾幼志，順爾成德。」范蠡壽辭「四海咸承，諸侯賓服。觴酒既升，永受萬福。」離騷「謇吾法夫前修兮，非世俗之所服。雖不周於今之人兮，願依彭咸之遺則。」又「步余馬於蘭皋兮，馳椒丘且焉止息。進不入以離尤兮，退將復脩吾初服。」秦泰山刻石三句一韻「皇帝臨位，作制明法，臣下脩飭。廿有六年，初并天下，罔不賓服。」漢天馬歌「天馬徠兮從西極，經萬里兮歸有德。承靈威兮降外國音役，涉流沙兮四夷服。」魏繁欽定情詩「日夕兮不來，躑躅長嘆息。遠望涼風至，俯仰正衣服。」

采音泚。凡采皆此音。

本證關雎「參差荇菜，左右采之。窈窕淑女，琴瑟友音以之。」芣苢「采采芣苢，薄言采之。采采芣苢，薄言有音以之。」蒹葭「蒹葭采采，白露未已。所謂伊人，在水之涘音倚。」

旁證荀卿禮賦「此夫文而不采者與？簡然易知而致有理者與？」楚辭懷沙「文質疏内兮，衆不知余之異采。材樸委積兮，莫知余之所有音以。」漢杜篤論都賦「食不二味，衣無異采。賑人以農桑，率下以約己。」

友音以。徐蒧曰：「友字見於詩者，皆當作羽軌切，而無作云九切者。」

本證關雎見上。匏有苦葉「招招舟子，人涉卬否音鄙。人涉卬否，卬須我友。」六月「飲御諸友，炰鱉膾鯉。侯誰在矣，張仲孝友。」沔水「鴥彼飛隼，載飛載止。嗟我兄弟，邦人諸友。」雨無正「云不可使，得罪于天子音止。亦云可使，怨及朋友。」車舝「雖無好友，式燕且喜。」假樂「之綱之紀，燕及朋友。」抑「惠于朋友，庶民小子。」

旁證九章橘頌「願歲并謝，與長友兮。淑離不淫，梗有理兮。」漢天馬歌「體容與，迣萬里，今安匹，龍爲友。」焦氏易林需之損「曳綸汀洲，釣掛魴鯉。公孫得利，以享仲友。」後漢崔駰達旨「游不倫黨，苟以循己。汗血競時，利合而友。」

樂音撈。北方至今有此音。

本證關雎「參差荇菜，左右芼之。窈窕淑女，鐘鼓樂之。」溱洧「且往觀乎，洧之外，洵訏且樂。維士與女，伊其相謔，贈之以勺藥。」

旁證楚辭九辯「獨耿介而不隨兮，願慕先聖之遺教。處濁世而顯榮兮，非余心之所樂。」東方朔七諫「願無過之設行兮，雖滅没之自樂。痛楚國之流亡兮，哀靈脩之過到。」馮衍顯志賦「游精神於大宅兮，抗玄妙之常操；處清靜以養志兮，實吾心之所樂。」潘岳西征賦「收罟課獲，引繳舉效。鰥夫有室，愁民以樂。」

喈音基。太玄衆首：「虡戰喈喈，若熊若螭。」「螭」音癡。

本證葛覃「維葉萋萋，黄鳥于飛，集于灌木，其鳴喈喈。」風雨「風雨淒淒，雞鳴喈喈。既見君子，云胡不夷？」出車「春日遲遲，卉木萋萋。倉庚喈喈，采蘩祁祁。」鼓鐘「鼓鐘喈喈，淮水湝湝音希。」卷阿「菶菶萋萋，雝雝喈喈。」烝民「四牡騤騤，八鸞喈喈。仲山甫徂齊，式遄其歸。」

旁證徐幹齊都賦「磬管鏘鏘，鐘鼓喈喈。制度之妙，非衆所奇。」陸雲鳴鶴章「鳴鶴在陰，其鳴喈喈。垂翼蘭沼，濯清芳池。」

斁音約，厭也。一音妒，見後。

本證葛覃「維葉莫莫，是刈是濩。爲絺爲綌，服之無斁。」魯頌駉「思無斁，思馬斯作。」泮水「戎車孔博，徒御無斁。」

旁證枚叔七發「誠不必悔，决絶以諾。貞信之色，形於金石音兮。高歌陳唱，萬歲無斁。」

母音米。凡父母之「母」，詩皆音米，無有如今讀者，豈音隨世變邪？

本證葛覃「害澣害否，歸寧父母。」蝃蝀「朝隮於西，崇朝其雨。女子有行，遠兄弟父母。」葛藟「終遠兄弟，謂他人母。」將仲子「將仲子兮，無踰我里，無折我樹杞。豈敢愛之，畏我父母。」陟岵「陟彼屺兮，瞻望母兮。」四牡「翩翩者鵻，載飛載止，集于苞杞。王事靡盬，不遑將母。」杕杜「陟彼北山，言采其杞。王事靡盬，憂我父母。」南山有臺「南山有杞，北山有李。樂只君子，民之父母。」沔水「嗟我兄弟，邦人諸友。莫肯念亂，誰無父母？」洞酌「洞酌彼行潦，挹彼注兹，可以餴饎。豈弟君子，民之父母。」周頌雝「綏我眉壽，介以繁祉。既右烈考，亦右文母。」閟宫「魯侯燕喜，令妻壽母。」

旁證漢遠夷慕德歌「涉危歷險，不遠萬里。去俗歸德，心歸慈母。」淮南子「以天爲父，以地爲母。陰陽爲經，四時爲紀。」易林屯之觀「莊公築館，以尊主母。歸于京師，季姜悦喜。」參同契「六五坤承，結括終始。韞養衆子，世爲類母。」蔡邕崔夫人誄

「昔在敬姜，陪臣之母。勞謙紡績，仲尼是紀。」會稽童謠府中「城上烏鳴哺父母，府中諸吏皆孝友。」

行音杭。釋名：「行，伉也，伉足而前也。」伉，古平聲。今有杭、形兩音，古則絕無形音也。

本證卷耳「采采卷耳，不盈頃筐。嗟我懷人，寘彼周行。」雄雉「百爾君子，不知德行。不忮不求，何用不臧？」北風「北風其涼，雨雪其雱。惠而好我，攜手同行。」大叔于田「叔于田，乘乘黄。兩服上襄，兩驂鴈行。」丰「衣錦褧衣，裳錦褧裳。叔兮伯兮，駕予與行。」鴇羽「肅肅鴇行，集于苞桑。」七月「女執懿筐，遵彼微行。」東山「町畽鹿場，熠耀宵行。」六月「織文鳥章，白旆央央。元戎十乘，以先啓行。」沔水「念彼不蹟，載起載行。心之憂矣，不可弭忘。」大東「佻佻公子，行彼周行。」十月之交「日月告凶，不用其行。四國無政，不用其良。」北山「或息偃在牀，或不已于行。」何草不黄「何草不黄，何日不行。何人不將，經營四方。」大明「乃及王季，維德之行。大任有身，生此文王。」緜「迺立應門，應門將將。迺立冢土，戎醜攸行。」公劉「弓矢斯張，干戈戚揚，爰方啓行。」蕩「小大近喪，人尚乎由行。內奰于中國，覃及鬼方。」抑「其維哲人，告之話言，順德之行。」崧高「王命召伯，徹申伯土疆。以峙其粻，式遄其行。」

旁證易坤象「牝馬地類，行地無疆。柔順利貞，君子攸行。」師六五「長子帥師，以中行也。弟子輿尸，使不當也。」姤象「天地相遇，品物咸章也。剛遇中正，天下大行也。」左傳載夏書「有此冀方，今失其行。亂其紀綱，乃滅而亡。」離騷「靈氛既告余以吉占兮，歷吉日乎吾將行。折瓊枝以爲羞兮，精瓊爢以爲粻。」又「陟陞皇之赫戲兮，忽臨睨夫舊鄉。僕夫悲余馬懷兮，蜷局顧而不行。」曹植夏桀贊「夏道既衰，生此桀王。婉孌是嘉，政違五行。」

懷 音回。釋名：「懷，回也。本有去意，回來就已。」今音淮，少異矣。

本證卷耳「陟彼崔嵬，我馬虺隤。我姑酌彼金罍，維以不永懷。」終風「曀曀其陰，虺虺其靁。寤言不寐，願言則懷。」揚之水「懷哉懷哉，曷月予還歸哉。」南山「南山崔崔，雄狐綏綏。魯道有蕩，齊子由歸。既曰歸止，曷又懷止。」常棣「死喪之威，兄弟孔懷。」

旁證左傳聲伯之歌「濟洹之水，贈我以瓊瑰。歸乎歸乎，瓊瑰盈吾懷乎。」楚辭東君「長太息兮將上，心低回兮顧懷。羌聲色兮娛人，觀者憺兮忘歸。」又河伯「日將暮兮悵忘歸，惟極浦兮寤懷。」漢房中歌「大海蕩蕩水所歸，高賢愉愉民所懷。」張衡東京賦「辨方位而正則，五精帥而來摧。尊赤氏之朱光，四靈懋而允懷。」魏文帝苦寒行「延頸長嘆息，遠行多所懷。我心何怫鬱，思欲一東歸。」陸雲寒蟬賦「簡嘉蹤於皇心，冠神景於紫微。詠清風以慷慨，發哀歌以慰懷。」

觵音光，酒器。説文：「觵，黄聲。」又曰：「俗觵從光。」今音弓。

本證卷耳「陟彼高岡，我馬玄黄。我姑酌彼兕觵，維以不永傷。」七月「稱彼兕觵，萬壽無疆。」

旁證漢孔廟碑「豐年多黍，稱彼兕觵。帝賴其勳，民斯是皇。」曹子建車渠椀賦「俟君子之閒宴，酌甘醴於斯觵。既娛情而可貴，故永御而不忘。」劉楨魯都賦「承彝執冪，納觶授觴。引滿輒釂，滴瀝受觵。」

振音真。沈約有此音，今亦間讀爲真。太玄少首次四：「貧貧，或妄之振。」次八：「貧不貧，人莫之振。」古音可知。

本證螽斯「螽斯羽，詵詵兮。宜爾子孫，振振兮。」

旁證左傳晉滅虢謡「丙之晨，龍尾伏辰，袀服振振。」陸機挽歌「昔爲七尺軀，今成灰與塵。金玉素所佩，鴻毛今不振。」陸雲詩「今我聖宰，實蕃斯仁。凌淵龍躍，披林鳳振。」

華音敷。郭璞曰：「江東讀華爲敷。」陸德明曰：「古讀華如敷，不特江東也。至魏晉轉爲和音。」

嵇康贈秀才入軍詩：「雖有好音，誰與清歌？雖有姝顏，誰與發華？」陸機吴趨行亦以華與波、羅爲韻，豈敷轉爲和，和轉爲今音邪？

本證桃夭「桃之夭夭，灼灼其華。之子于歸，宜其室家。」有女同車「有女同車，顏如舜華。將翺將翔，佩玉瓊琚。彼美孟姜，洵美且都。」山有扶蘇「山有扶蘇，隰有荷華。不見子都，乃見狂且。」出車「昔我往矣，黍稷方華。今我來思，雨雪載塗。」

旁證易大過九五「枯楊生華，老婦得其士夫。」九歌大司命「折疏麻兮瑶華，將以遺兮離居。老冉冉兮既極，不寖近兮愈疏。」漢齊房歌「玄氣之精，回復此都。蔓蔓日茂，芝成靈華。」參同契「故鉛外黑，内懷金華。被褐懷玉，外爲狂夫。」漢光武語「仕宦當作執金吾，娶妻當得陰麗華。」

家音姑。漢曹大家讀作姑，後轉而音歌。雉朝飛操：「我獨何命兮未有家，時將莫兮可奈何？」魏程曉嘲熱客詩亦以家與過、何爲韻，陸機前緩聲歌以家與歌、波爲韻。今乃音加，聲之遞變也。

本證桃夭見上。萇楚「隰有萇楚，猗儺其華。夭之沃沃，樂子之無家。」鴟鴞「予口卒瘏，曰予未有室家。」常棣「宜爾室家，樂爾妻帑。是究是圖，亶其然乎。」我行其野「昏姻之故，言就爾居。爾不我畜，復我邦家。」雨無正「謂爾遷于王都，曰予未有室家。」緜「乃召司徒，俾立室家。」

旁證左傳晉伯姬之占「姪其從姑，六年其逋，逃歸其國，而棄其家。」又引虞箴「武不可重，用不恢於夏家。獸臣司原，敢告僕夫。」離騷「羿淫遊以佚田兮，又好射夫封狐；固亂流其鮮終兮，浞又貪夫厥家。」易林師之損「解衣毛羽，飛入大都。晨門戒守，鄭忽失家。」揚雄酒箴「出入兩宮，經營公家。緜是言之，酒何過乎？」十八侯銘「入軍討敵，頂定天都。佩雀雙印，百里爲家。」

逵音求。說文本作：「馗，九達道也。」沈約亦收尤韻。黄公紹、吴才老讀作求，並證王粲詩。

本證兔罝「肅肅兔罝，施于中逵。赳赳武夫，公侯好仇。」

旁證王粲從軍詩「館宅充鄽里，士女滿莊馗。自非賢聖國，誰能享斯休。」李善注引韓詩「肅肅兔罝，施于中馗。」

有音以。凡詩皆此音。囿以有得聲，故封禪頌以韻喜。洧亦以有得聲，故褰裳篇以韻士，音洗。

本證芣苢見采韻。葛藟「謂他人母，亦莫我有。」魚麗「魚麗于罶，鰋鯉。君子有酒，旨且有。」吉日「瞻彼中原，其祁孔有。儦儦俟俟，或羣或友。」四月「滔滔江漢，南國之紀。盡瘁以仕，寧莫我有。」公劉「止基迺理，爰衆爰有。」有駜「自今以始，歲其有。君子有穀，詒孫子。」

旁證漢司馬相如叙傳「文艷用寡，子虛烏有。寓言淫麗，托諷終始。」封禪頌「馳我君輿，帝用享祉。三代之前，蓋未嘗有。」漢遠夷慕德歌「寒温時適，部人多有。涉危歷險，不遠萬里。」易林坎之无妄「獐鹿羣走，自然燕喜。公子好遊，他人多有。」漢傅毅明帝誄「璇璣所建，靡不奄有。貢篚納賦，如歸父母。正朔永昌，冠帶儋耳。」蔡邕胡廣碑銘「亮皇聖於六世，嘉庶績於九有，窮生民之光寵，享黄耇之遐紀。」漢故民吴仲山碑「惟公德美，布惠州里。遠近假求，不言無有。」

泳説文：「潛行水中也。從水，永聲。」永，説文：「長也，象水巠理之長。」詩曰：『江水之永矣。』」方，説文：「併船也。」禮：「大夫方舟。」據此，則「漢之廣矣，不可泳思；江之永矣，不可方思」皆如字讀。此章以思爲韻。休息之息，韓詩外傳作思。

馬音姥。説文：「馬，武也，怒也。」史記索隱：「音姥。」古莽亦音姥。漢有馬何羅者，明德皇后惡其先有叛，以莽易馬，改字不改音。屈原賦「草木莽莽」與「永懷南土」爲韻，是其證也。後馬轉爲母、果音。潘岳西征賦：「野蒲變而成脯，苑鹿化以爲馬。假讒逆以天權，鉗衆口而寄坐。」繆襲挽歌詩：「白日入虞淵，懸車息駟馬。造化雖神明，安能復存我？」可以觀聲之變矣。

本證漢廣「翹翹錯薪，言刈其楚。之子于歸，言秣其馬。」擊鼓「爰居爰處，爰喪其馬。于以求之，于林之下音虎。」大叔于田「叔于田，乘乘馬。執轡如組，兩驂如舞。」東山「倉庚于飛，熠耀其羽。之子于歸，皇駁其馬。」四牡「四牡騑騑，嘽嘽駱馬。豈不懷歸，王事靡盬。」吉日「吉日庚午，既差我馬。」十月之交「聚子内史，蹶維趣馬。」采菽「雖無予之，路車乘馬。又何予之，玄衮及黼。」崧高「王遣申伯，路車乘馬。我圖爾居，莫如南土。」有客「有客有客，亦白其馬。有萋有且，敦琢其旅。」

旁證離騷「世溷濁而不分兮，好蔽美而嫉妒。朝吾將濟於白水兮，登閬風而緤馬。」九歌國殤「霾兩輪兮縶四馬，援玉枹兮擊鳴鼓。」漢郊祀歌「靈之下，若風馬，左倉龍，右白虎。」上林賦「蒙鶡蘇，絝白虎，被斑文，跨野馬。」七發「誠奮厥武，如振如怒。沌沌渾渾，狀如奔馬。」參同契「燕雀不生鳳，狐兔不乳馬；水流不炎上，火動不潤下。」易林鼎之夬「東西行走，喪其犬馬。南求騂騮，失駒林下音虎。」太玄「臺牛角馬，不今不古。」

尾音倚。北方皆倚音，南方皆委音。

本證汝墳「魴魚赬尾，王室如燬音喜。雖則如燬，父母孔邇。」狼跋「狼跋其胡，載疐其尾。公孫碩膚，赤舄几几。」

旁證左傳鄭子家引「畏首畏尾，身其餘幾？」急就章「鳳爵鴻鵠鴈鶩雉，鷹鷂鴇鴰翳雕尾。」易林臨之困「履危不止，與鬼相視。驚恐失氣，如騎虎尾。」

子音止。古子有二讀：與紙叶者，聲近濟水之濟；與語叶者，如今讀耔、梓一類。凡詩悉止音。晉宋時猶此音，如阮籍詠懷、潘岳悼亡、謝靈運會吟行、曹攄思友人，皆可考而知也。

本證麟之趾「麟之趾，振振公子。」何彼穠矣「何彼穠矣，華如桃李。平王之孫，齊侯之子。」旄丘「瑣兮尾兮，流離之子。叔兮伯兮，褎如充耳。」衡門「豈其食魚，必河之鯉？豈其取妻，必宋之子？」六月「我服既成，于三十里。王于出征，以佐天子。」文王「亹亹文王，令聞不已，陳錫哉周，侯文王孫子。」皇矣「既受帝祉，施於孫子。」假樂「之綱之紀，燕及朋友。百辟卿士，媚于天子。」抑「投我以桃，報之以李。彼童而角，實虹小子。」又「匪面命之，言提其耳。借曰未知，亦既抱子。」閟宮「周公之孫，莊公之子。龍旂承祀，六轡耳耳。」

旁證左傳衛禮至銘「余掖殺國子，莫余敢止。」又魯人歌「我有圃，生之杞乎。從我者子乎，去我者鄙乎。」禮孔子閒居「無體之禮，施及四海音喜。無服之喪，施於孫子。」楚辭天問「吴獲迄古，南嶽是止。孰期去斯，得兩男子。」易林坤之噬嗑「稷爲堯使，西見王母。拜請百福，賜我嘉子。」梁甫吟「問是誰家墓，田疆古冶子。力能排南山，文能絶地紀。」郭璞遊仙詩「借問此何誰，云是鬼谷子。翹迹企潁陽，臨河思洗耳。」謝朓酬德賦「興伐木於友生，詠承筐於君子。矧景行之在斯，方寄言於同恥。」

角音録。説文：「象獸角也。」漢有角里先生，其實字形不異，後讀角爲各，以角爲録，是失古音又改字形矣。

本證麟之趾「麟之角，振振公族。」行露「誰謂雀無角，何以穿我屋？」

旁證東方朔傳「臣以爲龍又無角，謂之爲蛇又有足。」易林隨之蒙「東龍見獨，與石相觸，摧折兩角。」太玄梲「嘖以牙者，童其角；擉以翼者，兩其足。」仲長統詩「騰蛇棄鱗，神龍喪角。至人能變，達士拔俗。」南都賦「拔象齒，戾音折犀角。鳥鎩翮，獸廢足。」蘇伯玉妻盤中詩「今時人，知四足，與其書，不能讀，當從中央周四角。」郭璞山海經贊「有獸如豹，厥文維縟。閭善躍嶮，騂馬一角。」

居音倨。處也。又「居居懷惡，不相親比」貌。周禮：「神位，以奠鬼神使之居。」郅都傳：「條侯至貴居。」皆讀去聲。

本證鵲巢「維鵲有巢，維鳩居之。之子于歸，百兩御之。」蟋蟀「無已大康，職思其居。好樂無荒，良士瞿瞿。」羔裘「羔裘豹祛，自我人居。居豈無他人，維子之故。」魚藻「魚在在藻，依于其蒲去聲。王在在鎬，有那其居。」

旁證易雜卦傳「屯，見而不失其居；蒙，雜而著。」楚辭招魂「招具該備永嘯呼去聲些，魂兮歸來反故居些。」易林井之復「明月作晝，大人失居。衆星宵亂，不知所據。」漢韋玄成戒子孫詩「昔我之隊，畏不此居。今我度兹，戚戚其懼。」

事音始。古聲上，今聲去，亦幾希之間。

本證采蘩「于以采蘩，于沼于沚。于以用之，公侯之事。」北山「偕偕士子，朝夕從事。王事靡盬，憂我父母。」崧高「亹亹申伯，王纘之事。于邑于謝，南國是式上聲。」

旁證石鼓詩「丞徒徨止，其奔我以，阻其乃事。」韓子「因而任之，使自事之。因而予之，使自舉之。」又「使雞司夜，令狸執鼠。皆用其能，上乃無事。」

降音洪。宜屬東韻，沈約入江韻，如今讀然。東方朔七諫：「忠臣貞而欲諫兮，讒諛毁而在旁。秋草榮其將實兮，微霜下而夜降。」音之變有自來矣。

本證草蟲「未見君子，憂心忡忡。亦既見止，亦既覯止，我心則降。」出車「未見君子，憂心忡忡。既見君子，我心則降。」旱麓「瑟彼玉瓚，黄流在中。豈弟君子，福禄攸降。」鳧鷖「鳧鷖在潨，公尸來燕來宗。既燕于宗，福禄攸降。」

旁證離騷「帝高陽之苗裔兮，朕皇考曰伯庸。攝提貞于孟陬兮，惟庚寅吾以降。」九歌雲中君「靈皇皇兮既降，猋遠舉兮雲中。覽冀州兮有餘，横四海兮焉窮？思夫君兮太息，極勞心兮忡忡。」宋玉風賦「故其清涼雄風，則飄舉升降。乘凌高城，入于深宫。」

下音虎。陸德明云：「當讀如户。」魏了翁云：「六經凡下皆音虎，舍亦音暑。」不特六經，古音皆然。

本證采蘋「于以奠之，宗室牖下。誰其尸之，有齊季女。」殷其靁「殷其靁，在南山之下。何斯違斯，莫或遑處。」凱風「爰有寒泉，在浚之下。有子七人，母氏勞苦。」采苓「采苦采苦，首陽之下。」宛丘「坎其擊鼓，宛丘之下。」東門之枌「東門之枌，宛丘之栩音甫。子仲之子，婆娑其下。」四牡「翩翩者鵻，載飛載下，集于苞栩。」北山「溥天之下，莫非王土。」緜「古公亶父，來朝走馬。率西水滸，至于岐下。」鳧鷖「爾酒既湑，爾殽伊脯。公尸燕飲，福禄來下。」烝民「天監有周，昭假于下。保兹天子，生仲山甫。」有駜「振振鷺，鷺于下。鼓咽咽，醉言舞。」

旁證易乾象「潛龍勿用，陽在下也。見龍在田，德施普也。」又「潛龍勿用，下也。見龍在田，時舍音暑也。」井初六象「井泥不食，下也。舊井無禽，時舍也。」禮運「粢醍在堂，澄酒在下。陳其犧牲，備其鼎俎。」離騷「覽相觀於四極兮，周流乎天余乃下。望瑤臺之偃蹇兮，見有娀之佚女。」九歌湘君「朝騁騖兮江皋，夕弭節兮北渚。鳥次兮屋上，水周兮堂下。」九章惜誦「矰弋機而在上兮，罻羅張而在下。設張辟以娛君兮，願側身而無所。」又懷沙「變白而爲黑兮，倒上以爲下。鳳皇在笯兮，雞鶩翔舞。」高唐賦「旦爲朝雲，暮爲行雨，朝朝暮暮，陽臺之下。」淮南王安八公操「煌煌上天照下土兮，知我好道公來下兮。」參同契「循環璇璣，升降上下。周流六爻，難可察覩。」

敗音備。破也。釋名：「敗，潰也。」古今皆去聲，微有不同。

本證甘棠「蔽芾甘棠，勿翦勿敗，召伯所憩。」小旻「如彼流泉，無淪胥以敗。」民勞「無縱詭隨，以謹醜厲。式遏寇虐，無俾正敗。」

旁證武王箠銘「馬不可極，民不可劇。馬極則蹷，民極則敗。」荀卿蠶賦篇「功立而身廢，事成而家敗。棄其耆老，收其後世。」賈誼鵩鳥賦「彼吴彊大兮，夫差以敗；越棲會稽兮，句踐霸世。」又賈誼旱雲賦「獨不聞唐虞之積烈兮，與三代之風氣；時俗殊而不還兮，恐功久而壞敗。」杜篤論都賦「一卒舉礌，千夫沈滯。一人奮戟，三軍阻敗。」

夜音裕。宜在御韻，沈约入禡韻内，今之所讀也。

本證行露「厭浥行露，豈不夙夜，謂行多露。」東方未明「不能晨夜，不夙則莫。」葛生「夏之日，冬之夜。百歲之後，歸於其居。」雨無正「正大夫離居，莫知我勩。三事大夫，莫肯夙夜。」蕩「式號式呼，俾晝作夜。」振鷺「庶幾夙夜，以永終譽。」

旁證離騷「吾令鳳皇飛騰兮，繼之以日夜。飄風屯其相離兮，率雲霓而來御。」易林節之噬嗑「乾侯野井，昭公失居。與彼作期，不覺至夜。」陸雲歲暮賦「揮促節於短日兮，振脩策於長夜。運悠悠其既周兮，歲冉冉而告暮。」

牙音翁。牙見於詩者二，在祈父者音吾，有可引證。此以角、屋韻例之，雖無證也，當讀爲「翁」音，韻和諧亦其證也。若以墉、訟相韻，此不必拘，則當讀爲吾矣。吾證見後。

訟音公。漢高后紀：「未敢訟言誅之。」訟，讀作公。説文：「爭也。從言，公聲。一曰調訟。」

本證行露「誰謂鼠無牙，何以穿我墉？誰謂女無家，何以速我訟？雖速我訟，亦不女從。」

旁證三略「佞臣在上，一軍皆訟。無進無退，苟然取容。」易林大畜之无妄「不宜杜公，與我爭訟。媒伯無禮，自令塞壅平聲。」太玄從首「從不淑，禍不可訟也。從徽徽，後得功也。」潘岳關中詩「既徵爾辭，既蔽爾訟。當乃明實，否則證空。」

皮音婆。説文波、坡、頗、跛，皆以皮得聲。徐葴曰：「當爲蒲禾切，不當爲蒲麋音。」此古今之別也。

本證羔羊「羔羊之皮，素絲五紽。」相鼠「相鼠有皮，人而無儀。」〔二〕

旁證左傳華元答役者歌「牛則有皮，犀兕尚多，棄甲則那。」役者又歌「從其有皮，丹漆若何？」

蛇音駝。委蛇，行貌。沈約入歌韻，又入支韻，今亦兩讀之。

本證羔羊「羔羊之皮，素絲五紽，退食自公，委蛇委蛇。」〔三〕

旁證王褒九懷「鵾鵬開路兮，後屬青蛇。步驟桂林兮，超驤卷阿。」揚雄反騷「既亡鸞車之幽藹兮，駕八龍之委蛇。臨江濱而掩泣兮，何有九招與九歌。」劉向九嘆「云服陰陽之正道兮，御后土之中和。佩蒼龍之蚴虬兮，帶隱虹之逶蛇。」張衡西京賦「感河馮，懷湘娥。驚蝄蜽，憚蛟蛇。」郭璞流沙贊「經帶西極，頹塘委蛇，注於黑水，永溺餘波。」陸機答賈謐「我求明德，濟同以和。魯公戾止，袞服委蛇。」

革音亟。說文：「急也」，本作「䩯，從革，亟聲」。徐曰：「束物之急莫若革。」今文省作革。禮記：「夫子之病革矣。」又，兵也。

本證羔羊「羔羊之革，素絲五緎。委蛇委蛇，自公退食。」采芑「簟笰魚服，鉤膺鞗革。」斯干「如矢斯棘，如鳥斯革。」

旁證易乾文言「或躍在淵，乾道乃革。飛龍在天，乃位乎天德。」秦瑯邪刻石「節事以時，諸産繁殖。黔首安寧，不用兵革。」安世房中歌「蠻夷竭歡，象來致福。兼臨是愛，終無兵革。」易林需之蒙「三塗五岳，陽城大室。神明之保，獨無兵革。」參同契「或興太平，或造兵革。四者之來，由乎胸臆。」

哉音資。史記引詩：「鼐鼎及哉。」正義云：「哉，音資。」沈約入咍韻。

本證殷其靁「振振君子，歸哉歸哉。」北門「亦已焉哉，天實爲之，謂之何哉。」氓「反是不思，亦已焉哉。」黍離「悠悠蒼天，此何人哉？」君子于役「君子于役，不知其期。曷至哉？雞栖于塒。」

旁證曲禮「儼若思，安定辭，安民哉。」楚辭惜誓「黄鵠後時而寄處兮，鴟梟羣而制之。神龍失水而陸居兮，爲螻蟻之所裁音擠。夫黄鵠神龍猶如此兮，况賢者之逢亂世哉。」漢武柏梁詩「和撫四夷不易哉，刀筆之吏臣執之。」

三音森。摽有梅：「其實三兮，求我庶士，迨其今兮。」吴棫讀。

昴音留。西方之宿，漢志作留，言陽氣之稽留也。「嘒彼小星，維參與昴。肅肅宵征，抱衾與裯。實命不猶。」音義皆順。楊用修依徐邈，昴讀旄，裯讀條，猶讀謡，引檀弓「陶斯詠，詠斯猶」爲證，又是一說。

悔音喜。吴才老云：「今聲濁，叶隊；古聲清，叶志。」即晦明之晦，亦此音。

本證江有汜「江有汜，之子歸，不我以。不我以，其後也悔。」皇矣「比于文王，其德靡悔。既受帝祉，施于孫子。」抑「於乎小子，告爾舊止。聽用我謀，庶無大悔。」

旁證離騷「既替余以蕙纕兮，又申之以攬茝音止。亦余心之所善兮，雖九死其猶未悔。」又「阽余身而危死節兮，覽余初其猶未悔。不量鑿而正枘兮，固前脩以菹醢音起。」脩成歌「日崔隤，時不再，願棄軀，死無悔。」嵇康贈秀才入軍「身貴名賤，榮辱何在音止。貴得肆志，縱心無悔。」

脱音兑。説文：「從肉，兑聲。」

本證野有死麕「舒而脱脱兮，無感我帨兮，無使尨也吠。」

旁證北山移文「亭亭物表，皎皎霞外，芥千金而不盼，屣萬乘其如脱。」

車音姑。後轉韻歌。程曉詩：「平生三伏日，道路無行車。閉門避暑卧，出入不相過。」再轉而韻麻，韻魚，後世音也。

本證何彼襛矣「何彼襛矣，唐棣之華。曷不肅雝，王姬之車。」北風「莫赤匪狐，莫黑匪烏。惠而好我，攜手同車。」采薇「彼爾維何？維常之華。彼路斯何？君子之車。」

旁證易睽上九「睽孤，見豕負塗，載鬼一車。先張之弧，後説之弧。」漢小麥謡「丈夫何在西擊胡。吏買馬，君具車，請爲諸君鼓嚨胡。」揚雄酒箴「盡日盛酒，人復借酤。常爲國器，託于屬車。」曹植應詔詩「肅承明詔，應會皇都。星陳夙駕，秣馬脂車。」

發音廢。又「鱣鮪發發」音潑，馬融曰：「魚尾著網潑潑然。」又「發言盈庭」，焦弱侯曰：「發，讀聒。」愚按：發可音廢，廢亦可音發。漢郊祀歌：「含秀垂穎，續舊不廢。」顔師古曰：「廢音發，蓋發、廢古通音也。」一音歇，見後。

本證騶虞「彼茁者葭，壹發五豝。」七月「一之日觱發。」吉日「發彼小豝，殪此大兕。」賓之初筵「射夫既同，獻爾發功。」

旁證易坤六三象「含章可貞，以時發也。或從王事，知光大音地也。」桓麟七説「騁不失蹤，滿不虛發，彈輕翼於高冥，窮疾足於方外。」

訧音怡。説文：「從言，尤聲。」尤古音怡，見後。

本證緑衣「緑兮絲兮，女所治兮。治音持。凡未治而理之皆平聲，已理而有效則去聲。大學：「先治其國。」治，平聲。「家齊而後國治。」治，去聲。孟子：「治人不治。」上平下去。經史皆然。我思古人，俾無訧兮。」

旁證太玄傒首「傒禍介介，與禍期也。禍不禍，非厥訧也。」

風孚金切。古與心、林、音、淫爲韻，似在今之侵部，今則寘東部。莊子：「蚿憐蛇，蛇憐風，風憐目，目憐心。」亦此音。楚辭：「涉丹水而馳騁兮，右大夏之遺風。鴻鵠之一舉兮，知山川之紆曲，再舉兮睹天地之圜方。」又似陽韻矣。

本證綠衣「絺兮綌兮，凄其以風。我思古人，實獲我心。」晨風「鴥彼晨風，鬱彼北林。未見君子，憂心欽欽。」何人斯「彼何人斯，其爲飄風。胡不自北，胡不自南。」烝民「吉甫作誦，穆如清風。仲山甫永懷，以慰其心。」

旁證屈原哀郢「登大墳以遠望兮，聊以舒吾憂心。哀州土之平樂兮，悲江介之遺風。」又涉江「乘鄂渚而反顧兮，欸秋冬之緒風。步余馬兮山皋，邸余車兮方林。」長門賦「廓獨潛而專精兮，天飄飄而疾風。登蘭臺而遙望兮，神怳怳而外淫。」枚乘七發「梧桐并閭，極望成林。衆芳芬鬱，亂於五風。」蔡邕答對元式詩「君子博文，貽我德音。辭之集矣，穆如清風。」馮衍顯志賦「摛道德之光耀兮，匡衰世之眇風；褒宋襄於泓谷兮，表季札於延陵。」杜篤論都賦「即詔京兆，乃命扶風，齋肅致敬，告覲園陵。」王粲詩「烈烈寒日，肅肅淒風。潛鱗在淵，歸鴈載軒。」

野音暑。與墅同。徐鍇曰：「墅，經典只用野。」

本證燕燕「燕燕于飛，差池其羽。之子于歸，遠送于野。」叔于田「叔適野，巷無服馬。」葛生「葛生蒙楚，蘞蔓于野。」株林「駕我乘馬，説于株野。」七月「六月莎雞振羽，七月在野。」東山「蜎蜎者蠋，烝在桑野。」鶴鳴「鶴鳴于九皋，聲聞于野。魚潛在淵，或在于渚。」小明「明明上天，照臨下土。我征徂西，至于艽野。」何草不黄「匪兕匪虎，率彼曠野。」公劉「京師之野，于時處處。」

旁證穆天子傳答謡「萬民平均，吾顧見女。比及三年，將復而野。」説苑載逸詩「緜緜之葛，在于曠野。良工得之，以爲絺紵。」龍蛇歌「龍返其淵，安其壤土。四蛇入穴，皆有處所。一蛇無穴，號於中野。」左傳鸜鵒謡「鸜鵒之羽，公在外野，往饋之馬。」離騷「女嬃之嬋媛兮，申申其詈余上聲，曰：『鮌婞直以亡身兮，終然殀乎羽之野。』」司馬相如賦「出乎椒丘之闕，行乎洲淤之浦，經乎桂林之中，過乎泱漭之野。」參同契「上九亢龍，戰德于野。用九翩翩，爲道規矩。」揚雄逐貧賦「揚子遁世，離俗獨處。左鄰崇山，右接曠野。」

南音寧。古與音、心爲韻，沈約屬之覃矣。

本證燕燕「燕燕于飛，上下其音。之子于歸，遠送于南。」凱風「凱風自南，吹彼棘心。」株林「胡爲乎株林？從夏南。匪適株林，從夏南。」何人斯「胡不自北？胡不自南？胡逝我梁？祇攪我心。」鼓鐘「笙磬同音，以雅以南。」卷阿「有卷者阿，飄風自南。豈弟君子，來游來歌，以矢其音。」泮水「桓桓于征，狄彼東南。」

旁證楚辭招魂「目極千里兮傷春心，魂兮歸來哀江南。」司馬相如長門賦「孔雀集而相存兮，玄猿嘯而長吟。翡翠脅翼而來萃兮，鸞鳳飛而北南。」易林姤之小畜「公孫爭之。彊入委禽，不悅于心，乃適子南。」晉陸機贈馮文羆「有命集止，翻飛自南。出自幽谷，及爾同林。」陸雲喜霽賦「朱明啓侯，凱風自南。復火正之舊司，黜后土於重陰。」韋蘇州詩「月滿秋夜長，驚鳥號北林。天河横未落，斗柄當西南。」

淵音因。

本證燕燕「仲氏任只，其心塞淵。終溫且惠，淑慎其身。」定之方中「匪直也人，秉心塞淵。」鶴鳴「鶴鳴于九皋，聲聞于天。魚在于渚，或潛在淵。」小旻「戰戰兢兢，如臨深淵。」四月「匪鶉匪鳶，翰飛戾天。匪鱣匪鮪，潛逃于淵。」旱麓「鳶飛戾天，魚躍于淵。」商頌那「鞉鼓淵淵，嘒嘒管聲。」

旁證楚辭招魂「豺狼從目，往來侁侁些，懸人以娭，投之深淵些。」七諫「甂甌登于明堂兮，周鼎潛乎深淵。自古而固然兮，吾又何怨乎今之人。」班固東都賦「恥纖靡而不服，賤奇麗而不珍。捐金於山，沉珠於淵。」漢蕩陰令張君碑「利器不覿，魚不出淵。國之良幹，垂愛在民。」陸雲贈顧尚書「積簣爲山，納流成淵。扶翹布華，養物作春。」

顧音古。徐邈讀。

本證日月「乃如之人兮，逝不古處。胡能有定，寧不我顧？」碩鼠「碩鼠碩鼠，無食我黍。三歲貫女，莫我肯顧。」雲漢「赫赫炎炎，云我無所。大命近止，靡瞻靡顧。」

旁證曹植文帝誄「如何奄忽，摧身后土。俾我煢煢，靡瞻靡顧。」漢韋孟諷諫詩「穆穆天子，照臨下土。明明羣司，執憲靡顧。」潘岳西征賦「探隱伏於難明，委讒賊之趙虜。加顯戮於儲貳，絶肌膚而不顧。」

霾音貍。雨土也。説文：「貍聲。」釋名：「風而雨土曰霾。」「霾，晦也。言如物塵晦之色也。」

本證終風「終風且霾，惠然肯來。」

旁證顔延年和謝靈運「雖慚丹雘施，未謂玄素睽。徒遭良時詖，王道奄昏霾。」

來音釐。儀禮「來女孝孫」，注云：「來，讀爲釐。」釋名：「往，歸于彼也，故其言之昂頭以指遠也；來，使之入也，故其言之低頭以招之也。」劉向傳「貽我來牟」作「飴我釐麰」。又有力、利二音，見後。

本證終風「莫往莫來，悠悠我思。」雄雉「瞻彼日月，悠悠我思。道之云遠，曷云能來？」君子于役「日之夕矣，牛羊下來。君子于役，如之何勿思？」子衿「青青子佩，悠悠我思。縱我不往，子寧不來？」頍弁「爾酒既旨，爾肴既時。豈伊異人，兄弟具來。」

旁證易益上九「莫益之，偏辭也。或擊之，自外來也。」又既濟九五「東鄰殺牛，不如西鄰之時也。實受其福，吉大來也。」黄庭經「萬歲照照非有期，外本三陽物自來。」楚辭九歌「望夫君兮未來，吹參差兮誰思？」漢武柏梁詩「日月星辰和四時，驂駕駟馬從梁來。」參同契「知白守黑，神明自來。白者金精，黑者水基。」易林睽之艮「思願所之，今乃逢時。洗我故憂，拜我歡來。」匡衡歌「無説詩，匡鼎來；匡説詩，解人頤。」陸機挽歌「周親咸奔湊，友朋自遠來。翼翼飛輕軒，駸駸策素騏。」

思音西。凡詩之思，皆讀西。

本證終風詩見上。雄雉詩見上。君子于役詩見上。子衿詩見上。園有桃「心之憂矣，其誰知之。〔四〕其誰知之，蓋亦勿思。」

旁證易咸九四「憧憧往來，朋從爾思。」屈原九歌「乘赤豹兮從文狸，辛夷車兮結桂旗。

被石蘭兮帶杜蘅，折芳馨兮遺所思。」又屈原九章惜往日云「蔽晦君之聰明兮，虛惑誤又以欺。弗參驗以考實兮，遠遷臣而弗思。」古詩「攀條折其榮，將以遺所思。馨香盈懷袖，路遠莫致之。」易林剥之謙「三婦同夫，忽不相思。志恒不愁，顔色不怡。」鮑照尺蠖賦「動靜必觀於物，消息各隨乎時。從方而應，何慮何思。」

兵音邦。凡詩之兵，皆讀邦。

本證擊鼓「擊鼓其鏜，踴躍用兵。土國城漕，我獨南行。」無衣「脩我甲兵，與子偕行。」抑「灑埽庭内，維民之章。脩爾車馬，弓矢戎兵。」

旁證左傳晉趙鞅占「是謂沈陽，可以興兵。利以伐姜，不利于商。」荀卿佹詩「志愛公利，重樓疏堂。無私罪人，憼革二兵。」枚乘七發「其波涌而雲亂，擾擾焉如三軍之騰裝。其旁作而奔起也，飄飄焉如輕車之勒兵。」揚雄并州箴「太上曜德，其次曜兵。德兵俱顛，靡不悴荒。」

老音柳。釋名：「老者，朽也。」史記：「酉者，萬物之老也。」

本證擊鼓「執子之手，與子偕老。」女曰雞鳴「宜言飲酒，與子偕老。」小弁「假寐永歎，維憂用老。心之憂矣，疢如疾首。」泮水「既飲旨酒，永錫難老。」

旁證黄庭經「經歷六府藏卯酉，轉陽之陰藏於九，常能行之不知老。」荀卿蠶賦「此夫身美好而頭馬首者與？·屢化而不壽者與？·善壯而拙老者與？·」

信音伸。白虎通：「高辛者，道德大信也。」韓信，「信」亦音伸。今有平、去二聲。

本證擊鼓「于嗟洵兮，不我信兮。」蝃蝀「大無信也，不知命平聲也。」揚之水「終鮮兄弟，維予二人。無信人之言，人實不信。」節南山「弗躬弗親，庶民弗信。」雨無正「如何昊天，辟言不信。如彼行邁，則靡所臻。」巷伯「緝緝翩翩，謀欲譖人。慎爾言也，謂爾不信。」

旁證易繫辭「尺蠖之屈，以求信也；龍蛇之蟄，以存身也。」曲禮「執友稱其仁也，交游稱其信也。」表記「自獻其身，以成其信。」漢武悼李夫人賦「仁者不誓，豈約親兮？既往不來，申以信兮。」馮衍顯志賦「昔伊尹之干湯兮，七十説而乃信；皋陶釣於漁澤兮，賴虞舜而后親。」張衡綬笥銘「懿矣兹笥，爰藏寶珍；金纓組履，文章日信。」又思玄賦「彼無合其何傷兮，患衆僞之冒真。旦獲讟於羣弟兮，啓金縢而後信。」漢書序傳「猗與元勳，包漢舉信。鎮守關中，足食成軍。」

軌音九。説文：「從車，九聲。」後轉而爲几。班固幽通賦：「嬴取威於伯儀兮，姜本支乎三趾。既仁得其信然兮，仰天路而同軌。」嵇康酒會詩：「坐中發美贊，異氣同音軌。臨川獻清酤，微歌發皓齒。」張華遊獵篇以「軌」與「履」「美」爲韻，又轉則今之音矣。

本證匏有苦葉「濟盈不濡軌，雉鳴求其牡。」

旁證參同契「或臣邪佞，行不順軌。弦望盈縮，乖變凶咎上聲。」太玄永首「永不軌，凶亡流於後。」潘朂册魏公九錫文「袁譚、高幹，咸梟其首。海道奔迸，黑山順軌。」

怒上聲。顔師古糾謬正俗曰：「怒，古讀有二音。但知有去聲者，失其真也。今除『逢彼之怒』『將子無怒』『畏此譴怒』『宜無悔怒』，皆去聲不録，録其上聲。」愚謂顔氏之言固善，然四聲之説起於後世，古人之詩取其可歌、可詠，豈屑屑毫釐若經生爲耶？且上、去二音亦輕重之間耳。

本證谷風「習習谷風，以陰以雨。黽勉同心，不宜有怒。」巧言「君子如怒，亂庶遄沮。」皇矣「王赫斯怒，爰整其旅。」桑柔「憂心殷殷，念我土宇。我生不辰，逢天僤怒。」常武「王奮厥武，如震如怒。」

旁證龍蛇歌「有龍矯矯，遭天譴怒。三蛇從之，一蛇割股。二蛇入國，厚蒙爵土。餘有一蛇，棄於草莽。」離騷「忽奔走以先後兮，及前王之踵武。荃不揆余之中情兮，反信讒而齌怒。」漢衛皇后歌「生男無喜，生女無怒，獨不見衛子夫霸天下。」賈偉節諺「賈氏三虎，偉節最怒。」

死音洗。説文：「死，澌也，人所離也。」集韻：「澌，音西。」

本證谷風「采葑采菲，無以下體。德音莫違，及爾同死。」相鼠「人而無禮，胡不遄死？」

旁證屈原天問「天式從横，陽離爰死。大鳥何鳴，夫焉喪厥體？」成帝時燕燕童謡「皇孫死，燕啄矢。」張華遊獵篇「人生忽如寄，居世遽能幾？至人同禍福，達士等生死。」淵明讀山海經「窫窳彊能變，祖江遂獨死。明明上天鑒，爲惡不可履。」

違音怡。違古音怡，今音韋；「遺」古音韋，今音怡。世有古今，聲有交错，亦時勢之必然也。

本證谷風「行道遲遲，中心有違。不遠伊邇，薄送我畿。」節南山「君子如夷，惡怒是違。」長發「帝命不違，至于湯齊。」

旁證禮記孔子閒居「無聲之樂，氣志不違；無體之禮，威儀遲遲。」揚雄長楊賦「使農不輟耰，工不下機。婚姻以時，男女莫違。」又青州箴「貢篚以時，莫怠莫違。昔在文武，封吕於齊。」漢崔琦外戚箴「無曰我能，天人爾違。患生不德，福有慎機。」蔡邕述行賦「觀風化之得失兮，猶紛挐其多違。無亮采以匡世兮，亦何爲乎此畿。」王粲贈士孫文始「宗守盪失，越用遁違。遷於荆楚，在漳之湄。」潘岳金谷詩「王生和鼎實，石子鎮海沂。親友各言邁，中心悵有違。」顔延之秋胡詩「燕居未及歡，良人顧有違。脱巾千里外，結綬登王畿。」

弟音底。凡兄弟之弟，上聲；孝弟、豈弟之弟，去聲。此經史通例，詩則並音底。

本證谷風「誰謂荼苦，其甘如薺上聲。宴爾新昏，如兄如弟。」泉水「出宿于泲，飲餞于禰。女子有行，遠父母兄弟。」載驅「四驪濟濟，垂轡濔濔。魯道有蕩，齊子豈弟。」常棣「常棣之华，鄂不韡韡〔五〕，凡今之人，莫如兄弟。」旱麓「瞻彼旱麓，榛楛濟濟。豈弟君子，干禄豈弟。」

旁證吳薛瑩獻詩「嗟臣蔑賤，惟昆及弟，幸生幸育，託綜遺體。」潘岳晉武帝誄「莫孝匪子，莫悌匪弟，化自外明，訓法以禮。」謝朓始出尚書省「衰柳尚沈沈，凝露方泥泥。零落悲朋友，歡虞讌兄弟。」

救音求。漢書救之作俅之。周禮：「正日景以求地中。」鄭玄云：「故書求爲救。」杜子春讀求。古音可見。

本證谷風「何有何無，黽勉求之。凡民有喪，匍匐救之。」

旁證武王盥盤銘「與其溺於人也，寧溺於淵。溺於淵，猶可游也；溺於人，不可救也。」三略「使仇治仇，其禍不救。」左傳「如川之滿，不可游也。鄭方有罪，不可救也。」魏文京洛行「賢矣陳軫，忠而有謀。楚懷不從，禍卒不救。」

葛音結。

本證旄丘「旄丘之葛兮，何誕之節兮。叔兮伯兮，何多日也？」采葛「彼采葛兮，一日不見，如三月兮。」

旁證馬融圍棋賦「乍急乍緩兮，上且未別。白黑未分兮，於約如葛。」

節音即。說文：「從竹，即聲。」

本證旄丘詩見上。

旁證易家人九三「家人嗃嗃，未失也；婦子嘻嘻，失家節也。」又蹇四五「往蹇來連，當位實也。大蹇朋來，以中節也。」又未濟五象「君子之光，其暉吉也。飲酒濡首，亦不知節也。」參同契「發號施令，順陰陽節。藏器俟時，勿違卦日。」易林臨之損「秋蛇向穴，不失其節。夫人姜氏，自齊復入。」太玄𡨋首「𡨋其膝，守其節。」後漢李尤七款「副以芋柘，豐弘誕節。纖液玉津，旨於飲蜜。」季布序傳「季氏之詘，辱身毀節，信于上將，議臣震栗。」

久音几。或曰：孔子傳易方有糾音，「不可久也」叶「天德不可爲首也」，並謂雜卦是孔子以前書。愚疑久有二音，不然，何楚辭、秦刻皆讀几耶？又按說文：「玖，石之次玉黑色者。從玉，久聲，讀若芑。」「貽我佩玖」「報之以瓊玖」，皆此音也。莊子引古語：「美成在久，惡成不及改。」改音已。

本證旄丘「何其處也？必有與也。何其久也？必有以也。」六月「吉甫燕喜，既多受祉。來歸自鎬，我行永久。」蓼莪「缾之罄矣，維罍之恥。鮮民之生，不如死之久矣。」

旁證易雜卦傳「咸，速也。恒，久也。涣，離也。節，止也。」楚辭招魂「層冰峨峨，飛雪千里些。歸來歸來，不可以久些。」秦嶧山刻石三句一韻「迺今皇帝，一家天下，兵不復起。災害滅除，黔首康定，利澤長久。」易林師之既濟「德教尚中，彌世長久。三聖與爲，多受福祉。」

謀音迷。凡詩之謀皆讀迷，無有與尤韻者。

本證泉水「有懷于衛，靡日不思。孌彼諸姬，聊與之謀。」氓「匪來貿絲，來即我謀。」皇皇者華「我馬維騏，六轡如絲。載馳載驅，周爰咨謀。」十月之交「抑此皇父，豈曰不時。胡爲我作，不即我謀。」巷伯「哆兮侈兮，成是南箕。彼譖人者，誰適與謀。」

旁證左傳萊人歌「景公死乎不與埋音貍，三軍之士乎不與謀。師乎師乎，何黨之乎？」莊子披衣「真其實知，不以故自持。媒媒晦晦，無心而不可與謀。」荀卿成相篇「聖知不用愚者謀，前車已覆後未知。」賈誼鵩賦「天不可與慮，道不可與謀。遲速有命，烏識其時？」易林「古今道由一，談對吐所謀。學者加勉力，留念深思惟。」

揚雄廷尉箴「穆王耄荒，甫侯伊謀。五刑訓天，周以阜基。」漢冀州從事張表碑「天挺留侯，應期佐治平聲。與漢龍興，誕發神謀。」

衛音越。「有懷于衛」，宜此讀。雖非韻脚，可備古音。

旁證屈原遠遊「路曼曼其悠遠兮，徐弭節而高厲音冽。左雨師使徑侍兮，右雷公以爲衛。」范曄靈帝贊「微亡備兆，小雅盡缺。麋鹿霜露，遂栖宫衛。」曹嘉贈石崇詩「入仕於皇閣，出則登九列。疇昔謬同位，情至過魯衛。」

干音堅。

本證泉水「出宿于干，飲餞于言。」伐檀「坎坎伐檀音田兮，寘之河之干兮。」

旁證參同契「陽終于已，中而相干。姤始紀緒，履霜最先。」又「解化爲水，馬齒闌干。陽乃往和，情性自然。」王逸九思「俛念兮子胥，仰憐兮比干。投劍兮脱冕，龍屈兮蜿蟤音延。」崔瑗東觀箴「何以季世，咆哮不虔。在强奮矯，而戮彼逢干。」曹植善哉行「慙無靈輒，以救趙宣。月没參横，北斗闌干。」

言音延。魏晉之時，皆與先韻，似甚順也。沈約寘之元部。

本證泉水詩見上。氓「爾卜爾筮，體無咎言。以爾車來，以我賄遷。」皇矣「臨衝閑閑，崇墉言言。」

旁證九章「吾聞作忠以造怨兮，忽謂之過言。九折臂而成醫兮，吾今而知其信然。」張衡東京賦「招有道於側陋，開敢諫之直言。聘丘園之耿潔，旅束帛之戔戔。」漢童子逢盛碑「胎懷正氣，生克自然。掮育孩嬰，弱而能言。」曹植怨歌行「推心輔王室，二叔反流言。待罪居東國，泣涕常流連。」袁宏三國名臣贊「仁者必勇，德亦有言。雖遇履虎，神氣恬然。」謝靈運酬從弟惠連「傾想遲嘉音，果枉濟江篇。辛勤風波事，款曲洲渚言。」顏延之北使洛「陰風振涼野，飛雲沓窮天。臨塗未及引，置酒慘無言。」

泉音錢。周官「泉府」，鄭司農云：「故書泉或作錢。」

本證泉水「我思肥泉，兹之永歎。」小弁「莫高匪山音先，莫浚匪泉。君子無易由言，耳屬于垣音延。」

旁證漢樂章「象載瑜，白集西音先。食甘露，歕榮泉。」易林乾之訟「龍馬上山，絶無水泉。喉焦脣乾，舌不能言。」

歎音天。今音灘，雖俱平聲，微有不同。

本證泉水詩見上。

旁證大家東征賦「涉封丘而踐路兮，慕京師而竊歎。小人性之懷土兮，自書傳而有焉。」王逸九思「便旋兮中原，仰天兮增歎。菅蒯兮壄莽，雚葦兮千眠。」又「日瞥音撇瞥兮西没，道遐迥兮阻歎。志稸積兮未通，悵敞罔兮自憐。」

門音民。太玄盛首：「小盛臣臣，大人之門。」聚首：「宗其高年，羣鬼之門。」年古音寧。一韻臣，一韻年，古音可知。

本證北門「出自北門，憂心殷殷。」

旁證荀卿雲賦「往來惛憊，通于大神。出入甚亟，莫知其門。」九章惜誦「思君其莫我忠兮，忽忘身之賤貧；事君而不貳兮，迷不知寵之門。」參同契「形體爲灰土，狀若明窗塵。擣治昇合之，持入赤色門。」易林蒙之明夷「不虞之患，禍至無門。奄忽暴卒，痛傷我心。」揚雄誄「大射饗飲，飛羽之門。綏宥耆幼，不拘婦人。」

艱音斤。

本證北門「終窶且貧，莫知我艱。」何人斯「彼何人斯，其心孔艱。胡逝我梁，不入我門。」鳧鷖「公尸燕飲，無有後艱。」

旁證離騷「長太息以掩涕兮，哀民生之多艱。余雖好脩姱以鞿羈兮，謇朝誶而夕替音親。」崔駰大理箴「昔在仲尼，哀矜罪人，子罕禮刑，衛人釋艱。」曹植王粲誄「宰臣專制，帝用西遷。君乃羈旅，離此阻艱。」陸機弔魏武「當建安之三八，實大命之所艱。雖光昭於曩載，將稅駕於此年音寧。」

遺音韋。鄭康成讀。荀子引詩「莫肯下遺」，注：「楊倞曰：遺，讀曰隨。」

本證北門「王事敦我，政事一埤遺我。」谷風「將恐將懼，寘予于懷。將安將樂，棄予如遺。」角弓「雨雪瀌瀌，見晛曰消。莫肯下遺，式居屢驕。」雲漢「周餘黎民，靡有孑遺。昊天上帝，則不我遺。」

旁證三略「使民如四肢，則策無遺，所適如肢體相隨。」曹植靈芝篇「董永遭家貧，父老財無遺。舉假以供養，傭作致甘肥。責家填門至，不知何用歸。」吳薛瑩獻詩「適茲樂土，無存孑遺。天啓其心，東南是歸。」陸機弔魏武「摧羣雄而電擊，舉勍敵其如遺。指八極以遠略，必剪焉而後綏。」陸雲歲莫賦「結隆思於朝日兮，綴永念於紀暉。表寸陰而貞吝兮，盼盈尺其若遺。」

邪音徐。爾雅作徐。說文引詩作「其虛其邪」。史記歷書「歸邪於終」，以邪爲餘。及魏晉轉而爲梭。曹植大魏篇：「白虎戲西除，含利從辟邪。騏驥躡足舞，鳳凰拊翼歌。」潘岳河陽詩：「依水類浮萍，寄松似懸蘿。朱博糾舒慢，楚風被琊邪。」是其證。又轉則斜矣。

本證北風「其虛其邪，既亟只且。」魯頌駉「思無邪，思馬斯徂。」

旁證尚書考靈曜「陰氣相左，德乃不邪。子助母收，母合子符。」參同契「守禦固密，闕絶奸邪。曲閣相連，狀似蓬壺。」揚雄徐州箴「降周任姜，鎮于瑯邪。姜氏絶苗，田氏攸都。」太玄法首「正彼有辜，格我無邪。」班彪北征賦「降几杖於藩國，折吳濞之逆邪。惟太宗之蕩蕩，豈曩秦之所圖。」班固王吸銘「邑邑將軍，育養烝徒。建謀正直，行不匿邪。」

貽去聲。黄公紹韻會云：「詒與貽通，可平可仄。」今考楚辭，以詒爲去聲，貽亦有此音也。

本證靜女「自牧歸荑，洵美且異。匪女之爲美，美人之貽。」

旁證九章思美人「高辛之靈盛兮，遭玄鳥而致詒。欲變節以從俗兮，媿易初而屈志。」

鮮音洗。潔也。「新臺有泚，河水瀰瀰。燕婉之求，籧篨不鮮。」吳才老讀，雖無可證，音韻良是。

景音養。上聲讀。

本證二子乘舟「二子乘舟，汎汎其景。願言思子，中心養養。」

旁證夏侯湛抵疑「九疑之從王化，猶洪聲之收清響；黎苗之樂函夏，若游形之招惠景。」郭璞游仙詩「翹首望太清，朝雲無增景。雖欲思隨化，龍津未易上。」陸機贈弟「存不阜物，没不增壤。生若朝風，死猶絶景。」

害音係。三略：「傷賢者殃及三世，蔽賢者自受其害。」淮南子：「以神爲主者，形從而利；以形爲主者，神從而害。」皆此音。

本證二子乘舟「二子乘舟，汎汎其逝。願言思子，不瑕有害。」閟宮「俾爾耆而艾。萬有千歲，眉壽無有害。」

旁證賈誼旱雲賦「畎畝枯槁而失澤兮，壤石相聚而爲害。農夫垂拱而無聊兮，釋其鉏耨而下涕。」蔡邕述行賦「濟西溪而容與兮，息鞏都而後逝。愍簡公之失師兮，疾子朝之爲害。」漢夏侯序傳「疑殆匪闕，違衆忤世。淺爲尤悔，深作敫害。」

儀音俄。洪适隸釋云：「周官注儀、義二字，古音皆俄。」愚按：漢孔耽神祠碑：「竭凱風以惆憀，惟蓼儀以愴悢。」又平都相蔣君碑：「感慕詩人，蓼蓼者儀。」又衛尉衡方碑：「感衛人之凱風，悼蓼義之劬勞。」是漢凡蓼莪，莪皆作儀，義古音可考矣。

本證柏舟「汎彼柏舟，在彼中河。髧彼兩髦，實維我儀。」菁菁者莪「菁菁者莪，在彼中阿。既見君子，樂且有儀。」既醉「其告維何？籩豆靜嘉音歌。朋友攸攝，攝以威儀。」抑「慎爾出話，敬爾威儀，無不柔嘉。」

旁證穆天子傳黃澤謠「黃之陀，其馬歕沙音莎，皇人威儀。」九章「穆眇眇之無垠兮，莽芒芒之無儀；聲有隱而相感兮，物有純而不可爲音譌。」太玄爭首「陽氣氾施，不偏不頗。物與爭訟，各遵其儀。」劉向九嘆「舉霓旌之墆翳兮，建黃昏之總旄。躬純粹而罔愆兮，承皇考之妙儀。」

天音汀。釋名曰：「豫、冀以舌腹言之，天，顯也，在上高顯也；青、徐以舌頭言之，天，坦也，坦然而高遠也。」蓋青、徐猶有古音，豫、冀則今之音。古音天與人韻，今則判之遠矣。

本證柏舟「母也天只，不諒人只。」黍離「悠悠蒼天，此何人哉？」綢繆「綢繆束薪，三星在天。今夕何夕，見此良人。」黄鳥「彼蒼者天，殲我良人。」雨無正「凡百君子，各敬爾身。胡不相畏，不畏于天。」小宛「宛彼鳴鳩，翰飛戾天。我心憂傷，念昔先人。」何人斯「不媿于人，不畏于天。」巷伯「蒼天蒼天，視彼驕人。」菀柳「有鳥高飛，亦傅于天。彼人之心，于何其臻。」文王「文王在上，於昭於天。周雖舊邦，其命維新。」棫樸「倬彼雲漢，爲章于天。周王壽考，遐不作人。」旱麓「鳶飛戾天，魚躍于淵。」假樂「宜民宜人，受禄于天。」卷阿「亦傅于天，藹藹王多吉人。」崧高「崧高維嶽，峻極于天。維嶽降神，生甫及申。」瞻仰「亂匪降自天，生自婦人。」

旁證易乾九五「飛龍在天，利見大人。」又乾文言「時乘六龍，以御天也。雲行雨施，天下平也。」尚書大傳八伯歌「明明上天，爛然星陳。日月光華，宏予一人。」九歌大司命「乘龍兮轔轔，高駝兮沖天。結桂枝兮延竚，羌愈思兮愁人。」九章哀郢「堯舜之抗行兮，瞭杳杳而薄天。衆讒人之嫉妒兮，被以不慈之僞名。」史記「三年不飛，一飛沖天。三年不鳴，一鳴驚人。」參同契「熒惑守西，太白經天。殺炁所臨，何有不傾。」漢婁壽碑「窮下不苟，知我者天。身殁聲鬯，千載作珍。」漢博陵太守孔彪碑「伊尹之休，格于皇天。惟我君績，表于丹青。」陸機答賈長淵「乃眷三哲，俾乂斯民。啓土綏難，改物承天。」

道音島。道德、道路之道，上聲；教道、引道之道，去聲。此經史通例。凡道見于詩者，皆上聲。

本證牆有茨「牆有茨，不可埽也。中冓之言，不可道也。」宛丘「坎其擊缶，宛丘之道。」何草不黃「有芃者狐，率彼幽草。有棧之車，行彼周道。」生民「誕后稷之穡，有相之道。」泮水「順彼長道，屈此羣醜。」

旁證易復五上「敦復無悔，中以自考也。迷復之凶，反君道也。」又漸九三「夫征不復，離羣醜也。婦孕不育，失其道也。」九章惜誦「壹心而不豫兮，羌不可保。疾親君而無他兮，有招禍之道。」漢書文帝述「我教如風，民應如草。國富刑清，登我漢道。」范曄光武贊「神旌乃顧，遞行天討。金湯失險，車書共道。」孫楚別官屬詩「晨風飄岐路，零雨被秋草。傾城遠追送，餞我千里道。」

宜音俄。易傳：「宜與化叶，化古音訛。」離騷：「初既與余成言兮，後悔遁而有他。余既不難夫離別兮，傷靈脩之數化。」九辯：「專思君兮不可化，君不知兮可奈何。」哀時命：「子胥死而感義兮，屈原沈於汨羅。雖體解其不變兮，豈忠信之可化？」知化之讀訛，證宜之讀俄也。化後轉而爲嘻，再轉而平聲，三轉而去聲。宜則一轉而疑矣。

本證君子偕老「如山如河，象服是宜。」緇衣「緇衣之宜兮，敝予又改爲音謁兮。」裳裳者華「左之左平聲之，君子宜之。」鴛鴦「鴛鴦于飛，畢之羅之。君子萬年，福祿宜之。」棫樸「奉璋峩峩，髦士攸宜。」閟宮「是饗是宜，降福既多。」

旁證易繫「神而化之，使民宜之。」儀禮字辭「爾字孔嘉音歌，髦士攸宜。」後漢太常箴「匪愆匪忒，公尸攸宜。弗忮弗求，惟德之報平聲。」

晢音制。

本證君子偕老「象之揥也，揚且之晢也。胡然而天也，胡然而帝也？」

旁證易大有四五「匪其彭，無咎；明辯晢也。厥孚交如，信以發志也。」

顔音研。說文以彦得聲，彦古音平。陸雲陸公誄：「和音嗣世，不替碩彦。明監在下，降命上玄。」

今讀「彦」爲去聲，與古稍異矣。

本證君子偕老「蒙彼縐絺，是紲袢音玄，吴棫讀也。子之清揚，揚且之顔也。」抑「視爾友君子，輯柔爾顔，不遐有愆。」

旁證陸機嘆逝賦「啓四體而深悼，懼茲形之將然。毒娱情之寡方，怨感目之多顔。」

上平聲。

本證桑中「期我乎桑中，要我乎上宮，送我乎淇之上矣。」大明「明明在下，赫赫在上。天難忱斯，不易維王。」

旁證易頤五上「居貞之吉，順以從上也。由頤厲吉，大有慶音羌也。」王襃九懷「臨淵兮汪洋，顧林兮思荒。倏余兮袿衣，騎霓兮南上。」

麥音密。

本證桑中「爰采麥矣？沬之北矣。云誰之思？美孟弋矣。」載馳「我行其野，芃芃其麥。控于大邦，誰因誰極？」閟宮「黍稷重穋，稙穉菽麥。奄有下國，俾民稼穡。」

旁證易林離之蠱「早霜晚雪，傷害禾麥。損功棄力，饑無所食。」韋鋋序志賦「奉過庭之明訓，納微躬於軌則。勉四民之耕耘，遂能辨乎菽麥。」

北音必。背亦以此得聲。行葦「黃耇台背」，桑柔「職涼善背」，皆此讀。

本證桑中詩見上。巷伯「豺虎不食，投畀有北。」

旁證三略「將有一，則衆不服。有二，則軍無式。有三，則下奔北。」安世房中歌「海內有姦，紛亂東北。詔撫成師，武侯承德音的。」上林賦「左蒼梧，右西極，丹水更其南，紫淵徑其北。」更始時南陽童謡「諧不諧音奚。周澤傳：「生世不諧，作太常妻。」，在赤眉；得不得音的，與德同在河北。」

兄音荒。通論曰：「口儿爲兄。儿者，人也。人在口下，以口教其下也。下者，弟也。」釋名：「兄，荒也；荒，大也。」白虎通曰：「兄，況也；況，父法也。」故兄有況音。倉兄填兮、職兄斯引、職兄斯弘，皆音況。注謂與「怳」同，悲閔之意，是字同而義異也。愚按：漢樊毅華嶽廟碑云：「君舉必書，兄乃盛德。」亦以兄爲況。

本證鶉之奔奔「鶉之奔奔，鵲之彊彊。人之無良，我以爲兄。」將仲子「無踰我牆，無折我樹桑。豈敢愛之，畏我諸兄。」陟岵「陟彼岡兮，瞻望兄兮。」皇矣「因心則友，則友其兄，則篤其慶音羌。」

旁證晉惠公童謡「恭太子更葬平聲兮，後十四年晉亦不昌，昌乃在其兄。」易林比之賁「兩火爭明，雖鬭不傷。分離且忍，全我弟兄。」班固辟雍詩「聖皇莅止，造舟爲梁。皤皤國老，乃父乃兄。」韋安國傳「雖有親父，安知不爲虎？雖有親兄，安知不爲狼？」韓愈詩「行行二月莫，乃及徐南疆。下馬步堤岸，上船拜吾兄。」

京音疆。古皆此讀，亦音原。晉獻文子曰：「是全要領以從先大夫于九京。」讀原。

本證定之方中「望楚與堂，景山與京。」下泉「洌彼下泉，浸彼苞稂。愾我寤歎，念彼周京。」正月「民之訛言，亦孔之將。念我獨兮，憂心京京。」甫田「曾孫之稼，如茨如梁。曾孫之庾，如坻如京。」文王「侯服于周，天命靡常。殷士膚敏，祼將于京。」大明「摯仲氏任，自彼殷商，來嫁于周，曰嬪于京。」皇矣「依其在京，侵自阮疆。」下武「下武維周，世有哲王。三后在天，王配于京。」文王「考卜維王，宅是鎬京。」公劉「迺陟南岡，迺覯于京。」

旁證左傳懿氏繇「五世其昌，并於正卿音羌；八世之後，莫之與京。」梁鴻五噫歌「陟彼北芒兮，噫。顧瞻帝京兮，噫。」易林蠱之歸妹「下泉苞稂，十年九王。荀伯遇時，憂念周京。」揚雄雍州箴「上帝不寧，命漢作京。隴山徂以，列爲西羌。」班固東都賦「遂綏哀牢，開永昌。春王三朝，會同漢京。」魏武薤露「白虹爲貫日，己亦先受殃。賊臣執國柄，殺主滅宇京。」陸雲寒蟬賦「華靈鳳之羽儀，睹皇都乎上京。跨天路於萬里，豈蒼蠅之尋常？」

田音陳。説文：「田，陳也。」古田、陳通音，故陳敬仲奔齊後改爲田。宋玉招魂：『鄭、衛妖玩，來雜陳些。激楚之結，獨秀先些。』是又以陳音田，益以見其相通也。

本證定之方中「靈雨既零，命彼倌人。星言夙駕，説於桑田。」叔于田「叔于田，巷無居人。」白華「滮池北流，浸彼稻田。嘯歌傷懷，念彼碩人。」崧高「王命召伯，徹申伯土田。王命傅御，遷其私人。」江漢「告于文人，錫山土田。」
旁證易乾九二「見龍在田，利見大人。」國語「佞之見佞，果喪其田。」佞平聲。夏侯湛抵疑：「猗靡容悦，出入崎傾，逐巧點姸，〔六〕嘔喁辯佞。」易林噬嗑之未濟「邪徑賊田，惡政傷民。夫婦呪詛，太山覆顛音珍。」張衡南都賦「開竇灑流，浸彼稻田。溝澮脉連，堤塍相輑。」

千音親。
本證定之方中「秉心塞淵，騋牝三千。」甫田「倬彼甫田，歲取十千。」〔七〕
旁證宋玉招魂「虎豹九關，啄害下人些。一夫九首，拔木九千些。」易林恒之鼎「騋牝龍身，日取三千。南上蒼梧，與福爲婚。」漢靈帝時孔廟碑「周流應聘，嘆鳳不臻。自衛返魯，養徒三千。」劉劭趙都賦「宮妾盈兮數百，食客過兮三千。越信孟之卑體，慕姬旦之懿仁。」

命音名。左傳：「異哉，君之名子。」又曰：「今名之大，以從盈數。」史記皆作命。孟子命世之才謂名世也。亡命，匿名也。
本證蝃蝀「大無信也，不知命也。」揚之水「我聞有命，不敢以告人。」采薇「樂只君子，天子命之。樂只君子，福禄申之。」假樂「保右命之，自天申之。」卷阿「維君子命，媚于庶人。」江漢「于周受命，自召祖命。」

旁證易姤九五「九五含章，中正平聲也。有隕自天，志不舍命也。」太玄勤首「勞有恩勤，有諸情也。羈角之吾，不得命也。」漢北海相景君銘「帝嘉厥功，授以符命，守郡益州，路遐戀親。」魏武善哉行「晏子平仲，積德兼仁。與世沈德，未必思命。」

相鼠似鼠頗大，能人立，見人則立，舉其前兩足，若拱揖然。愚於薊門山寺見之，僧曰：「此相鼠也。」及檢埤雅，已有載矣。蓋見人若拱，似有禮儀，詩之所以起興也。今注曰：「相，視也。鼠，蟲之可賤惡者。」意義索然。按説文引此詩，亦以相爲視，誤也久矣。

爲音譌。史記引書「南譌」，字作爲。又考説文：「譌，譌言也。從言，爲聲。」據此見爲加言讀譌，去言亦讀譌，古之音也。後轉音怡。王延壽王孫賦：「原天地之造化，實神偉而崛奇。道玄微以密妙，信無物而不爲。」再轉則今音。

本證相鼠「人而無儀，不死何爲？」兔爰「有兔爰爰，雉離于羅。我生之初，尚無爲。」緇衣「緇衣之宜兮，敝予又改爲兮。」抑「白圭之玷，尚可磨也；斯言之玷，不可爲也。」

旁證九章思美人「獨歷年而離愍兮，羌憑心猶未化音訛。寧隱閔而壽考兮，何變易之可為。」漁父歌「日已夕兮予心憂悲，月已馳兮何不渡為？事寖急兮將奈何？」楚辭哀時命「知貪餌而近死兮，不如下游乎清波。寧幽隱以遠禍兮，孰侵辱之可為。」

俟音矣。說文：「矣聲。」或聲近始。史記「其德嶷嶷」，大戴禮作俟，以聲近而譌。開元五經文字「儦儦俟俟」，音矣。

本證相鼠「人而無止，不死何俟？」吉日「儦儦俟俟，或羣或友。」

旁證邯鄲淳答贈詩「既庇西伯，永誓没齒。今也被命，義在不俟。」阮籍詠懷「誰言焱炎久，遊没可行俟。逝者豈長生，亦去荊與杞。」

驅音丘。說文：「從馬，區聲。」區古讀丘。曲禮：「禮不諱嫌名。」注謂「若禹與宇，丘與區」。禹、宇今音叶，丘、區則古音叶也。

本證載驅「載馳載驅，歸唁衛侯。驅馬悠悠，言至於漕音鄒。」

旁證陸雲賦「衵愁心以自邁，肅榜人以曾驅。詔河馮以清川，命湘娥而安流。」

反音顯，遠音演，詩皆此讀。又有去、平二聲，見後。

本證載驅「既不我嘉，不能旋反。視爾不臧，我思不遠。」

旁證荀卿雲賦「忽兮其極之遠也，攭音倮兮其相逐而反也，卬卬兮天下之咸蹇也。」離騷「悔相道之不察兮，延佇乎吾將反。回朕車以復路兮，及行迷之未遠。」九章哀郢「羌靈魂之欲歸兮，何須臾而忘反。背夏浦而西思兮，哀故都之日遠。」楚辭惜誓「惜余年老而日衰兮，歲忽忽而不反。登蒼天而高舉兮，歷衆山而日遠。」太玄疑首「疑自反，孚不遠。」潘岳哀永逝文「彼遥思兮離居，歎河廣兮宋遠。今奈何兮一舉，邈終天兮不反。」

蝱音盲。本作莔。説文：「貝母，草也。」徐鍇繫傳曰：「貝母，一名莔，治目眩。」不得返顧，許夫人所以寄其思也。今文作蝱。楊用修曰：「蝱，齧人蟲也。」豈可采邪？

本證載驅「陟彼高丘，言采其蝱。女子善懷，亦各有行。」

尤音怡。

本證載驅「大夫君子，無我有尤。百爾所思，不如我所之。」

旁證易鼎九三「鼎有實，慎所之也。我仇有疾，終無尤也。」九章惜往日「信讒諛之溷濁兮，盛氣志而過之。何貞臣之無罪兮，被離謗而見尤。」大玄從首「小人强梁，得位益尤也。克我强梁，大美無基也。」劉向九嘆「遭紛逢凶蹇離尤兮，垂文揚采遺將來兮。」韋玄成自劾詩「誰謂德難，厲其庶而。嗟我小子，于貳其尤。」

百音博。雖非韻脚，可備古音，亦音陌。左傳：「距躍三百，其義勵也。」

本證載馳「百爾所思。」黄鳥「人百其身。」思齊「則百斯男。」

旁證蜡祝「土反其宅，水歸其壑，昆蟲毋作。豐年若土，歲取千百。」此與禮記稍異。楚人諺「得黃金百，不如得季布諾。」易林兑之震「營城洛邑，周公所作。世建三十，歷年八百。福祐盤結，堅固不落。」

【校勘記】

〔一〕「曾是掊克」原脱，據詩經蕩補。
〔二〕「人而無儀」原脱，據明辨本改。
〔三〕「羔羊之皮，素絲五紽」原脱，據渭南嚴氏本補。
〔四〕「矣」原作「之」，據詩經園有桃原文改。
〔五〕「常棣之華，鄂不韡韡」原脱，據渭南嚴氏本及詩經原文補。
〔六〕「姸」原作「研」，據明辨本改。
〔七〕「十」原作「千」，據四庫本、明辨本改。

青音菁。菁菁，茂盛也。鶴山云：「『緑竹青青』，鄭註訓菁。今作丹青之青，非，不應緑又青也。」

丘音欺。

本證氓「送子涉淇，至於頓丘。」巷伯「楊園之道，猗於畝丘。寺人孟子，作爲此詩。」

旁證左傳史蘇之占「爲雷爲火，爲嬴敗姬。不利行師，敗于宗丘。」九章哀郢「曼余目以流觀兮，冀一反之何時？鳥飛反故鄉兮，狐死必首丘。」田單攻狄嬰兒謡「大冠若箕，修劍拄頤。攻狄不能，下壘枯丘。」易林履之巽「蹇驢不材，駿驥失時。筋勞力盡，疲於沙丘。」

媒音迷。説文註：「媒，謀也。謀合二姓。」凡詩謀皆讀迷，媒亦因之得聲。周官「媒氏」，鄭氏云：「媒之言，謀也。」
本證氓「匪我愆期，子無良媒。」
旁證離騷「苟中情其好脩兮，又何必用夫行媒？說操築於傅巖兮，武丁用而不疑。」九章抽思「愁嘆苦神靈遥思兮，路遠處幽又無行媒兮。」參同契「蘇秦通言，張儀結媒。發辯利舌，奮舒美辭。」

垣音延。
本證氓「乘彼垝垣，以望復關。不見復關，泣涕漣漣。」文王有聲「王公伊濯，維豐之垣。四方攸同，王后維翰。」板「价人維藩，大師維垣。大邦維屏，大宗維翰。」
旁證易林乾之困「噂噂所言，莫如我垣。歡喜堅固，可以長安音煙。」又訟之歸妹「體重飛難，未能踰關。行坐憂愁，不離室垣。」揚雄甘泉賦「崇崇圜丘，隆隱天兮。登降峛崺，單埢垣兮。」魏明帝種瓜篇「種瓜東井上，冉冉自踰垣。與君新爲婚，瓜葛相結連。」劉楨贈徐幹「誰謂相去遠，隔此西掖垣。拘限清切禁，中情無由宣音先。」

關音堅。
本證氓詩見上。

旁證樂府艷歌行「妾當守空房，閉門下重關。若生當相見，亡者會黃泉。今日樂相樂，萬歲期延年。」劉歆遂初賦「馳太行之嚴防，入天井之喬關。望亭燧之皦皦，飛旌旄之翩翩。」晉盧諶覽古詩「藺生在下位，繆子稱其賢。奉辭馳出境，伏軾徑入關。」

耽音沈。爾雅：「妉，樂也。」疏云：「毛詩鹿鳴：『和樂且湛。』氓：『無與士耽。』詩之作非一人，故有音義同而字形踳駁者。」詩作湛、耽而此妉，音義皆同。

本證氓「于嗟鳩兮，無食桑葚平聲。于嗟女兮，無與士耽。」鹿鳴「鼓瑟鼓琴，和樂且湛。」常棣「妻子好合，如鼓瑟琴。兄弟既翕，和樂且湛。」賓之初筵「百禮既至，有壬有林。錫爾純嘏，子孫其湛。」

旁證楚辭九辯「願賜不肖之軀而別離兮，放遊志乎雲中音忞。乘精氣之摶摶兮，鶩諸神之湛湛。」晉鄭曼季南山詩「錦衣尚絅，至樂是耽。興言永思，繫懷所欽。」張翰雜詩「青條若總翠，黃華如散金。嘉卉亮有觀，顧此難久耽。」

爽平聲，差也。老子：「五味令人口爽。」肅爽，馬名。左傳：「唐公有兩肅爽。」楚辭註：「羹敗曰爽。」

本證氓「女也不爽，士貳其行。」蓼蕭「其德不爽，壽考不忘。」

旁證宋玉招魂「鵠酸臇鳧，〔一〕煎鴻鶬些。露雞臛蠵音攜，厲而不爽些。」太玄法首「準繩不甫，其用爽也。準繩規矩，由身行平聲也。」又太玄永首「不替不爽，長子之常。」

德音的。凡詩之德皆此音，得亦此音。

本證氓「士也罔極，二三其德。」碩鼠「碩鼠碩鼠，無食我麥。〔二〕三歲貫女，莫我肯德。」天保「民之質矣，日用飲食。羣黎百姓，〔三〕偏爲爾德。」湛露「湛湛露斯，在彼杞棘。顯允君子，莫不令德。」蓼莪「欲報之德，昊天罔極。」泮水「明明魯侯，克明其德。既作泮宮，淮夷攸服。」

旁證易乾文言「飛龍在天，乃位乎天德。亢龍有悔，與時偕極。」禮儀士冠禮「吉月令辰，乃申爾服。敬爾威儀，淑慎爾德。」安世房中歌「清明鬯矣，皇帝孝德。竟全大功，撫安四極。」越大夫種酒祝「皇天祐助，我王受福。良臣集謀，我王之德。」樂録引聲歌「天地之道，近在胸臆。呼噏精神，以養九德。」易林剥之晉「鳧舞鼓翼，嘉樂堯德。虞夏美功，要荒賓服。」參同契「立義設刑，當仁施德。逆之者凶，順之者吉。」

反音販。荀子：「積反貨而爲商賈。」亦此音。

本證氓「信誓旦旦，不思其反。」民勞「式遏寇虐，無俾正反。王欲玉女，是用大諫。」

旁證太公車銘「自致者急，載人者緩。取欲無度，自致而反。」易雜卦傳「剥，爛也；復，反也。」楊脩節遊賦「迴旋詳觀，目周意倦。極歡遊以從容，乃棄車而來反。」

右音以，亦音意，有上、去二聲。祐，從右得聲，亦讀以。天問：「驚女采薇，鹿何祐？北至回水，萃何喜？」

本證竹竿「泉源在左，淇水在右。女子有行，遠父母兄弟。」蒹葭「遡洄從之，道阻且右。遡游從之，宛在水中沚。」吉日「悉率左右，以燕天子。」甫田「攘其左右，嘗其旨否。」緜「廼慰廼止，廼左廼右。」雲漢「趣馬師氏，膳夫左右。」

旁證九章悲回風「軋洋洋之無從兮，馳委移之焉止。漂翻翻其上下兮，翼遥遥其左右。」宋玉笛賦「隆崛萬丈，盤石雙起。丹水湧其左，醴泉流其右。」張衡西京賦「豫章珍館，揭焉中峙。牽牛立其左，織女處其右。」

甲音結。

本證芄蘭「芄蘭之葉，童子佩韘。雖則佩韘，能不我甲？」

旁證九歌國殤「操吴戈兮被犀甲，車錯轂兮短兵接。」

厲音賴。説文：「從蠆省。」又：「蠣，從蟲，厲聲，讀若賴。」莊子：「厲之人夜半生子。」亦此讀。

本證有狐「有狐綏綏，在彼淇厲。心之憂矣，之子無帶。」都人士「彼都人士，垂帶而厲；彼君子女，卷髮如蠆。」

旁證後漢崔駰達旨「力牧之略，尚父之厲，伊、臯不論，奚事范、蔡？」蔡琰悲憤詩「爲復强視息，雖生何聊賴。託命於新人，竭心自勗厲。」蜚銘「蜚之爲名，體似無害。所經枯竭，甚於鴆厲。」

瓜音孤。説文孤、罛、觚、柧皆以瓜得聲，古音可見。後轉音歌，道藏歌：「僊童掇朱實，神女獻玉瓜。浴身丹浥池，濯髮甘泉波。」

本證木瓜「投我以木瓜，報之以瓊琚。」七月「七月食瓜，八月斷壺。」信南山「中田有廬，疆埸有瓜。」

旁證左傳渾良夫譟〔四〕「登此昆吾之虚，緜緜生之瓜。余爲渾良夫，叫天無辜。」急就章「遠志續斷參土瓜，亭歷桔梗龜骨枯。」

括音潔。

本證君子于役「君子于役，不日不月。〔五〕曷其有佸音厥？雞棲于桀，日之夕矣，羊牛下括。」

旁證太玄羨首「四馬就括，高人吐血。」劉劭七葉「後不可及，前不可越。尋聲赴響，追晷逐括。」

渴音竭。國語：「天根見而水渴。」周禮：「渴澤用鹿。」皆此音。

本證君子于役「君子于役，苟無飢渴。」采薇「憂心烈烈，載飢載渴。」

旁證黄庭經「時念太倉不飢渴，役使六丁神女謁。」易林豫之賁「泉閉澤竭，主母飢渴。君子困窮，乃徐有説。」

其音記。「彼其之子」，或作忌；「叔善射忌，又良御忌」，通作記。表記引作「彼記之子」，註疏云：「語辭也。」左傳襄二十七年引「彼己之子，邦之司直」，註「己音記」。曹植求自試表：「無益國朝，將掛風人彼己之譏。」己亦音記。揚之水、羔裘、汾沮洳、椒聊，皆同音。

許音甫。與蒲爲韻。蒲，説文「從草，浦聲」。

本證揚之水「揚之水，不流束蒲。彼其之子，不與我戍許。」

旁證魏明帝善哉行「行行日遠，西背京許。遊弗淹旬，遂屆揚土。」

乾音堅，燥也。集韻：與漧音義同。又，非乾坤之虔，今讀作干。

本證中谷有蓷「中谷有蓷，暵其乾矣。有女仳離，慨其歎音天矣。慨其歎矣，遇人之艱難矣。」

旁證楚辭九辯「皇天淫溢而秋霖兮，后土何時而得漧。塊獨守此無澤兮，仰浮雲而永歎。」韓愈晚春詩「亹亹新葉大，瓏瓏晚花乾。青天何寥寥，雨蝶飛翩翩。」

難音年，禍也。古聲平，與天叶；今聲去，與翰叶。

本證中谷有蓷詩見上。常棣「脊令在原，兄弟急難。每有良朋，況也永歎。」

旁證易林大過之家人「推輂上山，高仰重難。終日至莫，不見阜巔。」王褒九懷「顧念兮舊都，懷恨兮艱難。竊哀兮浮萍，汎淫兮無根音堅。」古詩「嫂叔不親授，長幼不比肩。勞謙得其柄，和光甚獨難。」

脩音東。毛註云：「脩，日乾也。」釋名：「臘脯，又曰脩。脩，縮也，乾燥而縮也。」歗音肅。說文以「肅」得聲。

本證中谷有蓷「中谷有蓷，暵其脩矣。有女仳離，條其歗矣。」

罹音羅。揚雄方言：「罹謂之羅，羅謂之罹。」

本證兔爰「我生之後，逢此百罹。尚寐無吪。」

旁證盧諶詩「五臣奚與，契闊百罹。身經險阻，足蹈幽遐。」

覺音教，北有此音。

本證兔爰「有兔爰爰，雉離于罦音保，見說文。我生之初，尚無造；我生之後，逢此百憂。尚寐無覺。」

旁證左思魏都賦「干戚羽旄之飾好，清謳微吟之要妙。世業之所日用，耳目之所聞覺。」

憂音要。又商鼎銘：「嗛嗛之德，不足就也，不可以矜，而祇取憂也。」〔六〕憂，亦去聲讀。

本證兔爰詩見上。揚之水「素衣朱繡音嘯，從子于鵠音告。」漢地理志「鵠澤」，孟康「音告澤」。既見君子，云何其憂？」

旁證左傳齊人歌「魯人之皋音教，數年不覺，使我高蹈。唯其儒書，以爲二國憂。」

父音甫。今漁父、農父亦讀甫，至父母之父讀户。古皆上聲。

本證葛藟「終遠兄弟，謂他人父。謂他人父，亦莫我顧。」陟岵「陟彼岵音古兮，瞻望父兮。」四牡「王事靡盬，不遑將父。」伐木「既有肥羜，以速諸父。寧適不來，微我弗顧。」

旁證後漢蘇順和帝誄「歔欷成雲，泣涕成雨。昊天不弔，喪我慈父。」曹植文帝誄「稼惟歲豐，登我稷黍。家佩惠君，〔七〕户蒙慈父。」

涘音矣。説文：「從水，矣聲。」矣，語已辭。

本證葛藟「緜緜葛藟，在河之涘。」蒹葭「蒹葭采采，白露未已。所謂伊人，在水之涘。」大明「在洽之陽，在渭之涘。文王嘉止，大邦有子。」

旁證易林大過之漸「臺駘昧子，明知地理。障澤宣德，封居河涘。」束晳補亡詩「有獺有獺，在河之涘。淩波赴汨，噬魴捕鯉。」陸機南征賦「桓桓先征，在河之涘，順彼長道，縣旌千里。」鄭曼季答陸士龍「鴛鴦于飛，在江之涘。和音反暢，拊翼雙起。」

蕭音脩。簫亦此音。荀子引逸詩曰：「鳳皇秋秋，其翼若干，其聲若簫。」

本證采葛「彼采蕭兮，一日不見，如三秋兮。」下泉「冽彼下泉，浸彼苞蕭。愾我寤歎，念彼京周。」

旁證九歌山鬼「雷填填兮雨冥冥，猨啾啾兮狖夜鳴，風颯颯兮木蕭蕭，思公子兮徒離憂。」劉向九嘆「白露紛紛以塗塗兮，秋風瀏瀏以蕭蕭。身永流而不還兮，魂長逝而常愁。」

艾音義。書：「自怨自艾。」禮記：「草艾則墨。」

本證采葛「彼采艾兮，一日不見，如三歲兮。」鴛鴦「乘馬在廄，摧之秣音昧之。君子萬年，福祿艾之。」

旁證崔駰太尉箴「紂師百萬，卒以不艾。宰臣司馬，敢告在際。」張衡東京賦「建辰旒之大常，紛焱悠以容裔。六玄虬之弈弈，齊騰驤而沛艾。」

歲音試，後轉音泄。曹植平原公主誄：「城闕之詩，以日喻歲。況我愛子，神光長滅。」

本證采葛詩見上。

旁證易習坎五上「坎不盈，中未大音地也。上六失道，凶三歲也。」孔子去魯歌「彼婦之謁音意，可以死敗音備。蓋優哉游哉，聊以卒歲。」屈原九章「望孟夏之短夜兮，何晦明之若歲。惟郢路之遼遠兮，魂一夕而九逝。」嵇康酒會詩「微嘯清風，鼓檝容裔。放櫂投竿，優遊卒歲。」陶潛感士不遇賦「愍馮叟於郎署，賴魏守以納計。雖僅然於必知，亦苦心而曠歲。」

穴音絫。説文：「土室也。從宀，八聲。」太玄：「龍襲非其穴，光亡於室。」亦此音。

本證大車「穀則異室，死則同穴。」黃鳥「臨其穴，惴惴其慄。」緜「陶復陶穴，未有家室。」

旁證孔融臨終詩「言多令事敗，器漏苦不密。河潰蟻孔端，山壞由猿穴。」魏應璩雜詩「細微可不慎，隄潰自蟻穴。腠理蚤從事，安復勞鍼石？」

麻音磨。

本證丘中有麻「丘中有麻，彼留子嗟。」東門之枌「不績其麻，市也婆娑。」

旁證潘岳河陽詩「曲蓬何以直，託身依叢麻。黔黎竟何常，政成在民和。」

嗟音磋。徐鉉曰：「經史通用差池，後人加作蹉跎。」是差有磋音也。

本證丘中有麻詩見上。

旁證帝舜南風操「有黃龍兮出自於河，案圖覩讖兮閔天嗟嗟。」易離九三「不鼓缶而歌，則大耋之嗟。」王褒九懷「悲哉于嗟兮，心内切磋。款冬而生兮，凋彼葉柯。」魏程曉嘲熱客「主人聞客來，顰蹙奈此何？謂當起行去，安坐正咨嗟。」阮籍詠懷詩「李公悲東門，蘇子狹三河。求仁自得仁，豈復歎咨嗟？」

施音沱。莊子：「何少何多，是謂謝施。」亦此音。

本證丘中有麻「彼留子嗟，將其來施施。」

旁證屈原天問「授殷天下，其位安施？反成乃亡，其罪伊何？」漢高祖楚歌「横絶四海，當可奈何？雖有矰繳，將安所施？」嚴忌哀時命「愁脩夜而宛轉兮，氣涫沸其若波。握剞劂而不用兮，操規榘而無所施。」

國音役。釋名：「國，域也。」博古圖周南宫鼎「光相南國」，周穆公鼎南國、東國，皆作或。周官蟈氏，鄭司農亦云：「蟈，讀如域。」至晉、宋時猶此音，故范曄光武贊以國韻塞，袁宏三國名臣贊以韻德，謝靈運鄴中詩以韻賊，顔延之皇后策亦韻塞，皆可據而證也。

本證丘中有麻「丘中有麥，彼留子國。彼留子國，將其來食。」園有桃「園有棘，其實之食。心之憂矣，聊以行國。」碩鼠「逝將去女，適彼樂國。樂國樂國，爰得我直。」鳲鳩「其儀不忒，正是四國。」六月「玁狁孔熾，我是用急，王于出征，以匡王國。」雨無正「浩浩昊天，不駿其德。降喪饑饉，斬伐四國。」北山「或燕燕居息，或盡瘁事國。」青蠅「讒人罔極，交亂四國。」文王「世之不顯，厥猶翼翼。思皇多士，生此王國。」大明「厥德不回，以受方國。」民勞「民亦勞止，汔可小息。惠此京師，以綏四國。」蕩「女炰烋于中國，斂怨以爲德。」抑「天方艱難，曰喪厥國。取譬不遠，昊天不忒。」崧高「申伯之德，柔惠且直。揉此萬邦，聞于四國。」江漢「矢其文德，洽此四國。」常武「不測不克，濯征徐國。」閟宫「植稺菽麥，奄有下國。」

旁證易謙上六「鳴謙，志未得也。可用行師，征邑國也。」又明夷上六「初登于天，照四國也；後入于地，失則也。」禮記孔子閒居「無體之禮，威儀翼翼。無服之喪，施及四國。」周嘉量銘「嘉量既成，以觀四國。永啓厥後，兹器維則。」九章橘頌「后皇嘉樹，橘徠服兮。受命不遷，生南國兮。」李延年歌「北方有佳人，絶世而獨立。一顧傾人城，再顧傾人國。」易林乾之坤「招殃來螫，害我邦國。病傷手足，不得安息。」陳思王責躬詩「萬邦既化，率由舊則。廣命懿親，以藩王國。」

館音貫。

本證緇衣「適子之館兮，還予授子之粲兮。」公劉「篤公劉，于豳斯館。涉渭爲亂，取厲取鍛。」

旁證韋玄成自劾詩「既耇致位，惟懿惟奂。厥賜祁祁，百金泊館。」郭遐叔贈嵇康「交重情親，欲面無算。如何忽爾，時適他館。」陸士龍誄「軒車微動，執紼同贊。永棄高厦，黄壚是館。」

蓆音芍。説文「廣，多也。從草，席聲。」愚按：薦席之席亦作蓆。席，古皆音芍，聊借以證。

本證緇衣「緇衣之蓆兮，敝予又改作兮。」

旁證管仲弟子職「攝衣共盥，先生乃作。沃盥徹盥，汎拚正席。」又「振袵掃席，已食者作。摳衣而降，旋而鄉席。」易林「重茵厚席，循皐採藿。」太玄錯「達思通，窮思索音朔。干在朝，而内在席。」

畏音威。古畏、威通用。書曰：「天明畏，自我民明威。」禮記引書：「德威惟威。」考工記：「當弓之畏。」畏讀威。

本證將仲子「仲可懷音回也，父母之言，亦可畏也。」東山「不可畏也，伊可懷也。」

旁證枚乘七發「有似勇壯之卒，突怒而無畏。蹈壁衝津，窮曲隨隈。」

園音延。

本證將仲子「無踰我園，無折我樹檀音田。」鶴鳴「樂彼之園，爰有樹檀。」

旁證張協雜詩「借問此何時，胡蝶飛南園。流波戀舊浦，行雲思故山音先。」

好音丑。有上、去二聲，此亦因詩上下文而分之。要之，古人之作不屑屑於是也。說文作𤚩，丑聲。書：「無有作𤚩。」

本證叔于田「豈無飲酒？不如叔也，洵美且好。」清人「左旋右抽上聲，中軍作好。」遵大路「無我魗兮，不寁好也。」女曰雞鳴「宜言飲酒，與子偕老音柳。琴瑟在御，莫不静好。」還「並驅從兩牡兮，揖我謂我好兮。」

旁證箕子麥秀歌「麥秀漸漸兮，禾黍油上聲油。彼狡童兮，不與我好兮。」離騷「吾令鴆爲媒兮，鴆告余以不好；雄鳩之鳴逝兮，余猶惡其佻巧。」王褒四子講德論「毛嬙、西施，善毀者不能蔽其好；嫫姆、倭傀，善譽者不能掩其醜。」

好音休。去聲。

本證羔裘「羔裘豹褎，自我人究究。豈無他人，維子之好。」斯干「兄及弟矣，式相好矣，無相猶矣。」猶音宥。「匪棘其欲」，禮記引作「匪革其猶」，是猶有去聲也。沈約亦讀宥。

旁證九章惜誦「晉申生之孝子兮，父信讒而不好。行婞直而不豫兮，鮌功用而不就。」

阜音否。楊用修曰：「音覆。舊音與否同。」沈約：「謬音也。漢梁鴻詩：『惟季春兮華阜，麥含英兮方秀。哀茂時兮逾邁，愍芳香兮日臭。』可證「古韻宜置之宥韻」。愚謂阜字可上可去，論韻必祖之詩，詩悉音否矣。況漢人之音具在，似未可執鴻詩而遽病沈也。

本證大叔于田「叔在藪，火烈具阜。」駟驖「駟驖孔阜，六轡在手。公之媚子，從公于狩上聲。」左傳「天王狩于河陽」，穀梁作守。車攻「田車既好，四牡孔阜。東有甫草，駕言行狩。」頍弁「有頍者弁，實維在首。爾酒既旨，爾殽既阜。」

旁證易林泰之漸「倬然遠咎，辟害早阜。田獲三狐，巨貝爲寶音剖。」班固西都賦「睎秦嶺，睋北阜。挾灃灞，據龍首。」張衡西京賦「上林禁苑，跨谷彌阜。東至鼎湖，斜界細柳。」李尤平樂觀賦「魚龍蔓延，𡼝蜒山阜。龜螭蟾蜍，挈琴鼓缶。」

彭音傍。易：「匪其彭。」釋名：「軍器曰彭排，以禦攻也。」説文：「祝祭於祊。」一作「鬃」，「從示，彭聲」，「門内祭先祖，所以徬徨」。

本證清人「清人在彭，駟介旁旁。」出車「出車彭彭，旂旐央央。」大明「檀車煌煌，駟騵彭彭。」烝民「四牡彭彭，八鸞鏘鏘。」韓奕「百兩彭彭，八鸞鏘鏘。」駉「以車彭彭，思無疆，思馬斯臧。」

旁證劉歆遂初賦「求仁得仁，固其常兮。守信保己，比老彭兮。」

旁音滂。説文：「滂，從水，旁聲。」徐鉉曰：「今俗別作霶霈之霶，非是。」此古音之證，傍亦此讀。

本證清人詩見上。北山「四牡彭彭，王事傍傍。」

旁證王褒九懷「騰蛇兮後從，飛駏兮步旁。微觀兮玄圃，覽察兮瑶光。」

英音央。韓詩英英白雲作泱泱。

本證清人「二矛重英，河上乎翺翔。」有女同車「有女同行，顔如舜當作蕣，木槿也。英。將翺將翔，佩玉將將。」著「俟我於堂乎而，充耳以黄乎而，尚之以瓊英乎而。」汾沮洳「美如英，殊異乎公行。」

旁證荀卿佹詩「仁人絀約，敖暴擅强。天下幽險，恐失世英。」離騷「朝飲木蘭之墜露兮，夕餐秋菊之落英。苟余情其信姱以練要兮，長顑頷亦何傷？」九歌雲中君「浴蘭湯兮沐芳，華采衣兮若英。靈連蜷兮既留，爛昭昭兮未央。」哀時命「道壅塞而不通兮，江河廣而無梁。願至崑崙之縣圃兮，采鍾山之玉英。」張衡思玄賦「旦余沐於清源兮，晞余髮於朝陽。漱飛泉之瀝液兮，咀石菌之流英。」王褒九懷「朝發兮葱嶺，夕至兮明光。北飲兮飛泉，南采兮芝英。」

陶音由。與軸爲韻。軸，説文：「持輪也。從車，由聲。」皋陶亦作「咎繇」：繇有遥音，「遥遥不至」之戲是也；陶有由音，泮水之皋陶是也。

本證清人「清人在軸平聲，駟介陶陶。」泮水「淑問如皋陶，在泮獻囚。」

旁證易林需之革「昧旦乘車，履危蹈溝。亡失裙襦，摧折兩軸。」此證軸。易林遯之既濟「鎡基逢時，稷契皋陶。貞良得願，微子解囚。」後漢杜篤吴漢誄「堯隆稷契，舜嘉皋陶。伊尹左去聲殷，吕尚翼周。」

濡音柔。愚按：周禮注有此音。又，文從水從需，需與耎音同。考工記：「厚其帤則木堅，薄其帤則需。」莊子：「需弱謙下爲表。」皆讀耎。今濡讀柔，其義耎也，所謂因義得聲乎。

本證羔裘「羔裘如濡，洵直且侯。彼其之子，舍命不渝。」韓詩作偷。晉灼漢書音曰「古繇或作渝。」左傳「專之渝」讀繇。偷、繇聲俱叶。

旁證陰長生平都觀詩「青腰垂翼，與我爲仇。入火不灼，入水不濡。」

侯一音胡。史記「斬盧胡王」，漢書作侯。莊子：「竊鉤者誅，竊國者爲諸侯。」亦此音。故俗呼喉嚨爲胡嚨。此詩侯讀胡，則濡、渝皆可如今音。張衡賦：「增昭儀於婕妤，賢既公而又侯。許趙氏之無上，思致董於有虞。」亦一證。

旁證易林師之井「范子妙材，戮辱傷膚。然後相國，封爲應侯。」

加音歌。説文：「妿，女師也。從女，加聲。杜林説：『加教於女也。』讀若阿。」古音可見。

本證女曰雞鳴「弋言加之，與子宜之。」説文：「宜，從宀之下，一之上，多省聲。古文宜。」

旁證子虛賦「弋白鵠，連駕鵝，雙鶬下，玄鶴加。」東方朔七諫「蓬艾親入御於床笫兮，馬蘭踸踔而日加。棄捐藥芷與杜衡兮，余奈世之不知芳何。」班彪北征賦「從聖文之克讓兮，不勞師而幣加。惠父兄於南越兮，黜帝號於尉佗。」王褒九懷「余私娱茲兮，孰哉復加？還顧世俗兮，壞敗罔羅。」阮籍元父賦「地下沉陰兮，受氣匪和。大陽不周兮，殖物靡加。」盧諶贈劉琨「義由恩深，分隨昵加。綢繆委心，自同匪他。」

來音釐。已見上。舊以此音力，乃以贈音則，古無可考。愚疑贈是貽字之誤。「貽我彤管」，貽亦贈也；「贈之以芍藥」，贈亦貽也。然讀贈則義順而音終乖，讀貽則音諧而義不悖，惟達者詳之。

本證女曰雞鳴「知子之來之，雜佩以贈之。」

將音鏘。有女同車「佩玉將將」，庭燎「鸞聲將將」，執競「磬筦將將」，采芑「八鸞瑲瑲」，烝民、韓奕皆「八鸞鏘鏘」，烈祖「八鸞鶬鶬」，音義皆同，而字形有異。

餐音千。

本證狡童「彼狡童兮，不與我言兮。維子之故，使我不能餐兮。」伐檀「不狩不獵，胡瞻爾庭有縣貆音暄兮？彼君子兮，不素餐兮。」

旁證古君子行「周公下白屋，吐哺不足餐。一沐三握髮，後世稱聖賢。」易林大過之既濟「鮮膚一何潤，秀色若可餐。窈窕多容儀，婉媚巧笑言。」陸機日出東南隅行「載餽茹田，破鉏失餐。苗稼不闢，獨饑於年。」

士音始。古士有二讀：一與語韻相叶者，如今讀；一與紙韻相叶者，聲當如始。仕、史、使皆倣此。

本證褰裳「子惠思我，褰裳涉洧音以。子不我思，豈無他士？」祈父「祈父，予王之爪士。胡轉予于恤，靡所底止？」甫田「攸介攸止，烝我髦士。」既醉「其僕維何？釐爾女士。釐爾女士，從以孫子。」卷阿「藹藹王多吉士，維君子使，媚于天子。」常武「赫赫明明，王命卿士。南仲大祖，大師皇父。」長發「允也天子，降于卿士。」

旁證左傳南蒯歌「去我者鄙乎，倍其鄰者恥乎。已乎，已乎，非吾黨之士乎。」宋玉笛賦「纖悲微痛，毒離膆理。激叫入青雲，忼慨切窮士。」秦瑯邪石刻「聖智仁義，顯白道理。東撫東土，以省卒士。」王褒洞簫賦「澎濞慷慨，一何壯士！優柔温潤，又似君子。」傅毅迪志詩「武丁興商，伊宗皇士。爰作股肱，萬邦是紀。」崔駰太理箴「邈矣皋陶，翊唐作士。設爲犴狴，九刑允理。」孔明梁甫吟「一朝被讒言，二桃殺三士。誰能爲此謀？國相齊晏子。」潘岳關中詩「誰其繼之，夏侯卿士。惟系惟處，別營棋跱。」謝靈運詩「慶雲惠優渥，微薄攀多士。念昔渤海時，南皮戲清沚。」

阪音顯。從反得聲，反古音顯。

本證東門之墠「東門之墠，茹藘在阪。其室則邇，其人甚遠。」

旁證孔子丘陵歌「登彼丘陵，峛崺其阪。仁道在爾，求之若遠音演。」易林賁之鼎「東門之墠，茹藘在阪。禮義不行，與我心反。」

晦音喜。「風雨如晦，雞鳴不已。」易林：「商風數起，天下昏晦。」是其證也。

佩音皮。釋名：「陪也，言有陪貳也。」

本證子衿「青青子佩，悠悠我思。」渭陽「我送舅氏，悠悠我思。何以贈之，瓊瑰玉佩。」

旁證離騷「紛吾既有此内美兮，又重之以脩能音尼。扈江離與薜芷兮，紉秋蘭以爲佩。」

達他悅切。

本證子衿「挑兮達兮，在城闕兮。一日不見，如三月兮。」長發「受大國是達，率履不越。」又「苞有三櫱，莫遂莫達。」

旁證屈原九章「蹇蹇之煩冤兮，滔滯而不發。申旦以舒中情兮，志沉菀而莫達。」楚辭九辯「何氾濫之浮雲兮，猋壅蔽此明月。思昭昭而願見兮，蔽氛曀而莫達。」邯鄲淳魏受命述「含光而弗輝，戢翼而弗發音歇。將俟聖嗣，是遂是達。」

雲音銀。

本證出其東門「出其東門音民，有女如雲。雖則如雲，匪我思存。縞衣綦巾，聊樂我員。」韓奕「諸娣從之，祁祁如雲。韓侯顧之，爛其盈門。」

旁證九歌湘夫人「合百草兮實庭，建芳馨兮廡門。九疑繽兮並迎，靈之來兮如雲。」大司命「廣開兮天門，紛吾乘兮玄雲。令飄風兮先驅，使涷雨兮灑塵。」班固東都賦「赫然發憤，應者興雲。霆擊昆陽，憑怒雷震。」漢繁陽令楊君碑「功顯弗有，復入于林。處靖衡門，童冠如雲。」

存音秦。後轉而爲前音。魏文帝短歌行：「仰瞻帷幕，俯察几筵。其物如故，其人不存。」曹植文帝誄：「朝聞夕逝，孔志所存。皇惟一殁，天禄永延。」聲之變也，漸矣。

本證出其東門詩見上。

旁證荀卿雲賦「失之則滅，得之則存。弟子不敏，此之願陳。」戰國策引語「削株掘根，無與禍鄰，禍乃不存。」揚雄解嘲「得士者富，失士者貧。矯翼厲翮，恣意所存。」驪駒歌「驪駒在門音民，僕夫具存。驪駒在路，僕夫整駕音顧。」曹昭東征賦「蘧氏在城之東南兮，民亦尚其丘墳真韻。古詩：『去者日以疎，來者日以親。出郭門直視，但見丘與墳。』唯令德而不朽兮，身既歿而名存。」漢玄儒先生婁壽碑「身歿聲鬯，千載作珍。綿之日月，與金石存。」

員音云。左傳「行人子員」，注：「員，音云。」説文註曰：「云，籀書作員。」韓詩：「聊樂我魂。」白虎通：「魂者，云也，猶沄沄行不休也。」「員于爾輻」「景員維河」，皆讀云；亦音運，伍員、員半千皆讀運，蓋平、去二聲耳。

娛音吳。説文：「從女，吳聲。」國語暇豫歌借爲吾。劉芳詩義疏曰：「騶虞或作騶吾。」是虞、娛、吳、吾，古皆同音。

本證出其東門「雖則如荼，匪我思且。縞衣茹藘，聊可與娛。」

旁證優施歌「暇豫之吾吾，不如鳥烏。人皆集於苑，已獨集於枯。」

傳上聲，與婉、漙叶。漙音團，上聲。説文：「從水，專聲。」顔師古糾繆正俗曰：「鄭詩『零露漙兮』，古本有水旁作漙，亦有單字者，皆當讀上兖切。」愚按：專古讀上聲，今讀平聲。又説文䡅亦云：「從戹，專聲。」蓋溥，垂露也；䡅，小戹也。並以專得聲，則古音可識矣。

本證野有蔓草「野有蔓草，零露漙兮。有美一人，清揚婉兮。邂逅相遇，適我願兮。」

旁證易漸五上「終莫之勝吉，得所願也。其羽可用爲儀吉，不可亂音戀也。」易林鼎之節「安民呼池，玉杯大按。泉如白蜜，一挹獲願。」劉向九歎「河水淫淫，清所願兮。顧瞻郢路，終不返兮。」

明音芒。白虎通：「清明風者，清芒也。」古皆此音。

本證雞鳴「東方明矣，朝既昌矣。匪東方則明，月出之光。」東方未明「東方未明，顛倒衣裳。」黃鳥「此邦之人，不可與明。言旋言歸，復我諸兄。」信南山「祀事孔明，先祖是皇。」大明「肆伐大商，會朝清明。」既醉「既醉以酒，爾殽既將。君子萬年，介爾昭明。」民勞「式遏寇虐，憯不畏明。柔遠能邇，以定我王。」板「昊天曰明，及爾出王。」烝民「肅肅王命，仲山甫將之。邦國若否，仲山甫明之。」有駜「有駜有駜，駜彼乘黃。夙夜在公，在公明明。」

旁證書賡歌「元首明哉，股肱良哉，庶事康哉。」易乾文言「潛龍勿用，陽氣潛藏。見龍在田，天下文明。」禮記孔子閒居「無體之禮，日就月將；無服之喪，純德孔明。」九章懷沙「玄文處幽兮，矇瞍謂之不章；離婁微睇兮，瞽以爲無明。」安世房中歌「孔容之常，承帝之明。下民之樂，子孫休光。」長門賦「儋偃蹇而待曙兮，羌亭亭而復明。妾人竊自悲兮，究年歲而不敢忘。」董仲舒救日食祝「炤炤大明，瀸滅無光，奈何以陰侵陽，以卑侵尊？」易林屯之既濟「棟隆輔强，寵貴日光。福善並作，樂以高明。」班固辟雍詩：「抑抑威儀，孝友光明。於赫太上，示我漢行。」

夢音民，後轉音蒙。潘岳哀永逝文：「既遇目兮無兆，曾寤寐兮弗夢。既顧瞻兮家道，長寄心兮爾船。」

本證雞鳴「蟲飛薨薨，日與子同夢。會且歸矣，無庶予子憎。」斯干「下莞上簟，乃安斯寢平聲。乃寢乃興，乃占我夢。」正月「瞻彼中林，侯薪侯蒸。民今方殆，視天夢夢。」又「民之譌言，寧莫之懲。召彼故老，訊之占夢。」

旁證揚雄甘泉賦「般倕棄其剞劂兮，王爾投其鉤繩。雖方征僑與偓佺兮，猶彷彿其若夢。」

還音周旋之旋。沈約置之先韻，又置之删韻；今則悉從删韻，而先韻廢矣。

本證還「子之還兮，遭我乎峱之間兮。」

旁證招魂「抑騖若通兮，引車右還。與王趨夢兮，課後先。」鵩鳥賦「斡流而遷兮，或推而還，形氣轉續兮，變化而嬗。」長楊賦「車不安軔，日未靡旃。從者彷彿，骫屬而還。」

間音堅。漢黄間、弩間一作肩。

本證還詩見上。

旁證黄庭經「琴心三疊舞胎仙，九氣映明出霄間。」參同契「化爲白液，凝而至堅。金華先唱，有頃之間。」易林恒之歸妹「兄征東燕，弟伐遼西音先。大克勝還，封居河間。」曹昭東征賦「既免脱於峻嶮兮，歷滎陽而過武卷音拳。食原武以息足，宿陽武之桑間。」曹植豫章行「不見魯孔丘，窮困陳蔡間。周公下白屋，天下稱其賢。」陸機長歌行「兹物苟難停，吾壽安得延？俛仰逝將過，倏忽幾何間。」顔延之陽給事誄「處父勤君，怨在登賢。苦夷致果，題子行間。」

茂音牡，後轉爲美音。魏武步出東門行：「樹木蘩生，百草豐茂。秋風蕭索，洪波湧起。」魏文釣竿行：「梗枏千餘尺，衆草芝盛茂。華葉耀人目，五色難可紀。」蓋由牡而美，由美而懋矣。

本證還「子之茂兮，遭我乎猺之道兮。」南山有臺「樂只君子，遐不眉壽。樂只君子，德音是茂。」斯干「如竹苞上聲矣，如松茂矣。」生民「茀厥豐草，種之黄茂。」

旁證馮衍顯志賦「山峩峩而造天兮，林冥冥而暢茂；鸞回翔索其羣兮，鹿哀鳴而求其友。」張衡西京賦「流長則難竭，柢深則難朽。故奢泰肆情，而馨烈彌茂。」

素音蘇。

本證著「俟我於著乎而，充耳以素乎而，尚之以瓊華乎而。」

旁證古詩上山采蘼蕪「新人工織縑，故人工織素。織縑日一匹，織素五丈餘。」

闥他悦切。説文：以達得聲。達音見前。

本證東方之日「東方之月兮，彼姝者子，在我闥兮。在我闥兮，履我發兮。」

旁證崔駰達旨「攀臺階，闚紫闥。據高軒，望朱闕。」

發音歇。古通屑韻，今叶轄韻。

本證東方之日詩見上。烝民「出納王命，王之喉舌。賦政于外，四方爰發。」長發「率履不越，遂視既發。」

旁證農書「土長冒橛，陳根可拔，耕者急發。」班婕妤怨歌行「裁成合歡扇，團團似明月。出入君懷袖，動摇微風發。」張衡西京賦「鳥不暇舉，獸不得發。青骹摯於韝下，韓盧噬於緤末音滅。」潘岳晉世祖誄「邪界蠻流，傍納百越，表閭旌善，德音爰發。」顔延之祭屈原「聲溢金石，志華日月。如彼樹芳，實穎實發。」謝靈運遊赤石詩「川后時安流，天吴静不發。揚帆采石華，掛席拾海月。」張孟陽酃酒賦「中山冬啓，醇酎秋發。長安春御，樂浪夏設。」劉鑠擬明月何皎皎「結思想伊人，沈憂懷明發。誰爲客行久，屢見流芳歇。」鮑昭代君子有所思「陳鐘陪夕讌，笙歌待明發。年貌不可還，身意會盈歇。」

顛音真。說文：「從頁，真聲。」頁，胡結切，頭也。

本證東方未明「倒之顛之，自公令之。」車鄰「有車鄰鄰，有馬白顛。未見君子，寺人之令。」

旁證易雜卦傳「訟不親也，大過顛也。」上林賦「長嘯哀鳴，翩幡互經。夭蟜枝格，偃蹇杪顛。」漢成帝時謡「邪徑敗良田，讒口亂善人。桂樹華不實，黄爵巢其顛。」易林「採薪得麟，大命隕顛。」揚雄將作大匠箴「或作長府，而閔子不仁。秦築驪阿，嬴姓以顛。」陳琳柳賦「救斯民之絶命，擠山嶽之隕顛。匪神武之勤恪，幾踣斃之不振。」

令平聲。今多讀去，間亦有讀平者。

本證東方未明詩見上。盧令「盧令令，其人美且仁。」車鄰詩見上。十月之交「爗爗震電，不寧不令。百川沸騰，山冢崒崩。」

旁證黄庭經「九源之山何亭亭，中有真人可使令。」太玄去首「去其德貞，三死不令。」蔡邕陳太丘碑文「含光醇德，爲士作程。資始既正，守終有令。」

雙音菘。古與東韻，今與江韻。

本證南山「葛屨五兩，冠緌雙止。魯道有蕩，齊子庸止。」

旁證列女傳黄鵠歌「悲夫黄鵠之早寡兮，七年不雙。宛頸獨宿兮，不與衆同。」漢諺「天下無雙，江夏黄童。」又諺「荀氏八龍，慈明無雙。」王逸九思「配稷契兮恢唐功，嗟英俊兮未爲雙。」孔臧諫格虎賦「耳目喪精，值網而衝。局然自縛，或隻或雙。」謝惠連七月七日詩「弄杼不成藻，聳轡鶩前蹤。昔離秋已兩，今聚夕無雙。」

畆音米。畆亦作畮。漢書：「饁彼南畮。」

本證南山「蓺麻如之何？衡從其畆。取妻如之何？必告父母。」七月「饁彼南畆，田畯至喜。」采芑「薄言采芑，于彼新田，于此菑畆。」信南山「我疆我理，南東其畆。」緜「迺疆迺理，迺宣迺畆。自西徂東，周爰執事。」生民「恒之秬秠，是穫是畆。」

旁證離騷「余既滋蘭之九畹兮，又樹蕙之百畮。畦留夷與揭車兮，雜度蘅與芳芷。」宋玉高唐賦「滂洋洋而四施兮，蓊湛湛而不止。長風至而波起兮，若麗山之孤畆。」張衡東京賦「躬三推於天田，脩帝籍之千畆。供神郊之粢盛，必致思乎勤己。」

怛音鐵。

本證甫田「無田甫田，維莠桀桀。無思遠人，勞心怛怛。」匪風「匪風發兮，匪車偈兮。顧瞻周道，中心怛兮。」

旁證左思魏都賦「成都迄已傾覆，建鄴則亦顛沛音撤。顧非累卵於疊棊，焉至觀形而懷怛。」郭遐叔贈嵇康「我情顧闕，我言顧結。心之憂矣，良以忉怛。」

鰥音矜。鰥、矜古通用。烝民：「不侮矜寡。」禮記：「矜寡孤獨廢疾者，皆有所養。」論衡引「何人不矜」作「何人不鰥」。周書「哀矜折獄」，于定國傳作「哀鰥折獄」。故魴鰥魚也，亦有矜音。

本證敝笱「敝笱在梁，其魚魴鰥。齊子歸止，其從如雲。」

旁證天問「舜閔在家，父何以鰥？堯不姚告，二女何親？」

夕音芍。古詩：「朝與烏鵲朝，夕與牛羊夕。」上朝音招，下朝音潮；上夕音錫，下夕音芍。

本證載驅「載驅薄薄，簟第朱鞹。魯道有蕩，齊子發夕。」白駒「皎皎白駒，食我場藿。縶之維之，以永今夕。」雨無正「邦君諸侯，莫肯朝夕。庶曰式臧，覆出爲惡。」

旁證孔明表閒文「仁智所處，能無規廓。日居月諸，時隕其夕。」曹子建當車以駕行「顧視東西廂，絲竹與鞞鐸。不醉無歸來，明燈以繼夕。」

正音征。周禮注：「大國貢重，正之也。」今讀正鵠、正月亦作征。然古悉此音，無有去聲者。毛晃謂正月讀征，因秦政而改，殆未考古音邪。

本證猗嗟「美目清兮，儀既成兮。終日射侯，不出正兮。」斯干「噲噲其正，噦噦其冥。」節南山「不懲其心，覆怨其正。」雲漢「何求爲我，以戾庶正。瞻卬昊天，曷惠其寧。」

旁證易屯初九「雖磐桓，志行正也。以貴下賤，大得民也。」離騷「跪敷衽以陳辭兮，耿吾既得此中正。駟玉虬以乘鷖兮，溘埃風余上征。」哀時命「懷瑶象而佩瓊兮，願陳列而無正。生天地之若過兮，忽爛漫而無成。」劉向九嘆「情慨慨而長懷兮，信上皇而質正。合五嶽與八靈兮，訊九魁與六神。」漢老子銘「守一不失，爲天下正。處厚不薄，居實舍榮。」棗道彦船賦「豐儉隨乎質量，所勝本乎任形。雖不乘而長浮，雖涉險而必正。」

貫音眷。

本證猗嗟「舞則選旋去聲，環舞也。兮，射則貫兮。四矢反去聲兮，以禦亂兮。」

旁證逸詩「九變復貫，知言之選。」荀卿成相篇「臣謹修，君制變，公察善思論不亂。以治天下，後世法之成律貫。」

亂音戀。

本證猗嗟詩見上。

旁證易履初二「素履之往，獨行願也。幽人貞吉，中不自亂也。」揚雄交州箴「周公攝祚，白雉是獻。昭王陵遲，周室是亂。」陸機漢高功臣頌「附會平勃，夷凶翦亂。所謂伊人，邦家之彥。」

偕音几。說文：「從人，皆聲。」皆古讀「几」，故頌「降福孔皆」，荀勗東西廂歌作「降福孔偕」，以音之同也。

本證陟岵「嗟予弟行役，夙夜必偕。上慎旃哉，猶來無死。」魚麗「物其旨矣，維其偕矣。」賓之初筵「酒既和旨，飲酒孔偕。」豐年「烝畀祖祉，以洽百禮，降福孔皆。」

旁證楚辭九辯「四時遞來而卒歲兮，陰陽不可與儷偕。白日晼晚其將入兮，明月銷鑠而減毀音喜。」太玄親首「螟蛉不屬，失其體也。賓親于禮，賓主偕也。」

閑音玄。

本證十畝之間「十畝之間兮，桑者閑閑兮。行與子還兮。」六月「戎車既安，如輊如軒。四牡既佶，既佶且閑。」

旁證易林益之乾「下堂出門，東西九山音仙。逢福值喜，得其安閑。」揚雄太僕箴「我輿云安，我馬惟閑；惟馳惟驅，匪逸匪愆。」曹植吁嗟篇「吁嗟此轉蓬，居世何獨然。

長去本根逝，夙夜無休閑。」又王粲誄「發言可詠，下筆成篇。何道不洽，何藝不閑。」潘岳閑居賦「明堂辟雍，清穆敞閑。環林縈映，圓海回淵。」

外音意。吴才老云：「古聲清，叶志；今聲濁，叶泰。古音内爲餌，讀内外爲餌意」。上林賦以内韻態，態古音替。

本證十畞之間「十畞之外兮，桑者泄泄兮，行與子逝兮。」蟋蟀「無已大康，職思其外。好樂無荒，良士蹶蹶音躓。」沈約讀見，祭韻。

旁證揚雄交州箴「交州荒裔，水與天際。越裳是南，荒國之外。」班固燕然山銘「鑠王師兮征荒裔，剿凶虐兮截海外。」蔡琰悲憤詩「既至家人盡，又復無中外。城郭爲山林，庭宇生荆艾。」魏大饗碑「赫王師，征南裔，奮靈威，震天外。」晉樂章「上參天與地，至化無内外。無内外，六合並康乂。」陸雲荅兄「天子命我，鎮弼于外。在作扞城，以表南裔。」

輻音逼。説文：「從車，畐聲。」

本證伐檀「坎坎伐輻兮，置之河之側兮。」正月「無棄爾輔，員于爾輻。屢顧爾僕，不輸爾載音即。」

旁證逸詩「轂既破碎，乃大其輻。事以敗矣，乃重太息。」

苗音毛。

本證碩鼠「碩鼠碩鼠，無食我苗。三歲貫女，莫我肯勞。」車攻「之子于苗，選徒囂囂。」

旁證韓愈楚國夫人銘「高陵相漢，義以家酬。遷于南陽，始自郎苗。」

除音寧。楊用修云：除，去也。詩「日月其除」「風雨攸除」「日月方除」；又開出也，詩「何福不除」。按：沈約原有此音。

邁音厲。説文以蠆得聲。蠆讀如厲。

本證蟋蟀「蟋蟀在堂，歲聿其逝。今我不樂，日月其邁。」東門之枌「穀旦于逝，越以鬷邁。」菀柳「俾予靖之，後予邁焉。」

旁證孔臧諫格虎賦「都邑百姓，莫不于邁。陳列路隅，咸稱萬歲音試。」陸機贈顧交趾「顧侯體明德，清風肅已邁。發跡翼藩后，改授撫南裔。」

慆音由。愚按：説文：「舀，抒臼也，從爪從臼。詩曰：『或簸或舀。』」今毛詩作蹂，音同也。掐，從手，舀聲。周書曰：「師乃掐。」掐者，拔兵刃以相擊刺。詩曰：「左旋右掐。」今毛詩作抽，文似也。慆，從心，舀聲，愚據之以讀蟋蟀；「滔，從水，舀聲」，愚據之以讀江漢，節奏暢矣。舊注詩者，皆以爲叶偷也。夫舍正文不讀而叶之，可乎？吴才老援慆、滔於尤部，以二詩證也，而不及説文也，孰能信之？才老讀説文故精者，偶遺之耳。或問：如無旁引何？曰：無可引，亦無俟引也，説文至明，其可廢乎？是廢古之音也，如二詩何？將又矢口以從叶之云矣，嗟嗟。

本證蟋蟀「蟋蟀在堂，役車其休。今我不樂，日月其慆。」江漢「江漢浮浮，武夫滔滔。匪安匪遊，淮夷來求。」

愉音偷，取也，鄭康成讀。漢書志作「媮」，周禮注亦音偷。讀偷於婁順，讀餘以婁爲閒，然皆有古音也。並存其證，惟人所讀。

本證山有樞「山有樞，隰有榆。子有衣裳，弗曳弗婁。子有車馬，弗馳弗驅。宛其死矣，他人是愉。」春秋：「伐邾，取訾婁。」音樓。

旁證韋孟諷諫詩「務此鳥獸，忽此稼苗。蒸民以匱，我王以媮。」漢賈山傳「媮合苟容。」此偷音。張衡西京賦「鑒戒唐詩，佗人是媮。自君作故，何禮之拘？」又東京賦「敬慎威儀，示民不偷。我有嘉賓，其樂愉愉。」媮、偷、愉俱音餘，此餘音。

樞音丘。説文：「從木，區聲。」説已見驅韻。王逸九思：「將喪兮玉斗，遺失兮鈕樞。我心兮煎熬，惟是兮用憂。」

揄音由。説文：「從木，俞聲。」揄，亦云「從手，俞聲」。愚按：生民：「或舂或揄，或簸或蹂。」周禮注引作「或舂或抌」，音由。李白詩：「謔浪掉海客，喧呼傲陽侯。半道逢吴姬，卷簾出揶揄。」是其證也。揄，可讀由，何疑于揄乎？

婁音閭。離婁，刻鏤貌。蕭該漢書讀。何晏景福殿賦：「繚以藻井，編以綷疏。紅葩𩊾韘，丹綺離婁。」讀「閭」，則樞、揄可讀如今音。

栲音糗。糗讀丘，上聲。陸璣草木疏云：「許慎讀栲爲糗。」故與杻叶，南山有臺亦栲與杻叶。

考音糗。説文以丂得聲，又曰「丂音糗」。

本證山有樞「山有栲，隰有杻。子有廷内，弗灑弗埽音叟。子有鐘鼓，弗鼓弗考。」楚茨「既醉既飽，小大稽首。神嗜飲食，使君壽考。」信南山「祭以清酒，從以騂牡，享于祖考。」

旁證易蠱初二「幹父之蠱，意承考也。幹母之蠱，得中道也。」又復四五「中行獨復，以從道也。敦復無悔，中以自考也。」邊讓章華賦「衆變已盡，羣樂既考。攜西子之弱腕兮，援毛嫱之素肘。」

保音剖。老子：「揣而鋭之，不可長保。金玉滿堂，莫之能守。」亦此音。

本證山有樞「宛其死矣，他人是保。」

旁證易漸三象「夫征不復，離羣醜也。婦孕不育，失其道也。利用禦寇，順相保也。」漢房中歌「加被寵，咸相保。施德大，世曼壽上聲。」韓愈志銘「凡代大家，維難其保。既顯既願，戒于終咎。」

繡音嘯。吴才老曰：「繡，五色備也。」魯詩作「朱綃」。儀禮「纚笄宵衣」，注云：「詩有『素衣朱宵』。」禮記「繡黼丹中朱衣」，注云：「繡，讀爲綃，繒名也。繡、綃、宵三字，皆讀如肖」。鵠，説文以告得聲，故鵠有谷、誥二音：讀谷，其聲今也；讀誥，其聲古也。

水音準。白虎通：「水之爲言準也。」釋名：「水，準也。準，準乎物也。」考工記：「輈注則利準，利準則久。」鄭司農讀準爲水，謂利水也。敝笱「其從如水」與「其魚唯唯」爲韻，與今讀不殊。兹因揚之水而附之，所以備古音也。

本證揚之水「揚之水，白石皓皓。素衣朱繡，從子于鵠。」

朋音鵬，如今讀。楊用修曰：「音與蓬同。沈約韻朋在蒸韻，疑編次之誤。考之約以前韻語，無有以朋叶蒸韻者。毛詩『每有良朋，烝也無戎』，左傳引逸詩『翹翹車乘，招我以弓。豈不欲往，畏我友朋』，則古韻朋與戎、弓相叶無疑。且毛詩爲詩詞之祖，其韻亦韻之祖也。捨聖經不宗，而泥守沈約偏方之音，其固甚矣，此所當首辨也。」云云。愚按：朋有兩音，與東韻者以逸詩爲據，與蒸韻者以椒聊、菁莪、閟宫爲據，安得謂沈前獨一音邪？

本證椒聊「椒聊之實，蕃衍盈升。彼其之子，碩大無朋。」菁菁者莪「菁菁者莪，在彼中陵。既見君子，錫我百朋。」閟宫「三壽作朋，如岡如陵。」

隅舊音偶。芻亦上聲，與邂逅爲韻，聲音殊叶，然無所據。愚按：芻音鄒，韓愈駑驥詩：「力小若易制，價微良易酬。渴飲一斗水，饑食一束芻。」隅音魚侯切，揚雄、梁鴻詩賦可證也。或問：二平而接以去聲，可乎？中原音韻聲多此類，其音節未嘗不和暢也。

本證綢繆「綢繆束芻，三星在隅。今夕何夕，見此邂逅。」

旁證揚雄反騷賦「有周氏之嬋嫣兮，或鼻祖於汾隅。靈宗初諜伯僑兮，流于末之揚侯。」梁鴻適吴詩「過季札兮延陵，求魯連兮海隅。雖不察兮光貌，幸神靈兮與休。」

户音虎。太玄廓首：「恢其門户，以禦寇虜。」又止首：「關其門户，用止狂蠱。」

本證綢繆「綢繆束楚，三星在户。今夕何夕，見此粲者。」七月「九月在户，十月蟋蟀入我牀下。」斯干「似續妣祖，築室百堵，西南其户。」

旁證禮運「玄酒在室，醴醆在户，粢醍在堂，澄酒在下。」黄庭經「方寸之中至關下，玉房之中神門户。」秦瑯邪刻石「六合之内，皇帝之土。西涉流沙，南盡北户。」楚人謡「楚雖三户，亡秦必楚。」易林比之節「牙蘖生齒，室堂啓户。幽人利貞，鼓翼起舞。」魏武善哉行「齊桓之霸，賴得仲父；後任豎刁，蟲流出户。」張載七哀詩「毁壞過一抔，便房啓幽户。珠柙離玉體，珍寶見剽虜。」

者音渚。古文者字，故從旅聲。後人加水作渚，别此爲者也之者，然古音則仍舊也。

本證綢繆詩見上。采緑「其釣維何，維魴及鱮上聲。維魴及鱮，薄言觀者。」駉「駉駉牡馬，在坰之野，薄言駉者。」

旁證九歌湘夫人「搴汀洲兮杜若，將以遺兮遠者。時不可兮驟得，聊逍遥兮容與。」瑯邪刻石「東有東海，北過大夏音虎。人跡所至，無不臣者。」易林師之小過「鄰不我顧，面望玉女。身多癩疾，誰肯媾者。」又大過之泰「當年少寡，獨與孤處。雞鳴犬吠，無敢誰者。」

姓平聲。説文：「古之神聖母，感天生子，故稱天子。從女從生，生亦聲。」左傳昭四年：「問其姓，曰：『余子長矣。』」姓即生也。生古讀星，詳見生韻。

本證杕杜「有杕之杜，其葉菁菁。獨行睘睘，豈無他人？不如我同姓。」

旁證禮記引逸詩「都邑以成，庶民以生。誰能秉國成，不自爲政，卒勞百姓。」褚先生引「蛇變爲龍，不改其文。家變爲國，不改其姓。」文音因。崔駰達旨：「摛以皇質，雕以唐文。六合怡怡，比屋爲仁。」太玄窮首「山無角，困百姓也。正其足，險得平也。」漢童謡：「游平賣印自有平，不辟豪賢及大姓。」

怙音古。説文：「恃也。從心，古聲。」

本證鴇羽「父母何怙？悠悠蒼天，曷其有所？」

旁證易林咸之家人「凱風無母，何恃何怙。幼孤弱子，爲人所苦。」後漢蘇順和帝誄「洪澤滂流，茂化沾溥。不憖少留，民斯何怙。」

巔音真，以顛得聲。顛，説文：「從頁，真聲。」已見上。

本證采苓「采苓采苓，首陽之巔。人之無言，苟亦無信。」

旁證王褒洞簫賦「朝露清泠而隕其側兮，玉液浸淫而承其根音斤。孤雌寡鵠娱優乎其下兮，春禽翱翔乎其巔。」

碩音芍。説文：「從頁，石聲。」石古讀芍。楚辭惜誓：「方世俗之幽昏兮，眩白黑之美惡。放山淵之龜玉兮，相與貴夫礫石。」易林：「東求金玉，反得弊石。名曰無宜，字曰醜惡，衆所賤薄。」

本證駟驖「奉時辰牡，辰牡孔碩。公曰左之，舍拔則獲。」楚茨「執爨踖踖，爲俎孔碩。」大田「既庭且碩，曾孫是若。」崧高「吉甫作誦，其詩孔碩。」閟宫「孔曼且碩，萬民是若。」

旁證大學諺「人莫知其子之惡，莫知其苗之碩。」太玄斷首「我心孔碩，乃後有鑠。」

獲音霍。

本證駟驖詩見上。

旁證屈原九章「善不由外來兮，名不可以虚作。孰無施而有報兮，孰不實而有獲？」

張衡西京賦「毚兔聯猭，陵巒超壑。比諸東郭，莫之能獲。」曹植贈丁儀「黍稷委疇隴，農夫安所獲。在貴多忘賤，爲恩誰能博？」

中音烝。劉貢父詩話云：「關中以中爲烝。」

本證小戎「騏騮是中，騧驪是驂音森。」召旻「池之竭矣，不云自頻。泉之竭矣，不云自中。」

旁證易訟象「訟有孚，窒惕中吉，剛來而得中也。終凶，訟不可成也。」上林賦「孫叔奉轡，衛公參乘，扈從横行，出乎四校之中。」參同契「八卦布列曜，運移不失中。元精渺難覩，推度效符徵。」班固高祖泗水亭碑「天期乘祚，受爵漢中。勒兵陳東，剗禽三秦。」

邑音𨸏。張湯傳：「以知阿邑人主，與俱上下。」楊用修云：「詩：『龍盾之合，鋈以觼軜。言念君子，温其在邑。』邑於合切。」是古有此音也。

葭音孤。後音蓑。子虛賦：「藏莨蒹葭，東蘠雕胡。蓮藕觚盧，奄閭軒于。衆物居之，不可勝圖。」西京賦：「齊栧女，縱櫂歌；發引和，校鳴葭；奏淮南，度陽阿。」聲之漸變也。

梅音迷。楚中至今有此音。

本證終南「終南何有？有條有梅。君子至止，錦衣狐裘。」鳲鳩「鳲鳩在桑，其子在

梅。淑人君子，其帶伊絲。」四月「山有嘉卉，侯栗侯梅。廢爲殘賊，莫知其尤
音怡。」

旁證漢武柏梁詩「桂栟欂櫨相枝持，枇杷橘栗桃李梅。」後漢桓麟七説「河黿之美，齊以
蘭梅。芳芬甘旨，未咽先滋。」

裘音箕。

本證終南詩見上。七月「取彼狐狸，爲公子裘。」大東「舟人之子，熊羆是裘。」

旁證左傳侏儒歌「臧之狐裘，敗我於狐駘音而。」列子逸詩「良弓之子，必先爲箕。良冶
之子，必先爲裘。」

澤音鐸。甘氏星經：「炎火之狀，名曰格澤。不有土功，必有大客。」格音各，客音恪。太玄鳴
鶴：「升自深澤，階天不怍。」古擇亦音鐸。楚辭大招：「吴酸蒿蔞，不沾薄只。魂兮歸徠，恣所
擇只。」

本證無衣「豈曰無衣，與子同澤。王于興師，脩我矛戟，與子偕作。」鴻雁「鴻雁于
飛，集于中澤。之子于垣，百堵皆作。」

旁證禮記蠟辭「土反其宅，水歸其壑；昆蟲毋作，草木歸其澤。」班固東都賦「於是聖
上覩萬方之歡娛，又沐浴於膏澤，懼其侈心之將萌，而怠於東作。」又賓戲「譬猶

草木之植山林，鳥魚之毓川澤，得氣者蕃滋，失時者零落。」王逸九思「叢林兮崟崟，〔八〕株榛兮岳岳。〔九〕霜雪兮漼溰，冰凍兮洛澤。」曹植贈丁儀「凝霜依玉除，清風飄飛閣。朝雲不歸山，霖雨成川澤。」陸雲逸民賦「賓濮水之清淵兮，儀磻溪之一壑。毒萬物之誼譁兮，聊漁釣於此澤。」晉張協七命「殞胔挂山，僵踣掩澤。藪爲毛林，隰爲丹薄。」

戟音角。釋名曰：「戟，觡也，旁有枝觡也。」觡音各。

本證無衣詩見上。

旁證太玄棿「比禮爲甲，冠矜爲戟。被甲荷戟，以威不恪。」黄文彊九宫賦「蚩尤之倫，服玢璘而要斑爛，垂金干而捷雄戟，操巨桻之磝弩，齊佩機而鳴廓。」

簋音九。黍稷方器也。説文：簋，古作匭。又云：作𠤗，讀若「糾糾葛屨」。孫愐音几，古音變矣。

本證權輿「於我乎，每食四簋，今也每食不飽。」伐木「於粲灑掃，陳饋八簋。」

飽音浮。上聲。

本證權輿詩見上。楚茨「既醉既飽，小大稽首。」苕之華「牂羊墳首，三星在罶。人可以食，鮮可以飽。」

旁證易漸二三「飲食衎衎，不素飽也。夫征不復，離羣醜也。」黄庭經「晝日照照夜自守，渴自得飲饑自飽，經歷六府藏卯酉。」

湯音傷。書「湯湯洪水方割」，亦此音。上平聲已見上，望今亦有平音。

本證宛丘「子之湯兮，宛丘之上兮。洵有情兮，而無望兮。」

樂音療。「可以樂饑」，鄭康成讀。樂古讀撈，聲近尞。韓詩外傳作「療饑」。療，説文同「㾾」。

王逸九思：「吮玉液兮止渴，齧芝華兮療饑。」古音可證也。

斯音其。説文：「析也。從斤其聲。詩曰：『斧以斯之。』」徐鍇説文繫傳曰：「凡斯皆當讀如西，今馬嘶方讀如西。」愚按：其、西皆可讀。

本證墓門「墓門有棘，斧以斯之。夫也不良，國人知之。」

旁證中山王文木賦「巧匠不識，王子見知。乃命班爾，載斧伐斯。」曹攄感舊詩「對賓頌有客，舉觴詠露斯。臨樂何所歎，素絲與路歧。」

訊音誶。釋文：「諫也。」王逸離騷章句引詩作「誶予不顧」。誶，張湛音碎。愚按：訊、誶爲韻甚順，雨無正亦以韻瘁。今讀爲信，去古稍遠。又，唐本訊之作訊止，其辭亦順。

本證墓門「墓門有梅，有鴞萃止。夫也不良，歌以訊之。」雨無正「曾我暬御，憯憯日瘁。凡百君子，莫肯用訊。聽言則答，譖言則退。」答，新序、漢書皆作對，與退爲韻。

旁證魏都賦「河洛開奧，符命用出音翠。翩翩黄鳥，銜書來訊。」

予音與。顔師古糾謬正俗曰：「予，當讀如與，不當讀如余。」詩予悉音與，讀之若舞，於古辭盡叶。

本證墓門「訊予不顧，顛倒思予。」鴟鴞「徹彼桑土，綢繆牖户。今女下民，或敢侮予？」正月「載輸爾載，將伯助予。」谷風「將恐將懼，維予與女。將安將樂，女轉棄予。」四月「先祖匪人，胡寧忍予？」雲漢「父母先祖，胡寧忍予？」

旁證離騷「紛總總其離合兮，斑陸離其上下。吾令帝閽開關兮，倚閶闔而望予。」九歌少司命「秋蘭兮麋蕪，羅生兮堂下。緑葉兮素枝，芳菲菲兮襲予。」大司命「君回翔兮以下，踰空桑兮從女。紛總總兮九州，何壽夭兮在予。」陸機與弟士龍「永安有昨軌，承明子棄予。俯仰悲林薄，慷慨含辛楚。」陸雲詩「亹亹嘉時，飄忽棄予。有瞻逝深，有歎潛滸。」

鷊音逆，本作「虉」。説文：「綬也。從草，鶪聲。詩曰：『卭有旨鶪。』」今文作鷊，字之誤也。綬，草名。

糾音矯。説文解赳云：「從走，丩聲，讀若鐈。」是丩有矯音也，「其笠伊糾」亦此讀。

本證月出「月出皎兮，佼人僚兮。」佼，音姣，義同。戰國策：『長佼美人。』僚，音瞭，亦作嫽。漢西域傳：『楚王侍者馮嫽。』舒窈糾兮，勞心悄兮。」

懰音柳。埤蒼引作嬼，注妖也。

本證月出「月出皓兮，皓，上聲。江淹雜詩：「領略歸一致，南山有綺皓。交臂久變化，傳火乃薪草。」佼人懰兮，舒懮受兮，「懮受」音「擾紹」，憂思也。如俗音尻作潦倒、平作勞忉之意。勞心慅兮。」慅，音草。

慘音懆。開元五經文字作懆。愚按：説文：「懆，愁不安也。從心，喿聲。」孫愐以「七早」音之。又：「慘，毒也。從心，參聲。」孫愐以七感音之。此其文形既異，音義不同，宜易辨也。迨後俗書既勝，音釋亦淆，懆之與慘，彼此互錯，雖通人不能釐正矣。故北山之「慘慘畏咎」，宜讀慘；白華之「念子懆懆」，宜讀懆。月出之「勞心慘兮」，抑之「我心慘慘」，皆宜改而從懆。因文求義，以義酌文，庶得之矣。

本證月出「月出照兮，佼人燎兮。舒夭紹兮，勞心慘兮。」

卷音權。雅：「有卷者阿。」周禮大司樂注：「卷者，卷聚之義。」張衡南都賦：「致飾程蠱，便紹便娟。微眺流睇，蛾眉連卷。」

本證澤陂「有美一人，碩大且卷。寤寐無爲，中心悁悁。」

膏音告。經史動静字音云：「脂凝曰膏，平聲；用以潤物曰膏，去聲。」

本證羔裘「羔裘如膏，日出有曜。豈不爾思，中心是悼。」下泉「芃芃黍苗，陰雨膏之。四國有王，郇伯勞之。」

結音吉。説文：「從糸，吉聲。」

本證素冠「庶見素韠兮，我心藴結兮，聊與子如一兮。」鳲鳩「其儀一兮，心如結兮。」

旁證荀卿成相篇「治復一脩之吉，君子執之心如結。」蘇秦上秦惠王詩「言語相結，天下爲一。」古詩「青青陵中草，傾葉晞朝日。陽春被惠澤，枝葉可攬結。」易林震之既濟「鬪鬪嚚嚚，貧鬼相責。無有懽怡，一日九結。」

猗儺音阿那。隰有萇楚：「猗儺其枝。」楚辭九辯：「紛旖旎乎都房。」相如賦：「又旖旎以招摇。」王褒賦：「形旖旎以順吹。」高唐賦：「旖旎豐沛。」南都賦：「阿那蓊茸。」洛神賦：「華容婀娜。」音義皆同，特字形有異耳。聲韻家謂猗在淇奥、節南山者讀阿，在伐檀者讀衣，在巷伯者讀倚，在車攻者去聲。愚謂詩只讀阿：伐檀助語辭，巷伯非韻脚，車攻讀阿，與破韻。破，説文以皮得聲。皮，古讀婆。「儺」，詩亦平聲，詳見後左韻。迨後猗儺始有上、去二聲，古今之遞變也。

飄音漂，去聲。

本證匪風「匪風飄兮，匪車嘌兮，顧瞻周道，中心弔兮。」

旁證曹植感節賦「折若華之翳日，庶朱光之長炤。願寄軀於飛蓬，乘陽風而遠飄。」

祋音示。韻會曰：「宜從木從殳，兵器。今从示，誤。」云云。愚按：説文有杸字，注「軍中士所持也」；又有祋字，注「殳也，從殳，示聲」。或説城郭市里高縣羊皮，有不當入而欲入者，暫下以驚牛馬曰祋，故從示。詩曰「何戈與祋」，此其説至明，似未可遽以爲誤。且舊作都律、都外二音，而以芾音弗；今直音示，而以芾讀費，則音諧矣。洪武正韻芾有二音，一在質部，一在寘部，音費者寘部也。

本證候人「彼候人兮，何戈與祋。彼其之子，三百赤芾。」

年音寧。古入真韻，今入天韻。莊子：「可以保身，可以全生，可以養親，可以盡年。」亦此音。

説文：「秊，年聲，讀若寧。」

本證鳲鳩「正是國人，胡不萬年？」東山「有敦瓜苦，烝在栗薪。自我不見，于今三年。」無羊「衆維魚矣，實維豐年。旐維旟矣，室家溱溱。」信南山「畀我屍賓，壽考萬年。」江漢「虎拜稽首，天子萬年。」

旁證儀禮嘏辭「來女孝孫，使女受禄于天。宜稼于田音陳，眉壽萬年。」班固武王述「封禪郊祀，登秩百神。協律改正，饗兹永年。」邯鄲淳陳紀碑「爰登卿士，媚兹一人。

如何穹蒼，不授遐年。」漢繁陽令楊君碑「續留守闕，上書歷年，運穀萬斛，助官振貧。」崔駰襪銘「長履景福，至于億年。皇靈既祐，祉禄來臻。」陸機挽歌「人往有反歲，我行無歸年。昔居四民宅，今託萬鬼鄰。」陸雲答兄「既至既覲，滯思曠年。曠年殊域，覯未浹辰。」

火音喜。愚按：説文：「火，燬也。燬，從火，毀聲。」今汝墳「王室如燬」與「父母孔邇」爲韻，火音可知。

本證七月「七月流火，九月授衣上聲。」大田「去其螟螣，及其蟊賊，無害我田穉上聲。田祖有神，秉畀炎火。」

旁證易林「魁行摇尾，逐雲吹火。」又「從風吹火，牽騏驥尾音倚。」又「從風縱火，荻芝俱死。」

烈音厲。集韻引「烈假不瑕」作「厲假不瑕」，古音可證。

本證七月「一之日觱發去聲，二之日栗烈。無衣無褐，何以卒歲音試？」生民「載燔載烈，以興嗣歲。」

旁證張衡西京賦「雨雪飄飄，冰霜慘烈。百卉具零，剛蟲搏鷙。」曹植潛志賦「潛大道以遊志，希往昔之遐烈。矯貞亮以作矢，當苑囿乎呈藝。」

耜音以。説文作枱，「從木，以聲」。徐鉉等曰：「今俗作耜。」

本證七月「三之日于耜，四之日舉趾。」大田「以我覃耜，俶載南畝音米。」載芟「有略其耜，俶載南畝。」良耜「畟畟良耜，俶載南畝。」

旁證舜祠田辭「荷此長耜，耕彼南畝，四海俱有音以。」張衡東京賦「農祥晨正，土膏脉起。乘鑾輅而駕蒼龍，介馭間以剡耜。」潘岳籍田賦「緫犗服于縹軛兮，紺轅綴於黛耜。儼儲駕於廛左兮，俟萬乘之躬履。」

庚音剛。説文：「庚位西方，象秋時萬物庚庚有實也。」釋名：「庚，剛也，堅彊貌也。」

本證七月「春日載陽，有鳴倉庚。女執懿筐，遵彼微行。」大東「東有啓明，西有長庚。」

旁證漢文帝之占「大横庚庚，余爲天王，夏啓以光。」陸機管叔鮮贊「公旦居攝，三監叛亡。或放或殛，並禍武庚。」

宇音廡。説文：「從宀，于聲。」于古讀無。子虛賦與胡、圖韻，轉上則音廡。

本證七月「八月在宇，九月在户，十月蟋蟀，入我牀下。」東山「果贏之實，亦施于宇。伊威在室，蠨蛸在户。」緜「率西水滸，至于岐下。爰及姜女，聿來斯宇。」閟宫「天錫公純嘏，眉壽保魯。居常與許，復周公之宇。」

旁證漢樊毅華嶽廟碑「穡民用章，康乂室宇。刊銘紀誦，克配梁甫。」劉向九歎「惡虞氏之簫韶兮，好遺風之激楚。潛周鼎於江淮兮，爨土鬵於中宇。」韓愈孔廟碑「惟此廟學，鄴侯所作音祖。厥初庳下，神不以宇。」

子音止，已見前。愚按：舊以此子音祖，以叶户，不知嗟我以下三句爲韻，子自音止，以處與户叶。

本證七月「穹窒熏鼠，塞向墐户音甫。嗟我婦子，曰爲改歲，入此室處。」

稻音島。古今之辨，微在上、去間耳。

本證七月「八月剥棗，十月穫稻。」

旁證左太冲魏都賦「淇洹之筍，信都之棗，雍丘之粱，清流之稻。」

壽上聲。顔師古糾謬正俗：「或問曰：『年壽之字，北人讀作受音，南人則作授音，何者爲是？』曰：兩音皆通。詩云：『遐不眉壽。』此即音受。嵇康詩云『頤神養壽』『散髮巖岫』，此則音授。今皆讀如授，則失之矣。」愚按：嵇康詩亦有以壽爲受者，録之。

本證七月「爲此春酒，以介眉壽。」南山有臺「南山有栲，北山有杻。樂只君子，遐不眉壽。」

旁證應璩三叟詩「年各百餘歲，相與鋤禾莠。住車問三叟，何以得此壽？上叟前致辭，内中嫗貌醜。」嵇康贈秀才入軍「人生壽促，天長地久。百年之期，孰云其壽？」

圃去聲。説文：「從口，甫聲。」口音圍。周禮：「圃音補，又音布。」

本證七月「九月築場圃，十月納禾稼。」

旁證離騷「朝發軔於蒼梧兮，夕余至乎縣圃。欲少留此靈瑣兮，日忽忽其將莫。」

稼音姑，去聲。説文：「從禾，家聲。」家古讀姑，轉去聲則得嫁音矣。周禮注：「種穀曰稼，如嫁女以有所生也。」

本證七月詩見上。

旁證韓愈送李愿序「盤之中，維子之宫；盤之土，維子之稼。」

饗音鄉。説文：「從食從鄉，鄉聲。」今讀上聲，古讀平聲。大都北人之音，平多于仄，古今皆然。

本證七月「九月肅霜，十月滌場。朋酒斯饗，曰殺羔羊。」彤弓「鐘鼓既設，一朝饗之。」楚茨「先祖是皇，神保是饗。」烈祖「來假來饗，降福無疆。」

旁證屈原天問「緣鵠飾玉，后帝是饗。何承謀夏桀，終以滅喪平聲。」安世房中歌「嘉薦芳矣，告靈饗矣。告靈既饗，德音孔臧。」漢郊祀歌「闢流離，抑不詳。賓百僚，山河饗。」張衡西京賦「靈祖皇考，來顧來饗。神具醉止，降福穰穰。」

垤音姪。愚按：耋、绖皆從至，「逝者其耋」與「並坐鼓瑟」爲韻。釋名：「絰，實也，傷摧之實也。」古音可推矣。

本證東山「鸛鳴于垤，婦嘆于室。灑掃穹窒，我征聿至。」

旁證淮南子堯戒「戰戰慄慄，日謹一日。人莫蹪於山，而蹪於垤。」

至音即。説文：「室，實也。」「窒，塞也。」並以至得聲。

本證東山詩見上。

旁證歸藏繇辭「有人將來，遺我貨貝。以至則徹古讀斥，以求則得音的，有喜將至。」子虛賦「雷動猋至，星流霆擊。」

嘉音歌。説文以加得聲。「副笄六珈」與「如山如河」爲韻。

本證東山「其新孔嘉，其舊如之何？」破斧「周公東征，四國是吪音俄。哀我人斯，亦孔之嘉。」魚麗「物其多矣，維其嘉矣。」節南山「民言無嘉，憯莫懲嗟。」頍弁「有頍者弁，實維伊何？爾酒既旨，爾肴既嘉。」賓之初筵「飲酒孔嘉，維其令儀。」既醉「其告維何，籩豆靜嘉。」鳧鷖「爾酒既多，爾肴既嘉。公尸燕飲，福禄來爲。」

旁證漢酈炎見志詩「哀哉二芳草，不植泰山阿。文質道所貴，遭時用有嘉。」張衡怨篇「雖曰幽深，厥美彌嘉。之子之遠，我勞如何。」嵇康答二郭「朔戒貴尚容，漁父好揚波。雖逸亦已難，非余心所嘉。」陸機櫂歌行「遲遲莫春日，天氣柔且嘉。元吉隆初已，濯穢遊黄河。」張景陽洛禊賦「布椒醑，薦柔嘉，祈休吉，蠲百痾。」

錡音阿。愚按：説文：「鉏鋤也。從金，奇聲。江淮之間謂釜曰錡。」又，猗、旖並以奇得聲，故奇有阿聲，「緑竹猗猗」、「猗儺其枝」是也。東方朔七諫：「拔搴玄芝兮，列樹芋荷。橘柚萎枯兮，苦李旖旎。」又，説文「掎，偏引也」，亦以奇得聲。則讀與錡同，小弁有據矣，因并附之。

本證破斧「既破我斧，又缺我錡。周公東征，四國是吪。」小弁「伐木掎矣，析薪杝矣。説文：「杝，落也，讀若他。」舍彼有罪，予之佗矣。」

瑕音胡。禮記引詩：「心乎愛矣，瑕不謂矣。」注：「瑕之言胡也。」瑕胡音同，故記用其字。後轉爲蕸音。程曉嘲熱客詩：「莫謂爲小事，亦是一大瑕。傳戒諸高明，熱行宜見呵。」陸機文賦：「混妍蚩而成體，累良質而爲瑕。象下管之偏疾，故雖應而不和。」

本證狼跋「狼疐其尾，載跋其胡。公孫碩膚，德音不瑕。」思齊「肆戎疾不殄，烈假不瑕。」

旁證左傳引諺「心苟無瑕，何恤乎無家音姑？」又左傳諺「高下在心，川澤納汙，山藪藏疾，瑾瑜匿瑕。」龜筴傳「日辰不全，故有孤虚。黄金有疵，白玉有瑕。」參同契「上善若水，清而無瑕。道之形象，真一難圖。」太玄衆首「軍或轝車，又人摧孥，内蹈之瑕。」

【校勘記】

〔一〕「鵠」原作「鶴」，據四庫本改。

〔二〕「麥」原作「來」，據四庫本、明辨本改。

〔三〕「羣黎」原脱，據四庫本補。

〔四〕「渾」原作「諢」，據四庫本改。

〔五〕「不日不月」原作「不日其月」，據四庫本改。

〔六〕「取」原作「以」，據四庫本、明辨本改。

〔七〕「君」原作「尹」，據曹植文帝誄改。

〔八〕「崟崟」原作「吟吟」，據王逸九思改。

〔九〕「株」原作「林」，據王逸九思改。

鳴音芒。

本證鹿鳴「呦呦鹿鳴，食野之蘋音旁。」

旁證魏武蒿里行「鎧甲生蟣蝨，萬姓以死亡。白骨露於野，千里無雞鳴。」張華俠曲「孟嘗東出關，濟身由雞鳴。信陵西反魏，秦人惕其疆。」一作「不窺兵」。

不音義與夫同。草木下房曰不。「棠棣之華，萼不韡韡。」萼，蘂也；不，蔕也。「萼不」茂盛，所以興兄弟。此鄭康成舊音。古樂府陌上桑：「使君謝羅敷：『寧可共載不？』羅敷前置辭：『使君一何愚，使君自有婦，羅敷自有夫。』」亦其一證。今讀爲卜，意義似淺矣。焦弱侯曰：「山東之華不注山，浙之餘不溪，皆依此讀。」

務音侮。以左傳引詩作侮也，與戎不叶；吴棫讀務爲蒙，以叶戎，亦無可據。愚疑或武字之誤，蓋戊字古武字也，戊、戎相近，安保無譌？讀武，於常棣、常武音義俱順，姑存之以俟達者。

本證常棣「兄弟鬩於牆，外禦其務。每有良朋，烝也無戎。」常武「南仲大祖，大師皇父。整我六師，以脩我戎。」

生音星，與今音稍不同。史記：建星者，所建生也。賈誼新書：先生者，猶先醒也。説文：「醒，從酉，星聲。」

本證常棣「喪亂既平，既安且寧。雖有兄弟，不如友生。」伐木「相彼鳥矣，猶求友聲。矧伊人矣，不求友生。」小宛「我日斯邁，而月斯征。夙興夜寐，無忝爾所生。」苕之華「苕之華，其葉青青。知我如此，不如無生。」

旁證宋玉高唐賦「箕踵漫衍，芳草羅生。秋蘭芷蕙，江蘺載菁。」東方朔七諫「觀天火之炎煬兮，聽大壑之波聲。引八維以自道兮，含沆瀣以長生。」易林遯之晉「積雪大寒，萬物不生。陰制庶士，時本寒貧。」王褒九懷「馳六蛟兮上征，竦余駕兮入冥。歷九州兮索合，誰可與兮終生。」

舅音久，一音己。易林：「潔身白齒，衰老復起。多孫衆子，宜利姑舅。」

本證伐木「既有肥牡，以速諸舅。寧適不來，微我有咎。」頍弁「有頍者弁，實維在首。爾酒既旨，爾餚既阜。豈伊異人？兄弟甥舅。」

旁證潘岳別詩「峨峨王侯，中外之首。子親伊姑，我父惟舅。」又潘岳楊仲武誄「哀哀慈母，痛心疾首。嗷嗷同生，悽悽諸舅。」

咎音糾。

本證伐木詩見上。小旻「發言盈庭，誰敢執其咎？如匪行邁謀，是用不得于道。」北山「或湛樂飲酒，或慘慘畏咎。」

旁證國語商銘「嗛嗛之食，不足狃也，不能爲膏，而祇離咎也。」晉輿人誦「得國而狃，終逢其咎。」武王冠銘「寵以著首，將身不正，遺爲德咎。」易解六三「負且乘，亦可醜也。自我致戎，又誰咎也？」賈誼弔屈原「章甫薦履，漸不可久兮。嗟苦先生，獨離此咎兮。」易林萃之旅「三日不飲，遠水無酒。晝夜焦喉，使我爲咎。」

愆音遣，一音傾，見後。

本證伐木「籩豆有踐，兄弟無遠。民之失德，乾餱以愆。」

旁證太玄法首「井無幹，水直衍，匪谿匪谷，終于愆。」

暇音甫。

本證伐木「迨我暇矣，飲此湑矣。」小明「心之憂矣，憚音造我不暇。念彼共人，睠睠懷顧。」何草不黄「匪兕匪虎，率彼曠野。哀我征夫，朝夕不暇。」

旁證賈誼鵩鳥賦「止於坐隅兮，貌甚閒暇。異物來萃兮，私怪其故。」張衡東京賦「因秦宫室，據其府庫。作洛之制，我則未暇。」又張衡七辯「弱顔回植，妍夸閒暇。形似削成，腰如束素。」

享音鄉。今讀上聲，古讀平聲，與饗一例。

本證天保「吉蠲爲饎，是用孝享。禴祀烝嘗，于公先王。」信南山「是烝是享，苾苾芬芬。」烈祖「以假以享，我受命溥將。」殷武「莫敢不來享，莫敢不來王。」

旁證漢郊祀歌「嘉籩列陳，庶幾宴享。滅除凶災，烈騰八荒。」又「聲氣遠條鳳鳥鴹，神夕奄虞蓋孔享。」揚雄並州箴「莫敢不求貢，莫敢不來王。周穆遐征，犬戎不享。」漢樊毅脩華嶽廟碑「祭則獲福，亦世克昌。亡新滔逆，鬼神不享。」

福音偪。賈誼傳：「疏者或制大權以福天子。」顔師古注：「福，古逼字。」説文：「從示，畐聲。」

本證天保「神之弔矣，詒爾多福。民之質矣，日用飲食。」小明「靖共爾位，好是正直。神之聽之，介爾景福。」楚茨「以妥以侑，以介景福。」鴛鴦「鴛鴦在梁，戢其左翼。君子萬年，宜其遐福。」賓之初筵「既醉而出，並受其福。醉而不出，是謂伐德。」文王「無念爾祖，聿修厥德。永言配命，自求多福。」大明「維此文王，小心翼翼。昭事上帝，聿懷多福。」行葦「黃耇台背音必，以引以翼。壽考維祺，以介景福。」既醉「既醉以酒，既飽以德。君子萬年，介爾景福。」假樂「千禄百福，子孫千億。」閟宮「是生后稷，降之百福。」殷武「命于下國，封建厥福。」

旁證易困五象「劓刖，志未得也。乃徐有説，以中直也。利用祭祀，受福也。」易井三象「井渫不食，行惻也。求王明，受福也。」儀禮士冠禮「棄爾幼志，順爾成德。壽考惟祺，介爾景福。」大夫種祖道祝「德銷百殃，利受其福。去彼吴庭，來歸越國。」瑯琊刻石「皇帝之德，存定四極。誅亂除害，興利致福。」安世房中歌「嗚呼孝哉，案撫戎國。蠻夷竭歡，象來致福。」又「皇皇鴻明，蕩侯休德。嘉承天和，伊樂厥福。」易林乾之恒「東山西嶽，會合俱食。百家送從，以成恩福。」班固明堂詩「普天率土，各以其職。猗歟緝熙，允懷多福。」

作音詛。凡作見於詩者，除如字外，餘皆讀詛，音義俱順。〔一〕楊用修云：「『侯作侯祝』之作，音做。『俾晝作夜』之作，讀如『足恭』之足，謂晝不足，以夜補之也。」詳哉，其言之矣。

本證采薇「采薇采薇，薇亦作止。曰歸曰歸，歲亦莫止。」

旁證廉范歌「廉叔度，來何暮？不禁火，民安作。昔無襦，今五袴。」韋玄成自劾歌「於赫三事，匪俊匪作。於蔑小子，終焉其度。」

故平聲。古有平、去二音，然平聲多，今則純讀去矣。賈誼賦「亦夫子之故也」，故史記作辜。

本證采薇「靡室靡家，玁狁之故。不遑啓居，玁狁之故。」

旁證賈誼弔屈原賦「於嗟默默，生之亡故兮；斡棄周鼎，寶康瓠兮。」又「般紛紛其離此尤兮，〔二〕亦夫子之故也。歷九州而相其君兮，何必懷此都也？」

來音力。

本證采薇「憂心孔疚音棘，我行不來。」杕杜「匪載匪來，憂心孔疚。」大東「既往既來，使我心疚。」又「東人之子，職勞不來。西人之子，粲粲衣服。」靈臺「經始勿亟，庶民子來。」常武「王猶允塞，徐方既來。」

旁證易困九二「困於酒食，朱紱方來。」楚辭遠遊「形穆穆以浸遠兮，離人羣而遁逸。因氣變而遂曾舉兮，忽神奔而鬼怪音棘。時髣髴以遥見兮，精皎皎以往來。」太玄遇首「不往來，不求得。」

戒音急。鹽鐵論引詩「我是用戒」，今作急，以音之同也。

本證采薇「豈不日戒，玁狁孔棘。」常武「既敬既戒，惠此南國。」

旁證易震上九「震索索，中未得也；雖凶无咎，畏鄰戒也。」九章惜往日「何芳草之早夭兮，微霜降而下戒。諒不聰明而蔽壅兮，使讒諛而日得。」

哀音噫。説文：「衣聲。」爾雅：「哀哀，懷報德也。」裴瑜讀。
本證采薇「行道遲遲，載渴載饑。我心傷悲，莫知我哀。」十月之交「彼月而微，此日而微。今此下民，亦孔之哀。」小旻「潝潝訿訿，亦孔之哀。謀之其臧，則具是違。」四月「山有蕨薇，隰有杞桋。君子作歌，維以告哀。」
旁證楚辭九辯「靚杪秋之遥夜兮，心繚悷而有哀；春秋逴逴而日高兮，然惆悵而自悲。」蘇武詩「請爲遊子吟，泠泠一何悲。絲竹厲清聲，慷慨有餘哀。」劉向九嘆「欲還志而改操兮，心紛結而未離。外彷徨而遊覽兮，內惻隱而含哀。」魏文帝苦寒行「擔囊行取薪，斧冰持作糜。悲彼東山詩，悠悠使我哀。」

牧音密。
本證出車「我出我車，于彼牧矣。自天子所，謂我來音力矣。」
旁證易謙初二「謙謙君子，卑以自牧也。鳴謙貞吉，中心得也。」屈原天問「伯昌號衰，秉鞭作牧。何令徹彼岐社，命有殷之國？」易林屯之睽「伯蹇叔育，莫與守牧。失我衣裘，代己除服。」阮籍大人先生傳「行欲爲目前檢，言欲爲無窮則。少稱鄉黨，長聞鄰國。上欲圖三公，下不失爲九州牧。」

載音即，一音祭，見後。

本證出車「召彼僕夫，謂之載矣。王事多難，維其棘矣。」大東「薪是穫薪，尚可載也。哀我憚人，亦可息也。」緜「縮版以載，作廟翼翼。」

旁證易小畜上九「既雨既處，德積載也。君子征凶，有所疑音仡也。」瑯琊刻石「日月所照，舟輿所載。皆終其命，莫不得意音億。」

近音記。「往近王舅」，鄭康成音記。

本證杕杜「會言近止，征夫邇止。」

旁證潘岳射雉賦「算分銖，商遠近。揆縣刀，騁絶伎。」江淹祭戰士文「千秋同盡，百齡一世。魂而有知，咸無遠近。」

時音始。書「播時百穀」，王肅作是；「斂時五福」，馬融作是；「時日曷喪」，時，是也。蓋時、是古通用，聲亦近始。

本證魚麗「物其有矣，維其時矣。」文王「有周不顯，帝命不時。文王陟降，在帝左右。」既醉「威儀孔時，君子有孝子。」

旁證王粲七釋「不以志易道，不以身後時。進德修業，與世同理。」

來音利。今讀來有萊、賴二音，古有三音：其釐、力者已見上，此則去聲也。

本證南有嘉魚「翩翩者鵻，烝然來思。君子有酒，嘉賓式燕又思。」

旁證上林賦「蕩蕩乎八川分流，相背而異態音替。東西南北，馳騖往來。」又「於是乎乘輿弭節裴回，翱翔往來，睨部曲之進退，覽將帥之變態。」

又音意。此字詩凡四見，舊音不一：在嘉魚、小宛者，音亦；賓筵者一音由、又音怡，一音亦、又音異，俱無的據。愚按：説文又即右也，右手也。詩右有上、去二音，曰以曰意，説已見上。兹又宜音意，如彤弓之例，與也，加也，於三詩音韻似叶，惟達者正之。

本證南有嘉魚「翩翩者鵻，烝然來音利思。君子有酒，嘉賓式燕又思。」小宛「彼昏不知，壹醉日富音係。各敬爾儀，天命不又。」賓之初筵「賓載手仇音居，室人入又。酌彼康爵，以奏爾時音是。」又「三爵不識音志，矧敢多又。」

臺音題。釋名：「臺，持也。築土堅高，能自勝持也。」

本證南山有臺「南山有臺，北山有萊。樂只君子，邦家之基。」

旁證武帝柏梁詩「周衛交戟禁不時，總領從官柏梁臺。」參同契「皓若褰帷帳，瞑目登高臺。火記六百篇，所趣等不迷。」漢成陽靈臺碑「慶都僊歿，蓋葬于兹。欲人莫知，名曰靈臺。」慶都，堯母名。陸機挽歌「按轡遵長薄，送子長夜臺。呼子子不聞，泣子子不知。」

萊音黎。陸機草木疏：「萊，黎也。」説文：「萊，蔓華。」爾雅作釐。

本證南山有臺詩見上。十月之交「胡爲我作，不即我謀。徹我牆屋，田卒汙萊。」

旁證郭璞遊僊詩「朱門何足榮，未若託蓬萊。臨源挹清波，陵岡掇丹荑。」

耇音古。説文：「從老省，句聲。」

本證南山有臺「樂只君子，遐不黄耇。樂只君子，保艾爾後。」行葦「酌以大斗，以祈黄耇。」

旁證崔駰慰志賦「闢四門以博延兮，彼幽牧之我舉。畫定而計決兮，豈云賁乎鄙耇。」韓愈元和聖德詩「續功臣嗣，拔賢任耇。孩養無告，仁滂施厚音甫。」

後音虎。

本證南山有臺詩見上。正月「不自我先，不自我後。好言自口音苦，莠言自口。」

旁證白渠之歌「鄭國在前，白渠起後。舉臿爲雲，決渠爲雨。」易林艮之頤「人面九口，長舌爲斧。斷破瑚璉，殷商絶後。」揚雄趙充國頌「在漢中興，充國作武。赳赳桓桓，亦紹厥後。」班固靳歙銘「折衝扞難，遂寧天下。金龜章德，建號傳後。」後漢張超誚青衣賦「嫡婉歡心，各有先後。臧獲之類，蓋不足數。」魏脩孔子廟碑「我皇悼之，尋其世武。乃建宗聖，以紹厥後。」

寫音暑。

本證蓼蕭「蓼彼蕭斯，零露湑兮。既見君子，我心寫兮。」裳華「我覯之子，我心寫兮。我心寫兮，是以有譽處兮。」車舝「析其柞薪，其葉湑兮。鮮我覯爾，我心寫兮。」

旁證素問「候呼引鍼，呼盡乃去上聲；大氣皆出，故命曰寫。」諺云「書三寫，魚成魯，帝成虎。」

泥音瀰。泥泥，露貌。

本證蓼蕭「蓼彼蕭斯，零露泥泥。既見君子，孔燕豈弟。宜兄宜弟，令德壽豈。」行葦「方苞方體，維葉泥泥。戚戚兄弟，莫遠具爾。」文選注作「維葉柅柅」。

旁證謝朓始出尚書省詩「邑里向疏蕪，寒流自清泚。衰柳尚沈沈，凝露方泥泥。」杜子美詩「況乃山高水有波，秋風蕭蕭露泥泥。虎之饑，下巉巖；蛟之横，出清泚。」

豈愚按：凡詩「豈弟」之豈，舊皆音愷，以禮運引詩云「凱弟君子，民之父母。凱以强教之，弟以説安之」爲據也。今「令德壽豈」「飲酒樂豈」，皆讀如字。説文「豈，還師振旅樂也」，又「愷，康也，從心豈，豈亦聲」，則古音可識矣。且安知凱不音豈乎？

本證蓼蕭詩見上。魚藻「魚在在藻，有莘其尾。王在在鎬，飲酒樂豈。」

貺音荒。説文：「從貝，兄聲。」兄古讀荒，詳見兄韻。

本證彤弓「彤弓弨兮，受言藏之。我有嘉賓，中心貺之。」

旁證左傳伯姬之謠「女承筐，亦無貺也，西鄰責言，不可償也。」九章悲回風「荼薺不同畮兮，蘭芷幽而獨芳。惟佳人之永都兮，更絶世以自貺。」

載音祭。莊子：「福輕乎羽，莫之知載；禍重乎地，莫之知避。」亦此音。

本證彤弓「彤弓弨兮，受言載之。我有嘉賓，中心喜去聲之。鐘鼓既設，一朝右音意之。」

旁證九章惜往日「情冤見之日明兮，如列宿之錯置。乘騏驥而馳騁兮，無轡銜而自載。」韓敕造廟器碑「乾元以來，三九之載。八皇三代，至孔乃備。」

喜去聲。毛晃曰：「喜怒之喜，上聲；悦好之喜，去聲。」

本證彤弓詩見上。

旁證易大畜三四「利有攸往，上合志也。初四元吉，有喜也。」又升初二「允升大吉，上合志也。九二之孚，有喜也。」九章橘頌「深固難徙，更一志兮。緑葉素榮，紛其可喜兮。」急就章「用日約少誠快意，勉力務之必有喜。」易林「伯制于吏，憂人有喜。」太玄「往其志，或承之喜。」馬融長笛賦「紛葩爛漫，誠可喜也；波散廣衍，實可異也。」

憲音軒。禮記：「武坐致右憲左。」鄭氏曰：「憲，讀如軒，聲之誤也。」

本證六月「薄伐玁狁，至于大原音延。文武吉甫，萬邦爲憲。」板「天之方難音年，無然憲憲。」崧高「王之元舅，文武是憲。」

旁證揚雄交州箴「泉竭中虛，池竭瀕乾音堅，牧臣司交，敢告執憲。」

衡音杭。玉衡，正天文之器。阿衡，湯相。

本證采芑「約軝錯衡，八鸞瑲瑲。」韓奕「淑旂綏章，簟笰錯衡。」閟宮「秋而載嘗，夏而楅衡。」烈祖「約軝錯衡，八鸞鶬鶬。」長發「實維阿衡，實左右商王。」

旁證荀卿賦篇「以能合從，又善連衡。下覆百姓，上飭帝王。」楚辭惜誓「或偷合而苟進兮，或隱居而深藏。苦稱量之不審兮，同權槩而就衡。」史記序傳「維契作商，爰及成湯；太甲居桐，德盛阿衡。」傅毅車左銘「虞氏作車，取象璣衡。君子建左，法天之陽。」顔延之陽給事誄「如彼竹柏，負雪懷霜。如彼騑駟，配服驂衡。」

旅音魯。詩旅如字讀者多，亦有魯音者，録之以存古音。

本證采芑「方叔率止，鉦人伐鼓，陳師鞠旅。」賓之初筵「籩豆有楚，殽核維旅。」常武「王謂尹氏，命程伯休父，左右陳行，戒我師旅。」有客「有客有客，亦白其馬。有萋有且，敦琢其旅。」

旁證魏明帝善哉行「我徂我征，伐彼蠻虜。練師簡卒，爰正其旅。」

馳音駝。愚按：說文：「馳，從馬，也聲。」「貤，從貝，也聲。」蓋古也音移，與它通。故蛇從它，亦從也；池從也，亦從它。

本證車攻「四黃既駕，兩驂不猗平聲。不失其馳，舍矢如破。」卷阿「君子之車，既庶且多。君子之馬，既閑且馳。」

旁證離騷「屯余車其千乘兮，齊玉軑而並馳。駕八龍之婉婉兮，載雲旗之委蛇。」

禱音斗。說文：「告禍福也。」

本證吉日「吉日維戊音牡，既伯既禱。田車既好，四牡孔阜上聲。」

旁證易林「白茅醴酒，靈巫拜禱。」又「爲設歡酒，冤尤誰禱？」

兕音豕，一角獸也。說文：「下從豕，古文從儿」。徐鍇亦讀上聲。

本證吉日「發彼小豝，殪此大兕。以御賓客，且以酌醴。」

旁證太玄戾首「東南射兕，西北其矢。」後漢李尤鎧銘「甲鎧之施，扞禦鋒矢；尚其堅剛，或用犀兕。」

寡音古。禮記：「君子寡言而行，以成其信。」鄭氏曰：「寡，當爲顧聲之誤也，顧音古。」漢書：「斬宛王母寡之首。」或作鼓，後轉音可。陸雲歲暮賦：「歲難停而易逝兮，情艱多而泰寡。年有來而棄予兮，時無算而非我。」再轉則今音。

本證鴻雁「之子于征，劬勞于野。爰及矜人，哀此鰥寡。」

旁證易雜卦傳「離上而坎下音虎也。小畜，寡也。履，不處也。」東方朔七諫「淺智褊能兮，聞見又寡。數言便事兮，見怨門下。」史記序傳「天下已平，親屬既寡；悼惠先壯，實鎮東土。」張衡西京賦「收禽舉胔，數課衆寡。置互擺牲，頒賜獲鹵。」李固引語「嶢嶢者易缺，皦皦者易污。陽春之曲，和者必寡；盛名之下，其實難副。」

宅音鐸，居也。説文：「託也，人所假託也。」漢書注：「古文宅、度同。」禮記引詩「度是鎬京」，論衡引詩「此惟予度」，古音可見。

本證鴻雁「之子于垣，百堵皆作。雖則劬勞，其究安宅。」皇矣「上帝耆之，憎其式廓。乃眷西顧，此維與宅。」崧高「王命召伯音博，定申伯之宅。」

旁證易林咸之蒙「國馬生角，陰孽萌作。變易常服，君失于宅。」參同契「魂之與魄，互爲室宅。性主處内，立置鄞鄂。」揚雄解嘲「爰清爰静，遊神之廷音定；惟寂惟寞，守德之宅。」又兖州牧箴「成湯五徙，卒都于亳。盤庚北渡，牧野是宅。」班固留侯銘「令惠瞻仰，安全正朔。國師是封，光榮舊宅。」左思詩「買臣困樵采，伉儷不安宅。陳平無産業，歸來翳負郭。」晉張協七命「金華啓徵，大人有作。繼明代照，配天光宅。」江淹雜體詩「雙闕指馳道，朱宮羅第宅。從容冰井臺，清池映華薄。」

驕音高。

本證鴻雁「維此哲人，謂我劬勞。維彼愚人，謂我宣驕。」

旁證左傳鸜鵒謠「鸜鵒之巢，遠哉遥遥。裯父喪勞，宋父以驕。」揚雄逐貧賦「鄙我先人，乃傲乃驕。瑶臺瓊室，華屋崇高。」

晣音制。

本證庭燎「夜如何其，夜未艾，庭燎晣晣。君子至止，鸞聲噦噦。」音傺，吴才老讀。

旁證班婕妤擣素賦「弱態含羞，妖風靡麗。皎若明魄之升崖，焕若荷花之昭晣。」張衡思玄賦「黿令殪而尸亡兮，取蜀禪而引世。死生錯而不齊兮，雖司命其不晣。」何晏景福殿賦「峨峨嶫嶫，罔識所届音記。雖離朱之至精，猶眩曜而不能昭晣。」

煇音薰。

本證庭燎「夜鄉晨，庭燎有煇。君子至止，言觀其旂。」

旁證張衡西都賦「金戺玉階，彤庭煇煇。珊瑚琳碧，瓀珉璘彬。」

旂音斤。説文：「斤聲。」徐鍇繫傳曰：「斤、祈近似聲，韻家所以言傍紐也。」

本證庭燎詩見上。采菽「觱沸檻泉，言采其芹；君子來朝，言觀其旂。」泮水「思樂泮水，薄采其芹。魯侯戾止，言觀其旂。」

旁證左傳滅虢謡「丙之晨，龍尾伏辰。袀服振振，取虢之旂。」

海音喜。釋名：「海，晦也。言承穢濁，其水黑如晦也。」

本證沔水「沔彼流水，朝宗於海。鴥彼飛隼，載飛載止。」江漢「于疆于理，至于南海。」玄鳥「邦畿千里，維民所止，肇域彼四海。」

旁證禮記孔子閒居「無聲之樂，氣志既起。無體之禮，施及四海。」宋玉大言賦「並吞四夷，飲枯四海，跂越九州，無所容止。」瑯琊刻石「事已大畢，乃臨于海。皇帝之功，勤勞本事音始。」漢高鴻鵠歌「鴻鵠高飛，一舉千里。羽翼已就，横絶四海。」枚乘七發「高望荆山，北望汝海。左江右湖，其樂無有音以。」易林訟之比「水流趨下，欲至東海。求我所有，買魴與鯉。」魏武步出東門行「東臨碣石，以觀滄海。水何澹澹，山島竦峙。」

牙音吾。漢地理志「允吾」字作「牙」。太玄毅首：「毅其牙，發以張弧。」又夷首：「夷其牙，或飫之徒。」六朝轉音俄。

本證祈父「祈父，予王之爪牙。胡轉予于恤？靡所止居。」

旁證揚雄徐州箴「事猶細微，不慮不圖。禍如丘山，本在萌牙。」又豫州箴「陪臣執命，不慮不圖。王室陵遲，喪其爪牙。」漢石里謡「石里之勇商子華音夫，暴虎見之藏爪牙。」

客音恪。周封虞、夏、商三代之後爲三恪。恪者，客也。左傳：「宋，殷後也，於周爲客。」太玄：「大開帷幕，以引方客。」

本證白駒「縶之維之，以永今夕音芍。所謂伊人，於焉嘉客。」楚茨「爲賓爲客，獻酬交錯。」

旁證弟子職「出入恭敬，如見賓客。危坐鄉師，顔色毋怍。」易繫辭傳「重門擊柝，以待暴客。」九章哀郢「順風波以從流兮，焉洋洋而爲客。淩陽侯之氾濫兮，忽翺翔之焉薄？」古詩「人生天地間，忽如遠行客。斗酒相娱樂，聊厚不爲薄。」易林否之睽「野鳥山鵲，來集六博。三梟四散，主人勝客。」曹植贈丁儀「在貴多忘賤，爲恩誰能博？狐白足禦冬，焉念無衣客？」

玉音珏。「有女如玉」「彼其之子，美如玉」「温其如玉」，皆如今讀。即鶴鳴、白駒，讀之已順。但玉有「珏」音，存以備古。

本證鶴鳴「其下維穀。他山之石，可以攻玉。」白駒「皎皎白駒，在彼空谷。生芻一束，其人如玉。」按：谷一音裕，北京有平谷縣。北人讀玉亦同裕。

旁證穆天子傳黃澤謡「黃之澤音鐸，其馬歕玉，皇人壽穀音㱿。」易林「和氣相薄」與「生我嘉穀」爲韻。易林「桑葉腐蠹，衣弊如絡。女功不成，絲帛爲玉。」

山音仙。六朝時猶此音。張協七命、顏延之應詔、謝靈運反舊園、江淹雜詩，或韻連、韻廛、韻年、韻縣，皆可考也。

本證斯干「秩秩斯干，幽幽南山。」

旁證孔子丘陵歌「喟然迴慮，題彼泰山。鬱確其高，梁甫迴連。」楚辭招魂「層臺累榭，臨高山些。網户朱綴，刻方連些。」古詩「稾砧今何在？山上復有山。何當大刀頭？破鏡飛上天。」易林履之節「安上宜官，一日九遷。升擢超等，牧養常山。」馮衍顯志賦「躍青龍於滄海兮，豢白虎於金山。鑿巖石而爲室兮，託高陽以養仙。」魏明帝種瓜篇「與君爲新婚，瓜葛相結連。寄託不肖軀，有如倚太山。」曹植名都篇「攬弓捷鳴鏑，長驅上南山。左挽因右發，一縱兩禽連。」陸雲歲暮賦「彼鑒寐之有時兮，亦始卒之固然。舒遠懷於千載兮，悵同盛乎中山。」

西音先。白虎通：「西者，遷方也，萬物遷落也。」文選注「西施」作「先施」。史記：「先俞巠山。」正義：「先俞，山名，即西隃也。」存此以備古音。

本證斯干「西南其户。」

旁證趙壹窮鳥賦「幸賴大賢，我欽我憐。昔濟我南，今振我西。」魏明帝詩「涼風夕起，悲彼秋蟬。變形易色，隨風東西。」曹子建飛蓬篇「驚飈接我出，故歸彼中田。當南而更北，謂東而反西。」嵇康琴賦「春蘭被其東，沙棠植其西。涓子宅其陽，玉醴涌其前。」

裼音啻。愚按：説文：「禘，褓也。從衣，啻聲。詩曰：『載衣之禘。』」此其説甚明。許氏去古未遠，當有真見。又裼，説文：「袒也。從衣，易聲。」是與鄭詩「襢裼暴虎」之裼，音義實同。斯干似宜以説文爲據，「寢地」「衣禘」爲韻，下又轉韻，不嫌與上章異也。

本證斯干「乃生女子，載寢之地，載衣之裼。」

議音俄。儀、罹古有俄音，已見上矣。舊讀「議」如字，乃以儀音義、罹音麗，以叶之，似泥之過也。

本證斯干「載弄之瓦，無非無儀。唯酒食是議，無父母詒罹。」北山「或出入風議，或靡事不爲音譌。」

旁證史記敘傳「桓公之東，太史是庸。及周侵禾，王人是議。」劉向七諫「高陽無故而委塵兮，唐虞點灼而毀議。誰使正其真是兮，雖有八師而不可爲音謞。」

池音沱。周禮職方氏「虖池」，禮記「有事於惡池」，池通作沱。山海經「大戲之山，滹沱之水出焉。」白華「滮池北流」，説文作「滮沱」；「漸漸俾滂沱矣」，史記作「滂池」：惟其音也。説文繫傳：「今之蹉跎，古作差池。」

本證無羊「或降于阿，或飲于池。」皇矣「無矢我陵，我陵我阿。無飲我泉，我泉我池。」

旁證九歌少司命「與女沐兮咸池，晞女髮兮陽之阿。望美人兮未來，臨風怳兮浩歌。」東方朔七諫「鸞皇孔鳳日以遠兮，畜鳧駕鵝。雞鶩滿堂壇兮，鼃黽遊乎華池。」揚雄羽獵賦「相與集於靖冥之館，以臨珍池。灌以岐梁，隘以江河。」

具音臼。舊讀以具與物叶，故音物以微律切，音具以居律切，竟與上三句不諧。愚讀「爾牧來思」至「或負其餱」爲一韻，以具與餱叶，似乎聲之暢也。餱，去聲。

本證無羊「爾牧來思，何蓑何笠，或負其餱。三十維物，爾牲則具。」

旁證馬融廣成頌「上無飛鳥，下無走獸。虞人植旍，獵者效具。車弊田罷，從入禁囿。」張衡西京賦「規遵王度，動中得趣音湊。於是觀禮，禮舉義具。」

雄音盈。左傳正義云：「古人讀雄，與陵爲韻。」易林：「翺翔桂林，爲衆鳥雄。」

本證無羊「爾牧來思，以薪以蒸，以雌以雄。」正月「召彼故老，訊之占夢。具曰予聖，誰知烏之雌雄？」「聖」亦有平聲。晉常璩華陽國志贊「仲元抑抑，邦家儀刑。子雲玄達，焕乎弘聖。」

旁證孫文子卜繇「兆如山陵，有夫出征，而喪其雄。」九歌國殤「誠既勇兮又以武，終剛强兮不可淩。身既死兮神以靈，魂魄毅兮爲鬼雄。」漢冀州從事張表碑「懿烈純德，繼踵相承。于來我君，亦邦之雄。」

殆音以。説文：「以聲。」荀子宥坐篇引孔子曰：「幼不能强學，老無以教，吾恥之。去其故鄉，事君而達，卒遇故人，曾無舊言，吾鄙之。與小人處者，吾殆之。」恥、鄙、殆三字皆韻。太玄成首：「成微改改，未成而殆。」改古音几。

本證節南山「弗問弗仕，勿罔君子。式夷式已，無小人殆。」雨無正「維曰于仕，孔棘且殆。」玄鳥「商之先後，受命不殆，在武丁孫子。」

旁證屈原天問「女歧縫裳，而館同爰止。何顛易厥首，而親以逢殆？」四子講德「夫世衰道微，僞臣虚稱者，殆也。世平道明，臣子不宣者，鄙也。」易林姤之歸妹「將戊係亥，陽藏不起。君子散亂，太上危殆。」崔瑗河堤謁者箴「澮畎濊濊，東歸于海音喜。九野孔安，四隩不殆。」

仕音始。説見士韻。

本證節南山詩見上。文王有聲「豐水有芑，武王豈不仕？詒厥孫謀，以燕翼子。」

旁證易林賁之節「君明聖哲，嗚呼其友音以。顯德之徒，可以禮仕。」魏文帝令詩「喪亂悠悠過紀，白骨從横萬里，哀哀下民靡恃。吾將以時整理，復子明辟致仕。」六言爲句。陶淵明飲酒「疇昔苦長飢，投耒去學仕。將養不得節，凍餒固纏己。」

屆音記。至也，古作曁。

本證節南山「君子如屆，俾民心闋。」小弁「譬彼舟流，不知所屆。心之憂矣，不遑假寐。」采菽「載驂載駟，君子所屆。」

旁證王粲遊海賦「其深不測，其廣無臬音乂。章亥所不極，盧敖所不屆。」何晏景福殿賦「鳥企山峙，若翔若滯，峨峨嶫嶫，罔識所屆。」木華海賦「鷸如驚鳧之失侶，倏如六龍之所制。一越三千，不終朝而濟所屆。」

闋音氣，止也。

本證節南山詩見上。

旁證曹植酒賦「敘嘉賓之歡會，惟耽樂之既闋。日晻暗於桑榆兮，命僕夫而皆逝。」

定平聲。

本證節南山「不弔昊天，亂靡有定。式月斯生，俾民不寧。」江漢「四方既平，王國庶定。」

旁證左傳逸詩「周道挺挺，我心扃扃。講事不令，集人來定。」

政平聲。周官「掌均地政」「以土均平政」，鄭氏皆讀爲征。

本證節南山「不自爲政，卒勞百姓。」抑「其在于今，興迷亂于政。」

旁證潘岳許由頌「虛薄忝任，來宰斯城。媿無惠化，豹産之政。」

誦音宗，徐邈讀。

本證節南山「家父作誦，以究王訩。式訛爾心，以畜萬邦。」崧高「吉甫作誦。」烝民同。

旁證尚書大傳辟雝辭「率爾衆工，奏爾悲誦。肅肅雝雝，無怠無凶。」楚辭九辯「欲循道而平驅兮，又未知其所從。然中路而迷惑兮，自壓按而學誦。」漢石門頌「春秋紀異，今而紀功。垂流億載，世世嘆誦。」

邦音崩。釋名：「邦，封也。」有功於是，故封之也。古屬東韻，考之王粲贈蔡子篤、阮籍元父賦、顔延之靖節誄、鮑昭數詩，或韻東、韻聾、韻恭、韻鴻，則六朝猶此音也。

本證節南山詩見上。瞻彼洛矣「君子至止，福禄既同。君子萬年，保其家邦。」采菽「維柞之枝，其葉蓬蓬。樂只君子，殿天子之邦。」思齊「神罔時怨，神罔時恫。刑于寡妻，至于兄弟，以禦于家邦。」皇矣「密人不恭，敢距大邦。」崧高「登是南邦，世執其功。」召旻「蟊賊内訌，昏椓靡共。潰潰回遹，實靖夷我邦。」閟宫「奄有龜蒙，遂荒大東，至于海邦。」

旁證易師上九「大君有命，以正功也。小人勿用，必亂邦也。」又否彖「天地不交，而萬物不通也。上下不交，而天下無邦也。」禮記孔子閒居「無體之禮，上下和同；無服之喪，以畜萬邦。」易林益之大有「張王季莊，莫適爲公。政道塞壅，周君失邦。」韋孟諷諫「至于有周，歷世會同。王赧聽譖，實絕我邦。」漢園令趙君碑「追景行，亦難雙，刻金石，示萬邦。」漢西嶽華山亭碑「赫赫在上，以畜萬邦。惟嶽降神，實生羣公。」曹植磐石碑「仰天長太息，思想懷故邦。乘桴何所志，吁嗟我孔公。」潘岳關中詩「好爵既縻，顯戮亦從。不見竇林，伏尸漢邦。」

口音苦。

本證正月「好言自口，莠言自口。憂心愈愈，是以有侮。」

旁證正考父鼎銘「亦莫余敢侮，饘於是，粥於是，以糊余口。」宋玉風賦「浸淫谿谷，盛怒於土囊之口；緣太山之阿，舞於松柏之下。」漢白渠歌「且溉且糞，長我禾黍。

衣食京師，億萬之口。」參同契「三性既合會，本性共宗祖。巨勝尚延年，還丹可入口。」易林坤之臨「白龍赤虎，戰鬭俱怒。蚩尤敗走，死於魚口。」

厲音冽。古厲山氏，或作烈山氏。

本證正月「心之憂矣，如或結之。今茲之正，胡爲厲矣。」

旁證曹植七啓「然主上猶以沉恩之未廣，懼聲教之未厲，採英奇於仄陋，宣皇明於巖穴。」左思蜀都賦「大火流，涼風厲。白露凝，微霜結。」又「巴姬彈弦，漢女擊節。起西音於促柱，歌江上之飀厲。」

烕音血。「赫赫宗周，褒姒烕之。」注：「烕，滅也。」烕字從戌從火，解曰：「火墓於戌，至戌而滅。」然與滅字，義同而字異，音亦異。今同音讀之，誤。

姒音以。褒姒、大姒皆此音。春秋書「葬我小君定姒」，公羊作「弋」，聲之譌也。張衡東京賦：「宓妃攸館，神用挺紀。龍圖授羲，龜書畀姒。」

輔音甫。說文：「從車，甫聲。」

本證正月「終其永懷，又窘陰雨。其車既載，乃棄爾輔。」閟宮「大啓爾宇，爲周室輔。」

旁證易大過三四「棟橈之凶，不可以有輔也。棟隆之吉，不橈乎下也。」離騷「皇天無私阿兮，覽民德焉錯輔。夫維聖哲以茂行兮，苟得用此下土。」易林明夷之坤「太公避紂，七十隱處。卒逢聖文，爲王室輔。」王粲贈孫文始「在漳之湄，亦克晏處。和通篪塤，比德車輔。」阮籍詠懷「於赫帝朝，伊衡作輔。才非允文，器非經武。」

意音憶。賈誼鵩賦「請對以臆」，或作意。

本證正月「屢顧爾僕，不輸爾載音即。終逾絶險，曾是不意。」

旁證易明夷四五「入于左腹，獲心意也。箕子之貞，明不可息也。」屈原天問「厥萌在初，何所意焉？璜臺十成，誰所極焉？」秦之罘刻石三句一韻「大矣哉，宇縣之中，承順聖意。羣臣誦功，請刻于石，表垂于常式。」

沼説文：「池也。從水，召聲。」樂讀撈，炤讀照，虐讀研耀切，則此章自叶。舊以沼音灼、以樂音洛，似不知北音也。

本證正月「魚在于沼，亦匪克樂。潛雖伏矣，亦孔之炤。憂心慘慘，念國之爲虐。」

伏音偪，藏匿也。白虎通：「北方者，伏方也，萬物伏藏也。」考工記：「不伏其轅。」鄭注云：「故書伏作偪。」

本證正月詩見上。

旁證易雜卦傳「兑見，而巽伏也。隨，無故也；蠱，則飭也。」賈誼鵩賦「禍兮福所倚，福兮禍所伏。憂喜聚門兮，吉凶同域。」東方朔七諫「處玄舍之幽門兮，穴巖石而窟伏。從水蛟而爲徒兮，與神龍乎休息。」易林坎之歸妹「南至之日，陽消不息。北風烈寒，萬物藏伏。」揚雄上林苑箴「夷原污藪，禽獸攸伏。魚鼈以時，芻蕘咸殖。」朱穆絶交詩「飛不正向，寢不定息。飢則木攬，飽則泥伏。」

囂音嗷。囂有枵、嗷二音，此則讀嗷。韓詩作「讒口嗸嗸」，劉向傳作「嗸嗸」。又漢五行志「莫敖」作「莫囂」。在板則讀枵，要承上文爲韻耳。

本證十月之交「黽勉從事，不敢告勞。無罪無辜，讒口囂囂。」板「我雖異事，及爾同僚。我即爾謀，聽我囂囂。」

夜音裕，已見前。愚按：此夜舊叶約，與夕、惡爲韻，無所考據。不知夜與戾、斁叶，下四句又轉韻也，亦已見前。

本證雨無正「周宗既滅，靡所止戾。正大夫離居，莫知我勩。三事大夫，莫肯夙夜。」

出讀如鼓吹之吹。增韻：「自内而外曰出。凡物自出則入聲，使之出則去聲。」書「寅賓出日」「出納五言」「我其發出狂」，易「出涕沱若」「利出否」，皆此音。一音赤，見後。

本證雨無正「哀哉不能言，匪舌是出，維躬是瘁。」漸漸之石「山川悠遠，曷其没矣。〔三〕武人東征，不遑出矣。」

旁證魏都賦「河洛開奥，符命用出。翩翩黄鳥，銜書來訊。」

血音結。

本證雨無正「鼠思泣血，無言不疾。昔爾出居，誰從作爾室？」

旁證易需六四「需于血，出自穴。」又歸妹上六「女承筐，無實士，刲羊無血。」宋玉高唐賦「何節奄忽，蹄足灑血。舉功先得，獲車已實。」

用音庸。

本證小旻「謀臧不從，不臧覆用。我視謀猶，亦孔之卭。」

旁證淮南子「有精而不使，有神而不用。契大渾之樸，而立至清之中。」太玄法首「造法不法，不足用也。摹法以中，衆之所共平聲也。」班固西都賦「行止朝夕，儲不改供。禮上下而接山川，究休佑之所用。」

底音脂。細礪爲底，致至爲底。蕭望之傳「底厲鋒鍔」，枚乘傳「磨礱底厲」，鄒陽傳「底節修德」，梅福傳「爵禄天下之底石」。師古曰：「音紙，又音脂。」

本證小旻「謀之不臧，則具是依。我視謀猶，伊于胡底。」

集音雥。愚按：韓詩集作就，因以猶爲去聲。今以河上歌證之，猶自如字，「發言盈庭」下又轉韻。集，一音雜，見後。

本證小旻「我龜既厭，不我告猶。謀夫孔多，是用不集。」

旁證吴越春秋河上歌「同病相憐，同憂相捄平聲。驚翔之鳥，相隨而集。瀨下之水，因復俱流。」

謀音迷，已見前。舊以此謀音謨，以叶膴。愚按：上否既叶止，「民雖靡膴」三句一韻，下二句一韻，艾與敗叶，順之至也；若音謨，氣脉似斷矣。

本證小旻「國雖靡止，或聖或否音鄙。民雖靡膴，或哲或謀，或肅或艾音義。如彼流泉，無淪胥以敗音備。」

富音係。合瞻卬、閟宫，讀之似順。舊音逼：「翟公署門，一貧一富，乃知交態。」態音替。

本證小宛「人之齊聖，飲酒温去聲，讀如藴藉之藴。克音器。彼昏不知，壹醉日富。」瞻卬「天何以刺？何神不富？舍爾介狄，維予胥忌。」閟宫「俾爾昌而熾，俾爾壽而富。黄髮台背，壽胥與試。」

旁證易小畜四五「有孚惕出，上合志也。有孚攣如，不獨富也。」又无妄初四「无妄之往，得志也。不耕獲，未富也。」成相篇「治之志，後勢富，君子誠之好以待音地。」瑯琊刻石「上農除末，黔首是富。普天之下，搏心揖志。」馬融笛賦「繁會叢雜，何其富也；紛葩爛漫，誠可喜也。」易林遯之涣「雲夢苑囿，萬物蕃熾。犀象玳瑁，荆人以富。」漢涼州歌「游子常苦貧，力子天所富。寧見乳虎穴，不入冀府寺。」

負說文：「恃也，從人守貝，有所恃也。」或音恃，亦音乎。恃，古多讀上聲，曹植雜詩：「時俗薄朱顔，誰爲發皓齒？俛仰歲將莫，榮耀難久恃。」今讀負爲恃，以與小宛、生民韻，似妥。古人所謂因義得聲也，然無可引證。

本證小宛「中原有菽，庶民采之。螟蛉有子，蜾蠃負之。教誨爾子，式穀似之。」生民「恒之糜芑，是任是負，以歸肇祀音以。」

似音以。說文：「從人，以聲。」易：「箕子以之。」鄭氏、荀氏皆作似。「於穆不已」，正義譜作「不似」。

本證小宛詩見上。裳裳者華「右之右之，君子有之。維其有之，是以似之。」江漢「無曰予小子，召公是似。肇敏戎公，用錫爾祉。」

旁證賈誼旱雲賦「運清濁之澒洞兮，正重沓而並起。嵬隆崇以崔巍兮，時彷彿而有似。」東方朔七諫「同音者相和兮，同類者相似。飛鳥號其羣兮，鹿鳴求其友。」孔明梁甫吟「步出齊城門，遥望蕩陰里。里中有三墳，纍纍正相似。」束晳補亡詩「養隆敬薄，惟禽之似。勗增爾虔，以介丕祉。」謝靈運會吟行「滮池溉粳稻，輕雲曖松杞。兩京愧佳麗，三都豈能似？」

梓音滓。説文：「梓，從木，〔四〕宰省聲。」宰音滓，見後。

本證小弁「維桑與梓，必恭敬止。靡瞻匪父，靡依匪母。」

旁證張衡南都賦「永世克孝，懷桑梓焉；真人南巡，覩舊里焉。」潘岳贈陸機「祁祁大邦，惟桑惟梓。穆穆伊人，南國之紀。」又贈吴子仲「吴侯降高質，剖符授千里。垂覆豈他鄉，廻光臨桑梓。」謝靈運會吟行「東方就旅逸，梁鴻去桑梓。牽綴書土風，辭殫意未已。」

在音止。

本證小弁「不屬于毛，不離于裏。天之生我，我辰安在？」

旁證離騷「吾令豐隆乘雲兮，求宓妃之所在。解佩纕以結言兮，吾令蹇修以爲理。」東方朔七諫「聞南藩樂而欲往兮，至會稽而且止。見韓衆而宿之兮，問天道之所在。」易林乾之剥「周匝萬里，不危不殆。見其所使，無所不在。」魏郭輔碑「葉葉昆嗣，福禄茂止。克昌厥後，身去烈在。」陸機贈弟詩「自往迄兹，曠年八祀音以。悠悠我思，非爾焉在？」

嘒音意。舊音會，則韻不諧。

本證小弁「菀彼柳斯，鳴蜩嘒嘒。有漼者淵，萑葦淠淠。」采菽「其旂淠淠，鸞聲嘒嘒。」

旁證曹植蟬賦「詩嘆鳴蜩，聲嘒嘒兮，盛陽則生，太陰逝兮。」

威音畏。康誥：「天畏棐忱。」古文尚書畏作威，蓋威、畏通音。將仲子以畏讀威；巧言以威讀畏，曰：「昊天已威，予慎無罪。」

盟音芒，從明得聲。明，古悉讀芒。

本證巧言「君子屢盟，亂是用長。」

旁證史記序傳「殺鮮放度，周公爲盟；太任十子，周以宗彊。」

樹音暑。凡韻書皆有此音。

本證巧言「荏染柔木，君子樹之。往來行言，心焉數之。」行葦「四鍭如樹，序賓以不侮。」

旁證郭璞山海經贊「有華無實，萺音蒙容之樹。邊谿類狗，皮厭妖蠱。」

厚音甫。太玄親首：「厚不厚，比人將走。」「走」古音祖，故與「厚」韻。

本證巧言「蛇蛇碩言，出自口矣。巧言如簧，顔之厚矣。」巧，去聲。舊說：善功曰巧，上聲，禮記「辭欲巧」是也；僞功曰巧，去聲，論語「巧言令色」是也。愚按：左思魏都賦

「遐邇説豫而子來，工徒擬議而騁巧。闡鉤繩之筌緒，承二分之正要。」則善功亦去聲也。卷阿「爾土宇昄章，亦孔之厚矣。」

旁證漢遠夷慕德歌「聖德深恩，與人富厚。冬多霜雪，夏多和雨。」枚乘七發「飲食則温淳甘膬，腥醲肥厚；衣裳則雜遝曼暖，燂爍熱暑。」繁欽征天山賦「清我東南，渾齊邊寓。力淺效深，費薄功厚。」華陽國志贊「子淵艶麗，蔚若華圃。子山翰藻，遺篇有厚。」

階音基。釋名：「階，梯也，如梯有等級也。」

本證巧言「彼何人斯，居河之麋。無拳無勇，職爲亂階。」瞻卬「懿厥哲婦，爲梟爲鴟。婦有長舌，維厲之階。」

旁證古詩「西北有高樓，上與浮雲齊。交疏結綺牕，阿閣三重階。」班固西都賦「雖輕迅與僄狡，猶愕眙而不能階。攀井幹而未半，目眴轉而意迷。」蔡邕青衣賦「河上逍遥，徙倚庭階。南瞻井柳，仰察斗機。」陸雲答兄「矯矯乘馬，載驅載馳。漫漫長路，或降或階。」應瑒詩「良遇不可值，伸眉路何階。公子敬愛客，樂飲不知疲。」

禍音虎。

本證何人斯「二人從行，誰爲此禍？胡逝我梁，不入唁我？」

旁證班固幽通賦「安慆慆而不葩兮，卒隕身乎世禍。遊聖門而靡救兮，雖覆醢其何補？」馮衍顯志賦「昔三后之純粹兮，每季世而窮禍；弔夏桀於南巢兮，哭殷紂於牧野。」胡廣侍中賦「籍閎飾顔，穢我神武；鄧通擅鑄，不終厥後。中書竊命，石弘作禍。」陸機漢高功臣頌「保大全祚，非德孰可？謀之不臧，舍福收禍。」

舍音舒。説文：「郚，舍聲。」又曰：「余，語之舒也，舍省聲。」公羊傳書「君舍」，左氏、穀梁傳皆作荼，音舒。魏了翁曰：「六經凡舍皆音署，平讀則音舒耳。」

本證何人斯「爾之安行，亦不遑舍。爾之亟行，遑脂爾車。」

旁證易林比之同人「日走月步，趨不同舍。夫妻反目，主君失居。」

易舊音怡。焦弱侯曰：「韓詩作『我心施也』，與知、祇叶。」韓又注云：「施，善也。」

翩音彬。

本證巷伯「緝緝翩翩，謀欲譖人。」

旁證陸機天暮賦「庭樹兮華落，莫草兮根陳。松柏兮鬱鬱，飛鳥兮翩翩。」

幡音掀。

本證巷伯「捷捷幡幡，謀欲譖言音延。豈不爾受，既其女遷。」

旁證孫綽天台賦「泯色空以合跡，忽即有而得玄。釋二名之同出，消一無於三幡。」

怨似宜音威，與嵬、萎爲韻。然考獻玉歌以怨與汶、分叶；蔡邕逐貧賦引「忘我大德，思我小怨」，以怨與焉、仙叶；陳琳悼龜賦以怨與云叶：皆平聲也。諸如此類尚多，讀者或宜以韻爲主乎。

本證谷風「習習谷風，維山崔嵬。無草不死，無木不萎平聲。忘我大德，思我小怨。」

視音始。

本證大東「周道如砥，其直如矢。君子所履，小人所視。」

旁證易林臨之困「履危不止，與鬼相視。驚恐失氣，如騎虎尾。」東京賦「度堂以筵，度室以几。京邑翼翼，四方所視。」吴都賦「擁之者龍騰，據之者虎視。麾城若振槁，搴旗若顧指。」

東音當。丁東，佩聲，亦作丁當。詩如「三五在東」「匪車不東」「沫之東矣」，皆如今讀。東與空韻，固叶，然當古音也，存之。

本證大東「大東小東，杼軸其空音匡。糾糾葛屨，可以履霜。」

旁證司馬相如大人賦「互折窈窕以右轉兮，横厲飛泉以正東。悉徵靈圉而選之兮，部署衆神於摇光。」楊泉蠶賦「粤召僕夫，築室于旁。于旁伊何，在庭之東此當音。」徐幹室思詩「衣食無有期，中心摧且傷。不聊憂餐食，嗛嗛常飢空此匡音。」

契音挈。大東「契契寤嘆」，與邶風「死生契闊」，皆此讀。老子：「有德司契，無德司轍。」易繫辭：「上古結繩而治，後世聖人易之以書契。百官以治，萬民以察（音切）。」衛恒字勢：「黄帝之史，沮誦、蒼頡，眺彼鳥跡，始作書契。」漢書「爰契我龜」作「爰挈」。

試音西。

本證大東「舟人之子，熊羆是裘音箕。私人之子，百僚是試。」

旁證易无妄四五「可貞無咎，固有之也。无妄之藥，不可試也。」

夏音虎。史記索隱：「音户。」

本證四月「四月維夏，六月徂暑。」

旁證穆天子傳「予還東土，和理諸夏。萬民均平，吾顧見女。」揚雄城門校尉箴「昔在上世，有殷有夏。癸辛不德，而設夫險阻。」吴鼓吹曲「攄武師，斬黄祖。攘夷凶族，革平西夏。炎炎火烈震天下。」陸雲盛德頌「於鑠王師，遵時匪怒。爰赫乘釁，席卷三夏。」韓愈元和聖德詩「維是元年，有盜在夏。欲覆其州，以踵近武。」

濁音獨。白虎通：「瀆者，濁也。」孺子歌：「滄浪之水濁兮，可以濯我足。」

本證四月「相彼泉水，載清載濁。我日搆禍，曷云能穀？」

旁證古樂府「獨漉獨漉，水深泥濁。」潁川歌「潁水清，灌氏寧；潁水濁，灌氏族。」酈炎見志詩「賢愚豈常類，稟性在清濁。富貴有人籍，貧賤無天録。」劉向九嘆「撥諂諛而匡邪兮，切淟涊之流俗。蕩渨涹之姦咎兮，夷蠢蠢之溷濁。」張協雜詩「秋夜涼風起，清氣蕩暄濁。蜻蛚吟階下，飛蛾拂明燭。」陳張君祖詠懷「風來詠愈清，鱗萃淵不濁。斯乃玄中子，所以矯逸足。」

賢音形。劉向校列子録云：「字多錯誤，以賢爲形，蓋音同故錯。」太玄：「懷利滿匈，營私門也。小盛臣臣，事仁賢也。」

本證北山「率土之濱，莫非王臣。大夫不均，我從事獨賢。」行葦「舍矢既均，序賓以賢。」

旁證三略「羣吏朋黨，各進所親；招舉姦枉，抑挫仁賢。」荀卿成相篇「曷謂賢？明君臣，上能尊主下愛民。」又「堯讓賢，以爲民，氾利兼愛德施均。」班固幽通賦「天造草昧，立性命平聲兮；復心弘道，惟聖賢兮。」漢書敘傳「平津斤斤，晚躋金門，既登爵位，禄賜頤賢。」曹大家東征賦「惟經典之所美兮，貴道德與仁賢。吴札稱多君子兮，其言信而有徵。」

痻當作痻，音民。

本證無將大車「無將大車，祇自塵兮。無思百憂，祇自疷兮。」

戚音促。釋名：「戚，蹙也。」考工記：「不微至，無以爲戚速也。」戚音促，左氏傳作感，戚、蹙古通用。太玄：「孚其肉，其志資戚。」亦此音。

本證小明「歲聿云莫，采蕭穫菽。心之憂矣，自貽伊戚。」

旁證班固幽通賦「雍造怨而先賞兮，丁繇惠而被戮。栗取弔于逌吉兮，王膺慶於所感。」

僣音侵。愚按：說文：「從人，朁聲。」「朁，從曰，兓聲。」「兓，鋭意也，從二兓。」「首笄也，象簪形。」此其互相解義，似讀平聲，於離騷可證也。憯亦「從心，朁聲」，後世則讀僣爲薦，讀憯爲慘矣。又說文「朁，從竝，白聲」，亦作「替」後世讀剃；又作朁，讀鐵。此古今之殊也。

本證鼓鐘「鼓瑟鼓琴，笙磬同音。以雅以南，以籥不僣。」抑「覆謂我僣，民各有心。」

旁證離騷「長太息以掩涕兮，哀民生之多艱；余雖好修姱以鞿羈兮，謇朝誶而夕替。」

雅音伍。樂記：「始奏以文，復亂以武。治亂以相，訊疾以雅。」皆此音。

旁證仲長統述志詩「寄愁天上，埋憂地下。叛散五經，滅棄風雅。」張衡撰鮑德誄「舍厥往著，去風即雅。濟濟京河，實爲西魯。」華陽國志贊「叔文播教，變風爲雅。道洽化遷，我實西魯。」

祀音乙。亦音以，見後。

本證楚茨「我倉既盈，我庾維億。以爲酒食，以饗以祀。」又「苾芬孝祀，神嗜飲食。」大田「以享以祀，以介景福。」

旁證易困九二「困于酒食，朱紱方來音力，利用享祀。」易林巽之蹇「礉磽白石，不生黍稷。無以供祭，鬼神乏祀。」

慶音羌。蕭該漢書音義曰：「慶音羌。」今漢書亦有作羌者。詩與易凡慶皆當讀如羌。古亦音卿，故慶雲讀卿雲。班固白雉詩：「彰皇德兮侔周成，永延長兮膺天慶。」卿亦可讀羌，故楚辭大招：「諸侯畢極，立九卿只。昭質既設，大侯張只。」

本證楚茨「神保是饗，孝孫有慶。報以介福，萬壽無疆。」甫田「我田既臧，農夫之慶。」裳裳者華「維其有章矣，是以有慶矣。」閟宮「萬舞洋洋，孝孫有慶。」

旁證易坤象「西南得朋，乃與類行；東北喪朋，乃終有慶。」又文言「積善之家，必有餘慶；積不善之家，必有餘殃。」士冠禮辭「黄耉無疆，受天之慶。」急就章「所不侵，龍未央。尹嬰齊，翟回慶。」易林未濟之大有「初雖驚惶，後乃無傷，受其福慶。」太玄盛首「天錫之光，大開之疆，于謙有慶。」

炙音灼。

本證楚茨「執爨踖踖音鵲，爲俎孔碩音芍。或燔或炙，君婦莫莫。」瓠葉「有兔斯首，燔之炙之。君子有酒，酌言酢之。」行葦「醓醢以薦，或燔或炙。」

旁證禮運「以亨以炙，以爲醴酪；治其絲麻，以爲布帛音薄。」又「醴醆以獻，薦其燔炙。君與夫人交獻，以嘉魂魄音薄，是謂合莫。」

庶音鵲。

本證楚茨「爲豆孔庶，爲賓爲客。」

旁證石鼓詩「黄白其鯿，有鮒有白音薄，其朔音豆孔庶。」又「四馬其寫，六轡沃若。徒騈孔庶，廓騎宣博。」

格音閣。説文：「從木，各聲。」古鐘鼎篆字皆作各。漢義縱傳「廢格沮事」，吾丘壽王傳「善格五」，韓非子「嚴家無格虜」，皆此音。斯干「約之閣閣」，周禮注作「約之格格」，是其證也。

本證楚茨「獻酬交錯，禮儀卒度，笑語卒獲，神保是格。」抑「神之格思，不可度思。」

旁證易林兑之隨「任刀墮身，如蜎見鵲。偃視怒腸，不敢拒格。」漢崔寔諫議箴「煦煦胥讒，人謗乃作。不顧厥愆，是討是格。」左思吴都賦「刦剞熊羆之室，剽掠虎豹之落。猩猩啼而就擒，䗈䗈音費笑而被格。」

孫音申。荀卿書注云：「漢宣帝名詢，劉向編録，故以荀爲孫。」

本證楚茨「我孔熯矣，式禮莫愆。工祝致告，徂賚孝孫。」

旁證趙壹窮鳥賦「天乎祚賢，歸賢永年音寧。且公且侯，子子孫孫。」易林乾之旅「藾栗犧牲，敬享鬼神。神嗜飲食，受福多孫。」漢書敘傳「嫪嫪公主，廼女烏孫，使命廼通，條支之瀕。」

愆音傾。

本證楚茨詩見上。

旁證韓愈祭兄文「趨奔束制，生死虧恩說文「從心，因聲」。歸女教男，反骨本原音營；其不有年，以補我愆。」

備音畢。周禮：「凡樂成則告備。」成，謂所奏一竟也。燕禮：「大師告于樂正曰：『正樂備。』」是備有畢音也。

本證楚茨「禮儀既備，鐘鼓既戒音急。孝孫徂位，工祝致告。」旱麓「清酒既載，騂牡既備。以享以祝，以介景福。」

旁證士冠禮字辭「禮儀既備，令月吉日。」太玄摛「一判一合，天地備矣。天日迴行，剛柔接矣。」

告音骼。

本證楚茨詩見上。抑「訏謨定命，遠猶辰告。敬慎威儀，維民之則。」

旁證易林萃之噬嗑「六爻既立，神明所告。文定吉祥，康叔受福。」史記敘傳「收殷餘民，叔封始邑，〔五〕申以商亂，酒材是告。」漢郎中鄭固碑「帝用嘉之，顯拜殊特。俯哭誰訴，仰號天告。」

奏音族。古奏、族通音。漢書云：「太簇，族奏也，言陽氣大奏地而達物也。」白虎通：「族者，湊也，恩愛相流湊也。」又漢嚴安傳：「調五聲，使有節族。」

本證楚茨「樂具入奏，以綏後禄。」

旁證西晉張協七命「析龍眼之房，剖椰子之殼。芳旨萬選，承意代奏。」

盡上聲。曲禮：「虛坐盡後，食坐盡前。」動靜字音云：「極，謂之盡，去聲；既極曰盡，上聲。」左傳「周禮盡在魯」，「晉獻公曰：『必盡敵』」，皆此音。俗作儘。

本證楚茨「孔惠孔時，維其盡之。子子孫孫，勿替引之。」

旁證潘岳寡婦賦「氣憤薄而乘胸兮，涕交横而流枕。亡魂逝而永遠兮，時歲忽其遒盡。」又悼亡詩「爾祭詎幾時，朔望忽復盡。衾裳一毀撤，千載不復引。」殷仲文九井詩「獨有清秋日，能使高興盡。景氣多明遠，風物自淒緊。」

徹音赤。

本證十月之交「天命不徹，我不敢傚，我友自逸。」
旁證陸雲九愍「君在初之嘉惠，每成言而永日。怨谷風之攸歎，彌九齡而未徹。」

甸音陳。周官「掌令丘乘田之政令」，注云：「四丘爲甸，讀與『維禹敶』之敶同。」韓詩：「維禹敶之。」
本證信南山「信彼南山，維禹甸之。畇畇原隰，曾孫田之。」
旁證劉劭瑞龍賦「有蜿之龍，來游郊甸。應節合義，象德效仁。」

祜音古。徐鉉曰：「此漢安帝名也，福也，當從示，古聲。」
本證信南山「是剝是菹，獻之皇祖。曾孫壽考，受天之祜。」桑扈「交交桑扈，有鶯其羽。君子樂胥，受天之祜。」皇矣「以篤周祜，以對于天下。」下武「昭茲來許，繩其祖武。於萬斯年，受天之祜。」泮水「允文允武，昭假烈祖。靡有不孝，自求伊祜。」烈祖「嗟嗟烈祖，有秩斯祜。」
旁證周祭天辭「各得其所，靡今靡古。維予一人，敬拜皇天之祜。」士冠辭「乃申爾服，禮儀有序上聲。祭此嘉爵，承天之祜。」王粲太廟頌「昭大孝，衎妣祖。念武功，收純祜。」陸機答賈謐「赫矣隆晉，奄宅率土。對揚天人，有秩斯祜。」

秄音只，轉音平聲。陶潛歸去來詞：「懷良辰以孤往，或植杖而耘秄。登東皋以舒嘯，臨清流而賦詩。」再轉則音子。

本證甫田「今適南畝，或耘或耔。黍稷薿薿，攸介攸止。」

旁證張衡東京賦「供神郊之粢盛，必致思乎勤己。兆民勸於疆埸，咸懋力以耘耔。」

敏音米。

本證甫田「禾易長畝，終善且有音以。曾孫不怒，農夫克敏。」

旁證漢書敘傳「宣之四子，淮陽聰敏。舅氏籧篨，幾陷大理。」魏郭輔碑「篤生七子，鍾天之祉。堂堂四俊，碩大婉敏。」何晏景福殿賦「克明克哲，克聰克敏。永錫難老，兆民賴止。」嵇康琴賦「於是器泠弦調，心閑手敏。觸擪音撇如志，惟意所擬。」

覃爾雅注引大田「以我覃耜」作剡耜，覃、剡音義同。

白音博。

本證裳裳者華「裳裳者華，或黄或白。我覯之子，乘其四駱。乘其四駱，六轡沃若。」

旁證東方朔七諫「愉近習而蔽遠兮，孰知察其黑白？卒不得效其心容兮，安眇眇而無所歸薄。」王褒僮約「夜半無事，浣衣當白。若有私斂，主給賓客。」易林解之剥「申酉退跌，陰慝前作。柯條花枝，復泥不白。」王逸九思「含憂强老兮愁無樂。鬚髮蔓頩兮顥鬢白。思靈澤兮一膏沐，〔六〕懷蘭英兮把瓊若。」郭璞遊仙詩「晦朔如循環，月盈已見魄。蓐收清西陸，朱羲將由白。」

左七何反。按：左古讀佐，書「左右厥辟，宅師」，易「以左右民」，是也。徐鉉曰：「今俗别作佐。」佐又有「鄌」音，如太玄：「晬惡無善終，不可佐也。晬終之貞，誠可嘉也。」嘉讀歌。今左與宜韻，平聲無疑。或謂：竹竿「泉源在左」與「佩玉之儺」爲韻，舊叶儺爲上，何也？曰：此其解在説文。説文引「佩玉之儺」，謂「從人，難聲」，故「不戢不難，受福不那」與「猗儺其枝」古聲皆平，非關叶也。

本證裳裳者華「左之左之，君子宜之。」宜音俄。

屏音丙。

本證桑扈「交交桑扈，有鶯其領。君子樂胥，萬邦之屏。」

旁證潘尼答傅咸「忽荷略紐，握綱提領；矯矯貞臣，惟國之屏。」

翰音玄，與韓異。陸機弔魏武：「迨營魂之未離，假餘息乎音翰。執姬女以嚬瘁，指季豹而濯焉。」

是晉猶此音也。

本證桑扈「之屏之翰，百辟爲憲音軒。」

旁證張衡四愁詩「我所思兮在太山音先，欲往從之梁父艱，側身東望涕霑翰。」

秣音迷，去聲。吴才老云：「今聲濁，叶隊；古聲清，叶志。」鴛鴦詩：「乘馬在廄，摧之秣之。君子萬年，福禄艾之。」艾音乂。

柏音博。後轉爲必音。潘岳悼亡詩：「山氣冒岡嶺，長風鼓松柏。堂虚聞鳥聲，室暗如日夕。」再轉則今音矣。

本證頍弁「蔦與女蘿，施于松柏。未見君子，憂心奕奕。既見君子，庶幾説懌。」閟宫「徂來之松，新甫之柏。」

旁證九歌山鬼「山中人兮芳杜若，飲石泉兮蔭松柏，君思我兮然疑作。」易林蹇之訟「土瘠瘦薄，培塿無柏，使我不樂。」何劭遊仙詩「青青陵上松，亭亭高山柏。光色冬夏茂，根柢無彫落。」郭璞遊仙詩「寒露拂陵苕，女蘿辭松柏。蕣榮不終朝，蜉蝣豈見夕？」

奕音約。大也，盛也。爾雅：「奕奕，憂也。」下皆從大，然爾雅疏「奕奕梁山」作弈弈，下從廾音拱，豈古通用邪？今别爲博弈之弈。

本證頍弁詩見上。閟宫「新廟奕奕，奚斯所作。」

旁證陸機七徵「敷延袤之廣廡，矯陵霄之高閣。秀清輝兮雲表，騰藻蔭之奕奕。」班固奕旨「北方之人，謂棋爲弈。弘而説之，舉其大略。」

懌音弱。懌、繹同音。説苑「辭之懌矣」，懌作斁。

本證頍弁詩見上。板「辭之懌矣，民之莫矣。」那「庸鼓有斁，萬舞有奕。我有嘉客，亦不夷懌。」

旁證孫楚榮啓期贊「榮心温雅，既夷既懌。濁以徐清，寂然淡泊。」

怲音方。愚按：説文：「仿，相似也。從人，方聲。」又作俩，云：「籀文方從丙。」是方、丙古通音也。周禮枋亦音柄，非其證乎？今讀方與松上、有臧正叶，上，平聲，已見上矣。舊以上爲如字，以怲音棒，以臧音臟，似未考之説文也。

本證頍弁「蔦與女蘿，施于松上平聲。未見君子，憂心怲怲。既見君子，庶幾有臧。」

仰音昂。古卬、仰通音，故「卬須我友」「顒顒卬卬」讀昂，「瞻卬昊天」讀魚兩反，車舝仰讀昂，在按上下文爲音耳。説文作「高山卬止」，音亦同。

本證車舝「高山仰止，景行行止。」

旁證鄭司農周禮注「祭祀之容，穆穆皇皇。賓客之容，嚴恪矜莊。朝廷之容，濟濟蹌蹌。喪紀之容，涕涕翔翔。軍旅之容，闞闞仰仰。車馬之容，顛顛堂堂。」

抗音岡。抗、伉古皆亢聲。周禮：「凡賓客之事則抗皮。」鄭司農讀亢。論語有「陳亢」。揚雄趙充國頌：「營平守節，屢奏封章。料敵制勝，威謀靡亢。」

本證賓之初筵「大侯既抗，弓矢斯張。」

旁證蔡邕釋誨「九河盈溢，非一閘所防；帶甲百萬，非一勇所抗。」李尤屏風銘「雍閼風邪，霧露是抗。奉上蔽下，不失其常。」

的音灼。史記注：「的，以丹注面。婦人有月事，妨于進御，難於自言，故點的以見。讀作灼。」是的有灼音。王微神女賦：「施玄的，正羽釵。」

本證賓之初筵「發彼有的，以祈爾爵。」

旁證潘岳芙蓉賦「丹耀拂紅，飛須垂的。斐披艴赫，散焕熠爚。」

能音泥，後轉爲耐，平聲。潘尼贈王元貺：「游鱗萃靈沼，撫翼希天階。膏蘭孰爲消，濟治由賢能。」

本證賓之初筵「其湛曰樂，各奏爾能。」

旁證九章思美人「登高吾不説兮，入下吾不能。固朕形之不服兮，然容與而狐疑。」淮南子「藏于不敢，行于不能，恬然無慮，動不失時。」陸機挽歌「殉没身易亡，救子非所能。含言言哽咽，揮涕涕流離。」

反音番。禮記：「禮有報而樂有反。」漢雋不疑傳：「平反所活幾何？」韓詩作「威儀昄昄」，音板。釋文：「善貌。」

本證賓之初筵「其未醉止，威儀反反。曰既醉止，威儀幡幡。」

旁證摯仲治觀魚賦「魚未驚而失行，忽浪達于急湍；諒形勝之得勢，實有往而無反。」

郵音移，過也。古尤、郵音義同。禮記：「郵罰麗於事。」漢成帝詔：「以顯朕郵。」列子：「魯之君子，迷之郵者。」

本證賓之初筵「亂我籩豆，屢舞僛僛。是曰既醉，不知其郵。」

旁證孔子誦「韠之麛裘音具，投之無郵。」

出音赤。左傳秦康公「我之自出」，讀此音。

本證賓之初筵「既醉而出，並受其福；醉而不出，是謂伐德。」

旁證宋玉高唐賦「久而不去，足盡汗出。悠悠忽忽，怊悵自失。」易林坤之否「六龍爭極，服在不飾。謹慎管鑰，結禁無出。」馬融圍碁賦「營或窘乏兮，無令詐出，深念遠慮兮，勝乃可必。」班固東都賦「嘉車攻，采吉日，禮官整儀，乘輿乃出。」江淹雜詩「信陵佩魏印，秦兵不敢出。慨無幄中策，徒慙素絲質。」

史音始。古似與紙韻。

本證賓之初筵「凡此飲酒，或醉或否。既立之監，或佐之史。」

旁證漢謡「行行且止，避驄馬御史。」潘岳西征賦「長卿、淵、雲之文，子長、政、駿之史。趙、張、三王之尹京，定國、釋之之聽理。」王康琚反招隱「小隱隱陵藪，大隱隱朝市上聲。伯夷竄首陽，老聃伏柱史。」

怠音以。愚按：説文：「從心，台聲。」「台，從口，以聲。」古音所以易簡也。「台」亦讀怡。書：「非台小子，敢行稱亂。」故怠亦有怡音。雜卦傳：「萃聚而升不來也，謙輕而豫怠也。」來讀釐。范蠡曰：「得時無怠，時不再來。」莊子：「東海有鳥焉，其名曰意怠。」皆此讀。蓋上則音以，平則音怡。去今音稍遠矣。

本證賓之初筵「彼醉不臧，不醉反恥。式勿從謂，無俾大怠。」

旁證左傳讒鼎銘「昧旦丕顯，後世猶怠。況日不悛，其能久音几乎。」

地音沱。愚按：詩稱天凡一百一十有四，其稱「天子」尚多，皆音汀矣。獨鮮稱地，在斯干者韻裼，與今音同。再考説文：「地，萬物所陳列也。從土，也聲。」也古通沱，故池、馳、虵、沲皆讀沱，疑地亦此音。及讀屈原橘頌「閉心自慎，終不失過兮。秉德無私，參天地兮」，過讀平聲，與沱正叶。又，揚雄羽獵賦：「鳥不及飛，獸不得過。軍驚師駭，刮野掃地。」與橘頌一例。吴才老收地入箇韻，讀爲墮，則過可如字讀也。沱、墮亦平、去間耳，因並存之以備考。

本證正月「謂地蓋厚，不敢不蹐。」

幅音逼，行縢也。左傳：「帶裳幅舄。」内則：「偪屨著綦。」鄭注：「偪，束其脛，自足至膝。」蓋以幅帛邪纏於足，所以自偪束也。

本證采菽「赤芾在股，邪幅在下音虎。」

平音駢。韓詩作「便便」。尚書「平章百姓」「平秩東作」「平在朔易」，史記皆作便，蓋以音取之。又「無黨無偏，王道平平」，皆此讀。左傳作「便蕃左右，亦是帥從」。

本證采菽「平平左右，亦是率從。」

讓平聲。禮記「左右攘避」，注云：「攘，古讓字。」

本證角弓「受爵不讓，至于已斯亡。」

旁證弟子職「對客無讓，應旦遂行。」大戴禮投壺篇「弓既平張，四侯且良。決拾有常，既順乃讓。」大招「執弓挾矢，揖辭讓只。魂乎倈歸，尚三王只。」漢小黄門譙敏碑「屈道從政，令名顯揚。臣多醜直，是用遜讓。」華陽國志贊「司徒繼踵，僶俛權横音黄。猶操道柄，董李是讓。」

取音楚。舊音「娶」，故以後爲去聲。然後詩悉讀虎，此音楚爲順。若讀取爲此苟反，則讀後、厚爲很口反，可也。

本證角弓「老馬反爲駒，不顧其後。如食宜饇，如酌孔取。」

旁證天問：「湯謀易衆，何以厚音虎之？覆舟斟尋，何道取之？」

屬音注。考工記：「函人爲甲，犀甲七屬。」鄭玄云：「屬，讀如灌注之注。」

本證角弓「毋教猱升木，如塗塗附。君子有徽猷，小人與屬。」

旁證離騷「前望舒使先驅兮，後飛廉使奔屬。鸞凰爲余先戒兮，雷師告余以未具。」

瘵音祭。說文：「從疒，祭聲。」疒，女戹切。「上帝甚蹈」，戰國策作「甚神」。

本證菀柳「有菀者柳，不尚愒焉。上帝甚蹈，無自瘵焉。」瞻卬「邦靡有定，士民其瘵。蟊賊蟊疾，靡有夷屆音記。」

旁證木華海賦：「天綱浡潏，爲凋爲瘵。洪濤瀾汗，萬里無際。」

臻音秦。說文以秦得聲。

本證菀柳「有鳥高飛，亦傅于天。彼人之心，于何其臻。」

旁證陸雲宴讌詩「陵風協紀，絶輝照淵音因。肅雍往播，福禄來臻。」

髮音方結反。今叶轄韻，古通屑韻。

本證都人士「彼都人士，臺笠緇撮音絶。彼君子女，綢直如髮。」

旁證古兩頭纖纖詩「兩頭纖纖青玉玦，半白半黑頭上髮。腷腷膊膊春冰裂，磊磊落落桃初結。」韋孟諷諫詩「睮睮諂夫，諤諤黄髮，如何我王，曾不是察音切。」古詩「置書懷袖中，三年字不滅。一心抱區區，懼君不識察。」陸機贈弟「義存並濟，胡樂之說。願爾偕老，攜手黄髮。」晉傅玄怨歌行「昭昭朝時日，皎皎晨明月。十五入君門，一别終華髮。」張協雜詩「昔我資章甫，聊以適諸越。行行入幽荒，甌駱從祝髮。」謝靈運遊赤石詩「周覽倦瀛壖，况乃淩窮髮。川后時安流，天吴静不發。」鮑昭詩「西出登雀臺，東下望雲闕。層閣肅天居，馳道直如髮。」

儋音儋。愚按：説文「儋何」之儋、「瞻耳」之瞻，皆云詹聲，是詹有儋音也。今檐、簷、甔、甖猶有此讀，舊以爲叶，過矣。

本證采緑「終朝采藍，不盈一襜。五日爲期，六日不詹。」

牛音疑。左傳韓厥引人言曰：「殺老牛，莫之敢尸。」牛、尸爲韻。莊子：「泰氏其卧徐徐，其覺于于，一以己爲馬，一以己爲牛。」亦此音。易林「盗我資財，亡失犂牛」相韻。財古音齊，南風之歌所以叶時也。又按：牛古讀疑，疑又讀牛。周書逸詩：「馬之剛矣，轡之柔矣；馬亦不剛，轡亦不柔。志氣麃麃，取與不疑。」鵩鳥賦：「德人無累，知命不憂。細故蒂芥，何足以疑？」

本證黍苗「我任我輦，我車我牛。我行既集，蓋云歸哉音躋。」

旁證九章惜往日「吕望屠於朝歌兮，甯戚歌而飯牛。不逢湯武與桓繆兮，世孰云而知之。」天問「恒秉季德，焉得夫朴牛？何往營班禄，不但還來音釐？」

愛音緯。與謂韻，易與離騷音正同。

本證隰桑「心乎愛矣，遐不謂矣。中心藏之，何日忘之？」

旁證易家人五上「王假有家，交相愛也。威如之吉，反身之謂也。」九章懷沙「世溷不吾知，心不可謂兮。知死不可讓兮，願勿愛兮。明以告君子兮，吾將以爲類兮。」袁宏名臣贊「滄海横流，玉石同碎。達人兼善，廢己存愛。」謝瞻答靈運「尋塗塗既暌，即理理已對。絲路有恒悲，矧乃在吾愛。」

遐表記引作瑕，注「瑕之言胡也」，古音胡。太玄：「缺船拔車，其害不遐。」後轉爲何音，兩讀皆通，姑引魏晉之音以證。

本證隰桑詩見上。

旁證嵇康贈秀才入軍「怨彼幽縶，邈邇路遐。雖有好音，誰與清歌？」陸機從軍行「苦哉遠征人，飄飄窮四遐。南陟五嶺巔，北戍長城阿。」

茅音侔。

本證白華「英英白雲，露彼菅茅。天步艱難，之子不猶。」

旁證離騷「時繽紛以變易兮，又何可以淹留？蘭芷變而不芳兮，荃蕙化而爲茅。」邯鄲淳曹娥碑「何者大國，防禮自脩。豈況庶賤，露屋草茅。」左思吳都賦「綸組紫絳，食葛香茅，石帆水松，東風扶留。」

燔音玄。

本證瓠葉「有兔斯首，炮之燔之。君子有酒，酌言獻之。」

旁證左思魏都賦「琴高沈水而不濡，時乘赤鯉而周旋。師門使火以驗術，故將去而林燔。」

獻音軒，進也。

本證瓠葉詩見上。

旁證班固酈商銘「横恥愧影，刎頸自獻。金紫褒表，萬世不刊音牽。」劉歆烈女頌「驪姬繼母，惑亂晉獻。謀譖太子，毒酒爲權。」

卒音萃。説文解悴云「從心，卒聲」，讀若易萃卦之萃。周禮「諸子掌國子之倅」，註「故書倅爲卒」，鄭司農云：「卒，讀如『物有副倅』之倅。」此其説至明，且今淬、焠、啐、崪皆讀萃，又何疑古音也？

本證漸漸之石「漸漸之石，維其卒矣。漸漸，山石高峻貌。亦作嶃，讀若巉。山川悠遠，曷其没矣。」没音昧。左傳「何没没也，將焉用賄？」注：讀昧。

旁證魏文帝曹蒼舒誄「矧爾夙夭，十三而卒。何辜于天，景命不遂。」左思吴都賦「彫題之士，鏤身之卒。比飭虬龍，蛟螭與對。」

【校勘記】

〔一〕「俱」原作「已」，據四庫本改。

〔二〕「尤」原作「郵」，據賈誼弔屈原賦改。

〔三〕「山川悠悠，曷其没矣」原脱，據渭南嚴氏本補。

〔四〕「木」原脱，據説文補。

〔五〕「叔」原作「敘」，據史記 敘傳改。

〔六〕「靈」原作「雲」，據王逸九思改。

卷四

躬音金。愚按：表記引國風「我今不閲」，以躬爲今，音之同也。

本證文王「命之不易，無遏爾躬。宣昭義問，有虞殷自天。」

旁證易震上九「震不于其躬，于其鄰。」又艮三四「艮其限，危薰心也；艮其身，止諸躬也。」漢崔瑗和帝誄「馮相考妖，遂當帝躬。三載四海，遏密八音。」

臭平聲。

本證文王「上天之載，無聲無臭。儀刑文王，萬邦作孚。」

旁證左傳卜繇「專之渝，攘公之羭音由。一薰一蕕，十年尚猶有臭。」

孚音浮。愚按：説文浮、烰、蜉、桴，皆云孚聲。今「載沉載浮」「烝之烰烰」「蜉蝣之羽」，皆讀浮；桴，孫愐音附柔切，亦有浮音。禮記「孚尹旁達」，從此讀。

本證文王詩見上。下武「王配于京，世德作求。〔一〕永言配命，成王之孚。」

集音雜。愚按：説文雜作雥，謂三隹也；集作雧，又省爲集，故集有雜音，古皆通用。楚辭九辯：「衆鳥皆有所登棲兮，鳳獨惶惶而無所集。願銜枚而無言兮，嘗被君之渥洽。」

本證大明「天監在下，有命既集。文王初載，天作之合。」

旁證李尤辟雝賦「王公羣后，卿士具集。攢羅鱗次，參差雜遝。」

龜音箕。

本證繇「爰始爰謀，爰契我龜。曰止曰時，築室于茲。」

旁證龜策傳「此無他故，其祟在龜。後雖悔之，豈有及哉音躋？」郭璞龜贊「天生神物，十朋之龜。或游于水，或游于蓍。」

伉音岡。説文：「從人，亢聲。」漢西嶽華山廟碑：「玉帛之贄，禮與岱亢。六樂之變，舞以致康。」

本證繇「迺立皐門，皐門有伉。迺立應門，應門將將音槍。」

旁證張衡思玄賦「冀一年之三秀兮，遒白露之爲霜。時亹亹而代序兮，疇可與乎比伉？」又西京賦「猛毅髬髵音而，隅目高眶，威慑兕虎，莫之敢伉。」

附上聲。

本證緜「予曰有疏附，予曰有先後。」皇矣「是致是附，四方以無侮。」

旁證揚雄宗正箴「宗廟荒虛，魂靈靡附。伯臣司宗，敢告執主。」景福殿賦「離背別趣，駢填胥附。縱橫逾延，各有攸注。」

趣音湊，上聲。

本證棫樸「芃芃棫樸，薪之槱之。濟濟辟王，左右趣之。」

旁證張衡東京賦「奢不及侈，儉而不陋。規遵王度，動中得趣。」

婦音喜。舊以此音缶，乃以母音牡。愚按：母見于詩悉爲米音，何獨于此異邪？且婦古音喜，後轉爲缶，故古詩云：「昔爲倡家女，今爲蕩子婦。蕩子行不歸，空牀難獨守。」亦古音之變也。再變，則音負矣。

本證思齊「思齊大任，文王之母。思媚周姜，〔二〕京室之婦。」戴芟「思媚其婦，有依其士音始。」

旁證屈原天問「水濱之木，得彼小子音止。夫何惡之，媵有莘之婦？」參同契「三五既和諧，八石正綱紀。呼吸相含育，佇息爲夫婦。」易林賁之遯「折薪熾酒，使媒求婦。和合齊宋，姜子悦喜。」張衡西京賦「商賈百族，裨販夫婦。鬻良雜苦，蚩眩邊鄙。」蔡邕協初昏賦「惟性情之至好，歡莫偉乎夫婦。受精靈之造化，固神明之所使音始。」

男音寧。釋名：「男，任也。」典：「任，事也。」白虎通：「男者，任也，任功業。」

本證思齊「太姒嗣徽音，則百斯男。」

旁證易林豐之節「陰變爲陽，女化爲男。治道大通，君臣相承。」

斁音妒。古與射通，並音妒。小雅：「式燕且譽，好爾無射。」尚書：「彝倫攸斁。」

本證思齊「古之人無斁，譽髦斯士。」振鷺「在彼無惡，在此無斁。庶幾夙夜，以永終譽。」

季音魚對反。

本證皇矣「帝作邦作對，自大伯王季。」

旁證潘岳西征賦「洛景悼以迄丐，政凌遲而彌季。俾庶朝之構逆，歷兩王而干位。」

喪平聲。今亦有平、去二聲。

本證皇矣「載錫之光，受禄無喪。」蕩「小大近喪，人尚乎由行。」召旻「昊天疾威，天篤降喪。」

旁證易旅九三「旅焚其次，亦以傷矣。以旅與下，其義喪也。」鵩鳥賦「釋智遺形兮，超然自喪；寥廓忽荒兮，與道翺翔。」易林坎之姤「逐走追亡，相及扶桑。復見其鄉，使我侮喪。」陸機門有車馬客行「借問邦族間，惻愴論存亡。親友多零落，舊齒皆凋喪。」

君音均。與音協，三句一韻。

本證皇矣「維此王季，帝度其心，貊其德音。其德克明，克明克類，克長克君。」

旁證書五子之歌「明明我祖，萬邦之君。有典有則，以貽子孫音申。」參同契「御白鶴，駕龍麟。遊太虛，謁仙君。録天圖，號真人。」漢劉君歌「悒然不樂，思我劉君。何時復來，安此下民。」王粲從軍詩「籌策運帷幄，一由我聖君。恨我無時謀，譬諸具官臣。」華陽國志贊「伯春孟元，匡正時君。楊羅爲令，遺愛在民。」

安音煙。史記：「伐魯安陵。」李奇曰：「六國時鄢陵也。」釋名：「偃，安也。」

本證皇矣「執訊連連，攸馘安安。」殷武「松桷有梴，旅楹有閑，寢成孔安。」

旁證離騷「鷙鳥之不羣兮，自前世而固然。何方圜之能周兮，夫孰異道而相安？」楚辭大招「逞志究欲心意安只，窮身安樂年壽延只。」易林觀之履「逐福除患，道德神仙。避惡萬里，常歡以安。」班固西都賦「在於雍州，實曰長安。左據函谷、二崤之阻，表以太華、終南之山。」崔瑗東觀箴「倚相見寶，荊國以安。何以季世，咆哮不虔。」

孝音臭。禮記：「孝者，畜也。順於道，不逆於倫，是之謂畜。」畜讀臭。又「四靈以爲畜」，左傳「六畜不相爲用」，皆此音。欲今讀育，古讀宥。禮記引作「匪革其猶」，猶讀去聲，其音正同。此以孝韻欲，其減、匹自爲韻，如下章「鎬京辟廱，自西自東」一韻，「自南自北，無思不服」又一韻。是詩凡八章，四句合韻者五，四句分韻者三，皆自然之音也。按：欲，古亦讀喻，從宥，少轉；孝，亦讀煦，從臭，少轉。此可讀詩，且有引證。

本證文王有聲「築城伊淢音洫，作豐伊匹。匪棘其欲，遹追來孝。」按：欲，沈約在遇部。

揚雄羽獵賦「壯士忼慨，殊鄉異趣。東西南北，騁嗜奔欲。」潘岳西征賦「既餐服以屬厭，泊恬静以無欲。迴小人之腹，爲君子之慮。」

旁證班固西都賦「周以鉤陳之位，衛以嚴更之署，總禮官之甲科，羣百郡之廉孝。」

祀音以。說文：「祭無已也，從示，巳聲。」

本證生民「克禋克祀，以弗無子。」又「不康禋祀，居然生子。」雝「於薦廣牡，相予肆祀。假哉皇考，綏予孝子。」閟宫「龍旂承祀，六轡耳耳。」

旁證五子歌「關石和鈞，王府則有音以。荒墜厥緒，覆宗絶祀。」相如封禪頌「孟冬十月，君徂郊祀。馳我君輿，帝用享祉。」揚雄豫州箴「王赧爲極，實絶周祀。牧臣司豫，敢告柱史。」邯鄲淳答贈詩「見養賢侯，於今四祀。既庇西伯，永誓没齒。」

魏郭輔碑「克昌厥後，身去列在。鐫石作歌，昭示萬祀。」潘岳爲賈謐作贈陸機「夏殷既襲，宗周繼祀，綿綿瓜瓞，六國互峙。」顔延之皇后哀策「孝達寧親，敬行宗祀。進思才淑，傍綜圖史。」

育音益。

本證生民「載震載夙，載生載育，時維后稷。」

旁證黄伯仁龍馬頌「稟神祇之靈化，乃大宛而再育。資元螭之表儀，似靈虬之注則。」陸機贈弟「慷慨逝言感，裵回居情育。安得攜手俱，契闊成騑服。」

副音闢。禮：「爲天子削瓜者副之。」副，析也。

本證生民「誕彌厥月，先生如達。不坼不副，無菑無害音曷。」

匐音必。「匍匐救之」，禮記作「扶服救之」。揚雄解嘲：「范睢扶服入槖。」服古音必，匐古音扶，是字異而音同也。畐古讀必，故福、楅、幅、輻、偪、葍之類，悉從此音。

本證生民「誕實匍匐，克岐克嶷音仡，以就口食。」

旁證太玄狩首「自我匍匐，好是宜德。」

叟音搜。釋文云：「字又作溲。」古讀平，今讀上。束皙傳：「東野遺白顛之叟。」亦平聲。

本證生民「釋之叟叟，烝之浮浮說文作烰。」

旁證劉琨贈盧諶詩「怪彼太公望，昔在渭濱叟。鄧生何感激，千里來相求。」

句音彀。廣韻「句當」，華陽國志「王平句扶」，皆此音。

本證行葦「敦弓既句，既挾四鍭。」

旁證王延壽靈光賦「飛梁偃蹇以虹指，揭蘧蘧而騰湊。層櫨磥垝以岌峩，曲枅要紹以環句。」

主音祖。太玄叜首：「詘節共殉，内有主也。窽木之振，小人見侮也。」晉宋之時，猶有此音。

本證行葦「曾孫維主，酒醴維醹音所，酌以大斗，以祈黄耇音古。」卷阿「豈弟君子，俾爾彌爾性，百神爾主矣。」

旁證漢遠夷慕德歌「蠻夷所處，日入之部。慕義向化，歸日出主。」易林无妄之家人「南國虐亂，百姓愁苦。興師征討，更立賢主。」張衡思玄賦「夫吉凶之相仍兮，恒反側而靡所。穆届天以悦牛兮，豎亂叔而幽主。」王粲贈文叔良「君子敬始，慎爾所主。謀言必賢，錯説申輔上聲。」張載七哀詩「北邙何壘壘，高陵有四五。借問誰家墳，皆云漢世主。」顔延之郊祀歌「亘地稱皇，罄天作主。月竁來賓，日際奉土。」

斗音堵。

本證行葦詩見上。

旁證白渠歌「田於何所？池陽谷口音苦。鄭國在前，白渠起後音虎。舉插如雲，決渠爲雨（讀若舞）。涇水一石，其泥數斗。」

沙音娑。

本證鳧鷖「鳧鷖在沙，公尸來燕來宜音俄。」

旁證春秋緯引古語「月麗于畢雨滂沱，月麗于箕風揚沙。」賈誼弔屈原賦「恭承嘉惠兮，竢罪長沙；仄聞屈原兮，自湛汨羅。」杜篤論都賦「東綜滄海，西綱流沙；朔南暨聲，諸夏是和。」曹植遠遊篇「將歸謁東父，一舉超流沙。鼓翼舞時風，長嘯激清歌。」陸機從軍行「深谷邈無底，崇山鬱嵯峨。奮臂攀喬木，振迹涉流沙。」王僧達祭顔光禄「才通漢魏，譽浹龜沙，服爵帝典，棲志雲阿。」韓愈詩「不知萬萬人，生身埋泥沙。簸頓五山踣，流漂八維蹉。」

繁音軒。

本證公劉「篤公劉，于胥斯原音延。既庶既繁，既順廼宣，而無永歎。」

旁證魏文丹霞蔽日行「月盈則沖，花不再繁。古來有之，嗟我何言。」嵇康酒會詩「緑葉幽茂，麗蕊穠繁。馥馥惠芳，順風而宣。」西晉張協七命「肴駟連鑣，酒駕方軒，千鍾電釂，萬燧星繁。」左貴嬪楊后誄「天祚貞吉，克昌克繁。則百斯慶，育聖育賢。」

宣音先。

本證公劉詩見上。江漢「王命召虎，來旬來宣。文武受命，召公維翰。」

旁證參同契「恒順地理，承天布宣。玄幽遠眇，隔閡相連。」漢李翊夫人碑「自彼適斯，蹈禮伉言。恭順承舅，孝行布宣。」崔瑗東觀箴「左書君行，右記其言。辛尹顧訪，文武明宣。」曹植文帝誄「明明赫赫，受命自天。風偃物化，德以禮宣。」陸機長歌行「慷慨亦焉訴，天道良自然。但恨功名薄，竹帛無所宣。」江淹雜體詩「幸得觀洛後，豈慕巡河前。服義方無沫，展歌殊未宣。」

巘音掀。

本證公劉「陟則在巘，復降在原。」

旁證謝靈運山居賦「九泉別澗，五谷異巘。抗北嶺以葺館，矚南峰以啓軒。」

刀音刁。漢李廣傳：「不擊刀斗。」刀音刁，字本刀，作刁誤。公劉詩：「維玉及瑶，鞞琫容刀。」

依音倚。古「斧扆」亦作依。曲禮「天子當依而立」，學記「不學博依」，皆此音。

本證公劉「篤公劉，於京斯依。蹌蹌濟濟，俾筵俾几。」

旁證劉向七諫「皇天既不純命兮，余生終無所依。願自沈于江流兮，絶横流而徑逝。」

溉音既。説文從既得聲。史記：「溉執中而徧天下。」徐廣、劉伯莊皆云溉古既字。

本證洞酌「洞酌彼行潦，挹彼注兹。可以濯溉。豈弟君子，民之攸塈。」

旁證杜篤論都賦「畎瀆潤淤，水泉灌溉。漸澤成川，粳稻陶遂。」

使音始。説文使從吏得聲，吏從史得聲。史音見前，詳在士韻。

本證卷阿「藹藹王多吉士，維君子使，媚于天子。」

旁證郭璞遊仙詩「靈妃顧我笑，粲然啓玉齒。蹇脩時不存，要之將誰使？」成公綏引諺「錢無耳，鬼可使。」

大音地。焦弱侯曰：「大音墮，今音地。」與前「地」音墮，亦互音也。

本證民勞「式遏寇虐，無俾正敗音備。戎雖小子，而式弘大。」

旁證柳下惠誄「蒙恥救民，德彌大兮。雖遇三黜，終不弊兮。」易坤六三「含章可貞，以時發音廢也。或從王事，知光大也。」四皓紫芝歌「駟馬高蓋，其憂甚大。富貴之畏人，不如貧賤之肆志。」太玄「獨狩音疏逝逝，不可大也。白日臨辰，老得勢也。」漢書序傳「博陽不伐，含弘光大。天誘其衷，慶流苗裔。」馮衍顯志賦「誚始皇之跋扈兮，投李斯於四裔；滅先王之法則兮，禍寖淫而弘大。」王粲詩「仁恩廣

覆，猛節横逝。自古立功，莫我弘大。」陸機贈顧交阯「伐鼓五嶺表，揚旌萬里外

音異。遠績不辭小，立德不在大。」

笑音消。從夭爲聲。

本證板「我言維服，勿以爲笑。先民有言，詢于芻蕘。」

旁證史記趙童謡「趙爲號，秦爲笑。以爲不信，視地之生毛。」揚雄兖州牧箴「牧野之禽，豈復能眈音沈？甲子之朝，豈復能笑？」

終音真。

本證蕩「天生烝民，其命匪諶。靡不有初，鮮克有終。」

旁證易坤文言「以從王事，弗敢成也。地道也，妻道也，臣道也。地道無成，而代有終也。」參同契「壬癸配甲乙，乾坤括始終。七八數十五，九六亦相應。」蔡邕九疑山碑「泰階以平，人以有終。遂葬九疑，解體而升。」

晝音注。古晝讀注，夜讀裕，夕讀芍，皆去今音稍遠也。

本證蕩「式號式呼去聲，俾晝作夜。」按：作，沈約在遇部，與足恭之足同音。周禮注：「足其不足曰足。」楊用修曰：「沖虚經『以晝足夜』，謂夜不足以晝補之也。」

旁證張衡西京賦「衛尉八屯，警夜巡晝。植鎩縣瞂音伐，用戒不虞音豫。」

羹音岡。左傳「陳蔡不羹」，與古者羹臛之羹，皆此音。正義音郎。

本證蕩「如蜩如螗，如沸如羹。」閟宮「毛炰胾羹，籩豆大房。」

旁證禮運「體其犬豕牛羊，實其簠簋籩豆鉶羹。」楚辭大招「鼎臑盈望，和致芳只。內鶬鴿鵠，味豺羹只。」招魂「和酸若苦，陳吳羹些。胹鼈炮羔，有柘漿些。」急就章「餅餌麥飯甘豆羹，葵韭葱蓼蘴蘇薑。」易林豫之小畜「蝙蝠夜藏，不敢晝行。酒爲酸漿，魴鯉鮑羹。」揚雄蜀都賦「甘甜之和，芍藥之羹，江東鮐鮑，隴西牛羊。」張衡東京賦「物性辯省，設其楅衡。毛炰豚胉，亦有和羹。」

舊音几。

本證蕩「匪上帝不時上聲，殷不用舊。」召旻「今也日蹙國百里。於乎哀哉，維今之人，不尚有舊。」

旁證韋玄成戒子孫「天子我監，登我三事上聲。顧我傷隊，爵復我舊。」

撥音撇。

本證蕩「枝葉未有害，本實先撥。殷鑒不遠，在夏后之世。」

旁證曲禮「衣毋撥，足毋蹶。先生書策，琴瑟在前，坐而遷之，戒勿越。」宋七廟享神歌「惟天有命，眷求上哲。赫矣聖武，撫運桓撥。」

世音泄。禮記：「世柳之母死。」注：世古與泄通。

本證蕩詩見上。

旁證晉樂志「匡時拯俗，休功蓋世。宇宙既康，九域有截。」華陽國志贊「大道既隱，詭詐競設。並以豪特，力爭當世。」顏延之皇后哀策「太和既融，收華委世。蘭殿長陰，椒途弛衛音越。」齊王元長雙樹歌「亭亭宵月流，朏朏晨霜結。感運復來儀，且厭人間世。」

疾音祭。

本證抑「庶人之愚，亦職維疾；哲人之愚，亦維斯戾。」

旁證上林賦「潏潏音决淈淈，湁潗鼎沸。馳波跳沫，汩濦漂疾。」

酒才笑反，讀若噍。詩酒如今音多，獨此少異。

本證抑「顛覆厥德，荒湛于酒。女雖湛樂從，弗念厥紹。」

旁證參同契「皮革煮成膠兮，麴糜化爲酒。同類易施工兮，非種難爲巧。」

刑音杭，李善讀。蕩「尚有典刑」如今音，獨此稍異。

本證抑「罔敷求先王，克共明刑。」

旁證何晏景德殿賦「二六對陳，殿翼相當。僻脱乘便，蓋象戎兵。察解言歸，譬諸政刑。」

尚音常。漢官儀尚書、尚方、尚食，皆平聲。

本證抑「肆皇天弗尚，如彼流泉，無淪胥以亡。」

旁證齊士卒倡「無可往矣，宗廟亡矣，今日尚矣，歸何黨矣。」註：往、尚、黨皆平聲。天問「不任汩鴻，師何以尚之？僉答何憂，何不課而行音杭之？」揚雄執金吾箴「堯咨虞舜，惟思是尚。吾臣司金，敢告執璜？」

虞音豫。太玄樂首：「嘻嘻自懼，亡彼愆虞。」以虞與懼韻。又考雄之賦、箴，古音可見。

本證抑「質爾人民，謹爾侯度，用戒不虞。」雲漢「祈年孔夙，方社不莫。昊天上帝，則不我虞。」

旁證揚雄長楊賦「奉太宗之烈，遵文武之度，復三王之田，反五帝之虞。」又城門校尉箴「國有城溝，家有析柜音巨。各有攸塈，民以不虞。」馮敬通刀陽銘「修爾甲兵，用戒不虞，見危致命，臨事而懼。」

逝音折。説文：「從辵，折聲，讀若誓。」誓又云：「從言，折聲。」此古音也，何待叶乎？辵，丑略切。

本證抑「莫捫朕舌，言不可逝矣。」

旁證潘朂册魏公九錫文「王師首路，威風先逝。百城八郡，交臂屈膝。」江淹傷友人賦「魂綿味其若絶，泣縈盈其如潔。嗟妙賞之不留，悼知音之已逝。」又江淹雜詩「夜聞猩猩啼，朝見鼯鼠逝。南中氣候暖，朱華凌白雪。」

報音彪，去聲。「讎」音售，高紀：「酒讎數倍。」楊子：「欲讎僞者必假真。」易林：「良房美謀，無言不讎。克厭帝心，君子獲祐。」

本證抑「無言不讎，無德不報。」

旁證國語晉人誦其世子「貞之無報也。孰是人斯而有是臭也？」

射音約。古斁、射音義同。愚按：禮記引葛覃曰：「服之無射。」

本證抑「神之格思，不可度思，矧可射思。」

旁證師春銘「炎炎者滅，隆隆者絶。的的者獲，提提者射。」揚雄元后誄「承天祇家，允恭虔恪。豐阜庶卉，旅力不射。」又太僕箴「昔在上帝，巡狩四宅音鐸；王用三驅，前禽是射。」

昭音照。説文：「從日，召聲。」中庸引詩：「潛雖伏矣，亦孔之昭。」蓋昭、照古通音。

本證抑「昊天孔昭，我心靡樂音澇。」泮水「其馬蹻蹻，其音昭昭。」蹻音矯。漢紀：「可蹻足待也。」

旁證晉降神歌「神之來，光景昭。聽無聞，視無兆。」

藐音貌。輕視也。説文：「從草，貌聲。」與邈音義同。孟子：「説大人，則藐之。」又微也，遠也。

左傳：「以是藐諸孤。」註：「言奚齊幼賤，與諸孤縣藐也。」

本證抑「誨爾諄諄，聽我藐藐。匪用爲教，覆用爲虐去聲。」

旁證離騷「抑志而弭節兮，神高馳之邈邈。奏九歌而舞韶兮，聊暇日以婾樂音澇。」何劭遊仙詩「抗跡遺萬里，豈戀生民樂？長懷慕仙類，眇然心綿邈。」

填音真。説文從真得聲，後則音田。説文多諧聲，雖若近易而與詩叶，後雖巧變而去詩遠，説文所以不可闕也。

本證桑柔「倉兄音愴怳填兮。倬彼昊天，寧不我矜？」

泯音民。説文：「從水，民聲。」

本證桑柔「亂生不夷，靡國不泯。民靡有黎，具禍以燼平聲。」説文作𦘔，徐鉉曰：「疑從津得聲。」

旁證宋玉小言賦「經由鍼孔，出入羅巾。飄妙翩綿，乍見乍泯。」漢尹宙碑銘「景命不永，早即幽昏。名光來世，萬祀不泯。」昏音興。曹大家東征賦：「悵容與而久駐兮，忘日夕而將昏。到長垣之境界，察農野之居民。」陸機答賈謐「王室之亂，靡邦不泯。如彼墜景，曾不可振。」

往音汪。齊士卒倡以往韻亡，已見尚韻。

本證桑柔「國步蔑資，天不我將。靡所止疑，云徂何往？」

旁證易小畜彖「密雲不雨，尚往也。自我西郊，施未行音杭也。」太玄狩首：「焚狩音疏狧狧音介，多欲往也。卉炎邱陵，短臨長也。」左貴嬪楊后頌「邈邈德柔，越天之剛。神以知來，智以藏往。」

疑音仡。儀禮：「婦疑立於席西。」注：「謂立不動也」，故曰「靡所止疑」。

溺音弱。説文：從弱得聲。釋名：「死於水曰溺。」溺，弱也，不能自勝之言也。禹貢「弱水」，廣韻作溺。

本證桑柔「誰能執熱，逝不以濯。其何能淑，載胥及溺。」

旁證劉楨贈從弟「蘋藻生其涯，華葉紛擾溺。采之薦宗廟，可以羞嘉客音恪。」陸機遂志賦「伍被刑而伏劍，魏和夷而雍樂。彼殊塗而並致，此同川而偏溺。」

瞻音章。漢校官碑以瞻爲彰。

本證柔桑「維此惠君，民人所瞻。秉心宣猶，考慎其相。」

旁證漢溧陽長潘乾校官碑「永世支百，民人所彰。子子孫孫，俾爾熾昌。」

迪音鐸。

本證柔桑「維此良人，弗求弗迪；維彼忍心，是顧是復。」

旁證陸機贈馮文羆「奕奕馮生，哲問允迪。天保定子，靡德不鑠。」

垢音古。

本證柔桑「維此良人，作爲式穀。維彼不順，征以中垢。」

旁證莊忌哀時命「務光自投於深淵兮，不獲世之塵垢。孰魁摧之可久兮，願退身而窮處。」後漢張超誚青衣賦「古之贅壻，尚猶塵垢。況明智者，欲作奴父。」繁欽遠戍勸戒詩「務在和光，同塵共垢。各竟其心，爲國蕃輔。」

赫音壑。淮南子「汙壑穽陷之中」，高誘云：「壑，讀如『赫赫明明』之赫。」

本證桑柔「如彼飛蟲，時亦弋獲音霍。既之陰女，反予來赫。」陰音蔭，義同。禮記：「陰爲野上。」謝脁詩：「桑榆陰道周。」

旁證荀勗大會行禮歌「明明天子，臨下有赫。來格祈祈，邦家是若。」劉楨魯都賦「猰貐猛容，舉父猴玃。戰鬬陵岡，瞋怒奮赫。」

歌音箕。

本證柔桑「雖曰匪予，既作爾歌。」

旁證九章遠遊「祝融戒而蹕御兮，騰告鸞鳥迎宓妃。張樂咸池奏承雲兮，〔三〕二女御九韶歌。」

臨音隆。皇矣「與爾臨衝」，韓詩以臨作隆。

本證雲漢「后稷不克，上帝不臨。耗斁下土，寧丁我躬。」

旁證祠洛水歌「洛陽之水，其色蒼蒼。祠祭大澤，倏忽南臨。洛濱醊禱，色連三光。」相如長門賦「奉虛言而望誠兮，期城南之離宫。脩薄具而自設兮，君曾不肯兮幸臨。」

助音祖。說文從且得聲。且古讀徂，轉上則祖音。

本證雲漢「大命近止，靡瞻靡顧。羣公先正，則不我助。」烝民「我儀圖之，維仲山甫舉之，愛莫助之。」圖亦上聲。易林：「爲隸所圖，與衆庶伍。」

旁證太玄翕首「翕食嘬嘬，利如舞也。翕其羽，朋友助也。」

川音春。

本證雲漢「旱既大甚，滌滌山川。旱魃爲虐，如惔如焚。」

旁證漢書序傳「昔在上聖，昭事百神。類帝禋宗，望秩山川。」漢樊毅西嶽碑「兩儀剖判，清濁始分。陽凝成山，陰積爲川。」陸雲贈鄭曼季詩「駕言遊之，聊樂我云。

思與佳人，齊歡順川。」江淹擬古「契闊承華内，綢繆逾歲年音寧。日暮聊總駕，逍遥觀洛川。」

遯平聲。説文以豚得聲。

本證雲漢「羣公先正，則不我聞。昊天上帝，寧俾我遯。」

旁證徐幹齊都賦「砏殷羿戾，壯氣無倫。淩高越險，追遠逐遯。」

去音庫。

本證雲漢「旱既大甚，黽勉畏去。胡寧瘨我以旱，憯不知其故。」

旁證宋玉神女賦「顧女師，命太傅。歡情未接，將辭而去。」賈誼鵩鳥賦「發書占之，讖言其度，曰：『野鳥入室，主人將去。』」東方朔七諫「固時俗之混濁兮，志瞀迷而不知路。念私門之正匠兮，遥涉江而遠去。」古詩「步出城東門，遥望江南路。前日風雪中，故人從此去。」盧諶贈崔温詩「何武不赫赫，遺愛常在去。古人非所希，短弱自有素。」

宰音滓。桑梓之梓，古作樟，説文以宰得聲。宰之音滓，其來久矣。

本證雲漢「旱既大甚，散無友紀。鞫哉庶正，疚哉冢宰。」

旁證漢書序傳「遭成之逸，政自諸舅音已。陽平作威，誅加卿宰。」平帝述「孝平不造，新都作宰。不伊不周，喪我四海。」陸雲誄「繡裳縟藻，衮帶重紫。遂虛上司，命公登宰。」

藩音軒，古與藩通。漢書：「保塞稱藩。」
本證崧高「四國于藩，四方于宣。」
旁證張衡南都賦「固靈根於夏葉，終三代而始藩。非純德之宏圖，孰能揆而處旃？」左思魏都賦「親御監門，嗛嗛同軒。搦秦起趙，威振八藩。」

伯音博。禮記伯勞或作博。
本證崧高「既成藐藐，王錫申伯。四牡蹻蹻，鉤膺濯濯。」又「其風肆好，以贈申伯。」
旁證史記序傳「襄子困辱，乃禽智伯。主父生縛，飢死探爵。」揚雄太常箴「翼翼太常，實爲宗伯。穆穆神祇，寢廟奕奕。」

寶音補。保亦音補，寶、保相韻，以今音讀之亦叶，然補古音也，存之。
本證崧高「我圖爾居，莫如南土。錫爾介圭，以作爾寶。往近王舅，南土是保。」
旁證易林家人之蠱「東市齊魯，南賈荆楚。羽毛齒革，爲吾利寶。」陳琳馬腦勒賦「帝道匪康，皇鑒元輔。顧以多福，康以碩寶。」左思賦「喬雲翔龍，澤馬亍阜上聲。山圖其石，川形其寶。」以上寶證。冠禮字辭「宜之于假音古，永受保之。」易林鼎之豫

「銷鋒鑄耜，縱牛放馬。甲兵解散，夫婦相保。」以上保證。

嘽音顛。說文：「單聲。」單古讀顛。魏文帝寡婦賦：「北風厲兮赴門，食常苦兮衣單。傷薄命兮寡獨，内惆悵兮自憐。」

本證崧高「申伯番番音軒，吴棫讀，既入于謝，徒御嘽嘽。」

旁證柳宗元劍門銘「内獲固圉，外臨平原音延。天兵徐驅，卒乘嘽嘽。」

茹音汝。

本證烝民「人亦有言，柔則茹之，剛則吐上聲之。維仲山甫，柔亦不茹，剛亦不吐。」

旁證左思賦「嫂然相顧，瞭焉失所。有靦瞢容，神藥形茹。」

解音係。

本證韓奕「無廢朕命，夙夜匪解。虔共爾位，朕命不易。」

旁證九章悲回風「愁鬱鬱之無快兮，居戚戚而不解。心鞿羈而不開兮，氣繚轉而自締。」

譽讀如字。舊音餘者，以與居叶也。愚按：說文居，從尸，從古；又「倨，不遜也。從人，居聲」。是居，古音倨，說見居韻。譽雖有平聲，讀此則不必然矣。

本證韓奕「慶既令居，韓姞燕譽。」

完音延。

本證韓奕「溥彼韓城，燕師所完。以先祖受命，因時百蠻。」

旁證王粲七哀詩「未知身死所，何能兩相完？驅馬棄之去，不忍聽此言。」

蠻音眠。書：「三百里蠻。」顏師古曰：「謂以德蠻，幕而覆之也。」

本證韓奕詩見上。

旁證許由箕山歌「河水流兮緣高山，甘瓜施兮葉綿蠻，高林肅兮相錯連。」揚雄揚州牧箴「獷矣淮夷，蠢爾荆蠻。翩彼昭王，南征不旋。」杜篤論都賦「席卷漠北，叩勒祁連，横分單于，屠裂百蠻。」漢靈帝時帝堯碑「民不作忒，化洽百蠻。歷運遭七，乃禪舜焉。功綿日月，名勒管弦。」曹植王粲誄「翕然鳳舉，遠竄荆蠻。身窮志達，居鄙行鮮。」

貊音莫。皇矣「貊其德音」，左傳、禮記皆作莫，以其音之同也。

本證韓奕「王錫韓侯，其追其貊。奄受北國，因以其伯。」閟宫「遂荒徐宅，至於海邦，淮夷蠻貊。」

旁證杜篤論都賦「捶驅氏僰，寥狼卬莋。東擁烏桓，蹂轔濊貊。」張載七命「華裔之夷，流荒之貊，語不傳於輶軒，地不被乎正朔。」

江音工。周禮六書，三曰：「諧聲，江、河是也。」釋名：「江，公也。小水流入其中，公共也。」風俗通：「江者，貢也，出珍物可貢獻也。」說文：以工得聲。後世之音去諧聲遠矣，今集古音是固不可廢也，因附于江漢之末。

旁證九章哀郢「將運舟而下浮兮，上洞庭而下江。去終古之所居兮，今逍遥而來東。」左思蜀都賦「結陽城之延閣，〔四〕飛觀榭乎雲中。開高軒以臨山，列綺牕而瞰江。」王粲贈蔡子篤「舫舟翩翩，以泝大江。蔚矣荒塗，時行靡通。」晉童謠「五馬浮渡江，一馬化爲龍。」又晉諺「阿童復阿童，銜刀浮渡江。」謝靈運田南詩「中園屏氛雜，清曠招遠風。卜室倚北阜，啓扉面南江。」

緒音渚。說文以者得聲。者古讀渚，詳見者韻。

本證常武「率彼淮浦，省此徐土。不留不處，三事就緒。」閟宮「有稷有黍，有稻有秬。奄有下土，纘禹之緒。」又「至于文武，纘大王之緒。致天之届，于牧之野。」殷武「有截其所，湯孫之緒。」

旁證參同契「如審遭逢，睹其端緒。以類相況，揆物終始。」班固高祖紀述「皇矣漢祖，纂堯之緒。實天生德，聰明神武。〔五〕」王粲贈士孫文始「既度禮儀，卒獲笑語。庶兹永日，無愆厥緒。」張華勵志詩「大猷玄漠，將抽厥緒。先民有作，貽我高矩。」

陸機與弟士龍「懷往歡絶端，悼來憂成緒。感別慘舒翮，思歸樂遵渚。」王贊皇太子誄「於明聖晢，仰統天緒。易以明險，簡以識阻。」

業音岳。

本證常武「赫赫業業，有嚴天子，王舒保作。」

旁證易林革之賁「亥午相錯，敗亂緒業，民不得作。」班固藝文志述「伏羲畫卦，書契後作。虞夏商周，孔纂其業。」又班固武帝述「世宗曄曄，思弘祖業。疇咨熙載，髦俊並作。」漢梁相費汎碑「穆穆顯祖，厥德懿鑠。播勛於前，不碩基業。」

騷音搜。

本證常武「匪紹匪遊，徐方繹騷。」

旁證張衡思玄賦「行積冰之皚皚兮，清泉沍而不流。寒風淒其永至兮，拂穹岫之騷騷。」

驚音姜。

本證常武「震驚徐方，如雷如霆，徐方震驚。」

旁證張籍祭韓愈詩「月中登高灘，星漢交垂芒。釣車擲長綫，有獲齊驩驚。」

誨音戲。輿人之誦曰：「我有子弟，子產誨之；我有田疇，子產殖之。子產而死，誰其嗣之？」殖音侍，皆古音。

本證瞻卬「匪教匪誨，時維婦寺與侍同義。」

旁證泰山刻石三句一韻「夙興夜寐，建設長利，專隆教誨。訓經宣達，遠近畢理，咸承聖志。」漢爰珍歌「我有田疇，爰父殖置。我有子弟，爰父教誨。」

鞏音古。鞏之義固也。瞻卬卒章：「藐藐昊天，無不克鞏。無忝皇祖，式救爾後。」後音虎，鞏宜音古，豈以義得聲乎？

苴按洪武正韻音阻，與下止正叶。舊註平聲，亦以止爲平，何耶？

本證召旻「草不潰茂，如彼棲苴。我相此邦，無不潰止。」

訓音馴。周禮：「土訓，中二人。」鄭司農云：「訓讀爲馴。」

本證烈文「無競維人，四方其訓之。不顯維德，百辟其刑之。於乎前王不忘。」

旁證韋玄成自劾詩「維我節侯，顯德遐聞。左右昭宣，五品以訓。」漢成陽靈臺碑「復帥羣宗，貧富相均，共慕市碑，著立功訓。」靈臺，堯母冢。班固幽通賦「要没世而不朽兮，乃先民之所程，觀天網之紘覆兮，實棐忱而相訓。」衛瓘字勢「大晉開元，弘道敷訓。天垂其象，地耀其文。」華陽國志贊「穆姜温仁，化繼爲親。泰瑛嚴明，世範厥訓。」

震平聲。説文：「劈歷振物者。從雨，辰聲。」春秋傳：「震夷伯之廟。」

本證時邁「實右序有周，薄言震之。莫不震疊，懷柔百神。」

旁證揚雄趙充國頌「漢命虎臣，惟後將軍音均。整我六師，是討是震。」崔瑗北軍中侯箴「赫赫將帥，典總虎臣。鷹揚旅武，闞然奮震。」曹植文帝誄「朱旗所勦，九壤披震。疇克不若，孰敢不臣？」左思詠史詩「荆軻飲燕市，酒酣氣益震。哀歌和漸離，謂若傍無人。」潘岳思游賦「揖太昊以假憩兮，聽戎政於三春。洪範翕而後張兮，百卉隕而更震。」

耦音擬。

本證噫嘻「駿發爾私，終三十里。亦服爾耕，十千維耦。」

旁證易林井之訟「少孤無父，長失慈母。恃恃煢煢，莫與爲耦。」

造音走。

本證閔予小子「閔予小子，遭家不造。嬛嬛在疚，於乎皇考。」酌「我龍受之，蹻蹻王之造。」

旁證易乾五上「飛龍在天，大人造也。亢龍有悔，盈不可久也。」太玄「端往述來，遵天之造。無或改作，遵天之醜。」

吴如字。説文：「姓也，亦郡也。一曰吴，大言也，從矢口。」矢，傾頭也，與仄同。徐鍇曰：「大言，故矢口以出聲。詩曰：『不吴不揚。』今寫詩者，改吴作吳，又音乎化切，其謬甚矣！」舊説：吴，譁也。何承天云：「吴字誤，當爲吳。吳從口下大，魚之大口者曰吳，音樺。」楊用修曰：「吴、吳本字相似而誤，古今相承不敢改，不知吴本無樺音，亦無譁義也。音義兩乖而執泥一槩，豈所謂因誤成固，因固成妒邪？」云云。愚按：説文娛、虞皆以吴得聲，史記作「不虞不驁」。夫詩吴也，史增其上以虍；詩敖也，史增其下以馬：要以音取之，不論其文之繁簡也。且虞有懈弛意，驁有侮慢意，諠譁之義亦在其中矣。優施之歌以吾爲娛，而取義於暇豫也，此獨不可以吴爲虞，而取義於懈弛乎？況徐鍇之説有據，似不必以吳易吴也。然必拘拘於矢口出聲，以解諠譁之義，無亦固哉爲詩乎？

本證絲衣「不吴不敖，胡考之休？」泮水「不吴不揚，不告于訩。」

才音嗤。

本證駉「以車伾伾。思無期，思馬斯才。」

旁證陸雲答兄「咨予頑蒙，蕞爾弱才。沈耀玄渚，挹庇雲淇。」華陽國志贊「劉后初載，實多良才。季休忠亮，經事能治平聲。德山耽學，道以光時。」

繹音約。博雅：「絡繹也。」

本證駉「有驒有駱。有駵有雒，以車繹繹。」閟宮「保有鳧繹，遂荒徐宅。」

旁證楚辭九辯「悲愁窮戚兮獨處廓，有美人兮心不繹。去鄉離家兮來遠客，超逍遥兮今焉薄？」揚雄甘泉賦「是時未轃夫甘泉也，廼望通天之繹繹。下陰潛以慘廪兮，上洪紛而相錯。」

逆音博。説文：「從辵，屰聲。」屰，月初生也，讀如「書哉生魄」之魄，故朔字以此得聲。魄，古音同博。禮運：「君與夫人交獻，以嘉魂魄，是謂合莫。」

本證泮水「既克淮夷，孔淑不逆。式固爾猶，淮夷卒獲音霍。」

旁證揚雄揚州箴「當周之隆，越裳重譯。春秋之末，侯甸叛逆。」魏應璩雜詩「曲突不見賓，燋爛爲上客。思願獻良規，江海儻不逆。」荀勗正旦行禮歌「柔遠能邇，孔淑不逆。來格祁祁，邦家是若。」

楅音逼。説文：「以木有所楅束。從木，畐聲。詩曰：〔六〕『夏而楅衡。』」

尺音綽。漢律曆志：「尺者，蒦也。」蒦音約，與蠖同。蠖之義蓋取諸尺，今人布指求尺，一縮一伸，如蠖之步。

本證閟宫「是斷是度，是尋是尺。松桷有舄，路寢孔碩。」

旁證曲禮「將即席，容毋怍。兩手摳衣去齊尺。」古詩「兩宫遥相望，雙闕百餘尺。極宴娱心意，戚戚何所迫？」音博。白虎通：「亡與昌正相迫，故謂之鎛也。」崔瑗草書勢：

「草書之法，蓋又簡略。應時諭指，用於卒迫。」王褒僮約「仡仡叩頭，兩手自搏，目淚下落，鼻涕長一尺。」漢長安語「城中好高髻，四方高一尺。城中好廣眉，四方且半額。音岳。城中好大袖，四方全匹帛。」音薄。吳才老曰：「幽州人謂之鄂。」禮運：「疏布以冪，衣其澣帛，醴醆以獻，薦其燔炙。」

舄音鵲。說文與鵲同。

本證閟宫詩見上。

旁證太玄逃首「心惕惕汀藥切，足金舄，不志溝壑。」陸雲逸民賦「相彼宇宙，方之委舄。夫豈不休，而好是沖漠。」

昔音錯。考工記：「老牛之角紾而昔。」鄭司農云：「昔，讀爲交錯之錯。」

本證那「自古在昔，先民有作。温恭朝夕，執事有恪。」

旁證楚辭大招「長袂拂面善留客只，魂乎歸來以娱昔只。」左思詠史詩「當其未遇時，憂在填溝壑。英雄有迍邅，由來自古昔。」又蜀都賦「碧出萇弘之血，鳥生杜宇之魄音薄。妄變化而非常，嗟見偉於疇昔。」

平音旁。上羹音岡，下争音側羊切。

本證烈祖「亦有和羹，既戒且平。鬷假無言，時靡有争。」

旁證急就篇「代郡上谷右北平，遼東濱西上平岡。」張籍祭韓愈詩「北臺臨稻疇，茂柳多蔭涼。板亭坐垂釣，煩苦稍已平。」

爭音真。若平如字讀，則以真讀爭，亦可。

本證烈祖詩見上。

旁證漢玄儒先生婁壽碑「優於春秋，玄嘿有成。知賤爲貴，與世無爭。」顏延年陽瓚誄「憬彼危臺，在滑之坰。周衛是交，鄭翟是爭。昔惟華國，今實邊亭。」

何讀如字。説文：「儋也。」徐鉉曰：「儋何即負何也，借『爲誰何』之何，今俗別作『擔荷』，非是。」凡詩之荷悉作何。易「何校滅耳」，春秋傳「弗克負何」，東漢班超傳「勇乃負何」，字音皆同。至魏晉時，字通爲荷，而音猶不變，姑録之以證。

本證玄鳥「殷受命咸宜，百禄是何。」

旁證嵇康答二郭「昔蒙父兄祚，少得離負荷。因疏遂成懶，寢跡北山阿。」潘岳河陽縣詩「位同單父邑，愧無子賤歌。豈敢陋微官，但恐忝所荷。」

圍音怡。

本證長發「聖敬日躋，昭假遲遲，上帝是祗，帝命式于九圍。」

旁證古艷歌「南山石嵬嵬，松柏何離離。上枝拂青雲，中心十數圍。」傅毅北征頌「曜神武於幽冀，遇白登之重圍。何獯鬻之桀虐，自弛放而不羈？」陸機大帝誄「將熙景命，經營九圍，登跡岱宗，班瑞舊圻。」

龍古寵。字省義同，古平聲，今去聲。

本證長發「受小共大共，爲下國駿厖音蒙，荀卿讀，何天之龍。」

旁證易師九二「在師中吉，承天寵也。王三錫命，懷萬邦也。」

動上聲。

本證長發「敷奏其勇，不震不動，不戁音赧不竦，百祿是總。」

旁證七諫「故叩宮而宮應兮，彈角而角動。虎嘯而谷風至兮，龍舉而景雲往。」木華海賦「霾曀潛消，莫振莫竦。輕塵不飛，纖蘿不動。」孔稚珪北山移文「及其鳴騶入谷，鶴書赴隴，形馳魄散，志變神動。」鮑照園葵賦「風暖凌開，土冒泉動。游塵暴日，鳴雉依隴。」

伐音歇，亦音廢。周禮大司馬：「以九伐之法正邦國。」考工記：「熊旗六斿，以象伐也。」劉昌宗皆讀廢。鄭注：「如樹之有根本，是以言伐。」

本證長發「九有有截，韋顧既伐，昆吾夏桀。」

旁證漢富春丞張君碑「峨峨富春，膺姿清烈。孝擬參騫，人無間伐。」晉孫綽樽銘「與之無苦，施而有節。玄應忘知，功存不伐。王公擬之，德齊上哲。」謝靈運遊赤石詩「矜名道不足，適己物可忽。請附任公言，終然謝天伐。」

嚴音莊。漢明帝諱莊，改「莊助」爲「嚴助」，以其音之同也。古人改易名姓，如陳、田，馬、莽之類，皆字異音同。

本證殷武「天命降監，下民有嚴。不僭不濫，不敢怠遑。」

旁證天問「勳闔夢生，少離散亡。何壯武厲，能流厥嚴。」

丸音延。

本證殷武「陟彼景山，松柏丸丸。是斷是遷，方斲是虔。」

旁證易林歸妹之豫「逐利三年，利走如神。展轉東西，如鳥避丸。」曹植善哉行「徑歷名山，芝草翩翩。仙人王喬，奉藥一丸。」

愚編毛詩古音攷，自周頌外皆頗可讀。尚有數章從古以爲不叶者，則不得不闕之矣。夫闕疑，古道也，何敢强爲之解？然反復咏之，只在句讀上下之間，於義不悖，於音實叶，謹條於左，蓋求其韻而不得，不容不借讀以諧其聲也。

東門之枌「穀旦于差音磋，南方之原。不績其麻，市也婆娑。」

借讀南方之原，穀旦于差。不績其麻，市也婆娑。

車攻「決拾既佽，弓矢既調。射夫既同，助我舉柴音恣。」

借讀弓矢既調，決拾既佽。射夫既同，助我舉柴。

桑柔「民之未戾，職盜爲寇。涼曰不可，覆背善詈。」

借讀職盜爲寇，民之未戾。涼曰不可，覆背善詈。

烝民「古訓是式，威儀是力。天子是若，明命使賦。」

借讀古訓是式，威儀是力。明命使賦，天子是若。

召旻「維昔之富不如時，維今之疚不如兹。彼疏斯粺，胡不自替，職兄斯引。」

借讀維昔之富不如時，維今之疚不如兹。彼疏斯粺，職兄斯引，胡不自替。

閟宮「致天之届，于牧之野音暑。無貳無虞，上帝臨女。敦商之旅，克咸厥功。王曰叔父，建爾元子，俾侯于魯；大啓爾宇，爲周室輔。」舊以「功」字不叶，乃音古，然義無所據，故亦借讀之。

借讀致天之届，于牧之野。無貳無虞，上帝臨女。克咸厥功，敦商之旅。

周頌三十一篇，半不可叶。朱子曰：「清廟之瑟，朱弦而疏越，一唱而三嘆。嘆，即和也，謂一人唱而三人和也。」此言似是，乃其半又可叶，何也？恐或失於爛脱之餘，或雜以笙鏞之間，或重以三嘆之音，皆不可知，然不得不闕之以俟博雅君子矣！語曰：「待其人而後行。」其有待也夫。

【校勘記】

〔一〕「王配于京，世德作求」原脱，據渭南嚴氏本及詩經補。
〔二〕「媚」原作「婦」，據詩思齊改。
〔三〕「承」原作「乘」，據九章遠遊改。
〔四〕「城」原作「成」，據蜀都賦改。
〔五〕「神」原作「文」，據高祖紀述改。
〔六〕「詩」原作「故」，據説文解字改。

讀詩拙言附

說者謂自五胡亂華，驅中原之人入于江左，而河淮南北間雜夷言，聲音之變或自此始。然一郡之内聲有不同，繫乎地者也；百年之中語有遞轉，繫乎時者也。況有文字而後有音讀，由大小篆而八分，由八分而隸，凡幾變矣，音能不變乎？所貴誦詩讀書，尚論其當世之音而已矣。三百篇，詩之祖，亦韻之祖也，作韻書者宜權輿于此，遡源沿流，部提其字，曰古音某今音某，則今音行而古音庶幾不泯矣。

自周至後漢，音已轉移，其未變者實多。愚考説文：「訟」以「公」得聲，「福」以「偪」得聲，「霾」以「貍」，「斯」以「其」，「脱」以「兑」，「節」以「即」；「溱」、「臻」皆「秦」，「闐」、「填」皆「真」；「者」讀「旅」，「涘」讀「矣」，「滔」

讀「由」，「玖」讀「芑」。又「我」讀「俄」也，故「義」有「俄」音，而「儀」、「議」因之得聲矣。且以「莪」、「娥」、「蛾」、「鵝」、「峩」、「硪」、「哦」、「誐」之類例之，「我」可讀平也，奚疑乎？「可」讀「阿」也，故「奇」有「阿」音，而「猗」、「錡」因之得聲矣。且以「何」、「河」、「柯」、「軻」、「珂」、「妸」、「苛」、「訶」之類例之，「可」可讀平也，亦奚疑乎？凡此皆毛詩音也。徐鉉修説文，概依孫愐之切韻，是以唐音而反律古矣。厥後諸韻書引古詩如晨星，而於唐宋名家之辭每數數焉，無亦譜子孫而忘宗祖乎？嗟夫，説文之音多與時違，幾爲溝中之斷矣，愚獨取之以讀詩，豈偶也哉？豈偶也哉？

聞之李陽冰曰：「蔡中郎以豐同豊，李丞相將束爲宋，魯魚一惑，涇渭同流。」愚未嘗不歎其知言也。夫縣官文移多有失錯，咫尺繕寫不免差譌，況古詩、書承篆隸之後，拾煨壁之餘，傳之非一人，譯之非一手，而謂無一字一句之誤，君子不信也。今考禮記引詩：「匪棘其欲」作「匪革其猶」，「體無咎言」作「履無咎言」，「以勗寡人」作「以畜寡人」，「克順克比」作「克順克俾」。説文引詩：「禾役穟穟」作「禾穎穟穟」，「伐木許許」作「伐木所所」，「其會如林」作「其旝如林」，「民之方殿屎」作「方唸吚」。厥類尚多，此其概矣，孰是孰非，誰能定之？故音有相通，不妨其字之異也；義有可解，不妨其音之殊也。古之達人如鄭康成輩，往往讀與俗異，「懿彼哲婦」則懿讀爲噫，「易錫馬蕃庶」則「庶」讀爲「遮」。又如論語互鄉章，朱註云：「人潔至『往也』十四字，當在『與其進也』之前。」蓋不改其字而音是，更不變其章而讀互轉，亦通變之權宜也。故「雜佩以贈之」，今讀贈爲貽；「烝也無戎」、「以脩我戎」，并讀戎爲武。而東門、車攻、桑柔、烝民、召旻、閟宮六章，上下不叶，皆借而讀之，亦竊比古人之意。若詬之曰：「經不可疑也，而奚疑之？」則愚之罪滋大矣。

夫詩必有韻，詩之致也。毛詩之韻不可一律齊也，蓋觸物以攄思，本情以敷辭，從容音節之中，宛轉宫商之外，如清漢浮雲隨風聚散，蒙山流水依坎推移，斯其所以妙也。故有四句而兩韻者，關雎首章之類是也；有四句兩韻又轉而他韻者，關雎次章之類是也；有四句而各兩韻者，伯兮首章之類是也；有八句而四韻者，碩鼠之類是也；有十二句而六韻者，小明首章之類是也；有三句而兩韻者，采葛之類是也；有三句而皆韻者，十畝之間之類是也；有四句而皆韻者，還之類是也；有五句皆韻者，鳲鳩卒章之類是也；有五句皆韻，轉而五句又皆韻者，甫田一、二章之類是也；有六句皆韻者，猗嗟三章之類是也；有八句皆韻，轉二句以成其韻者，甫田三章之類是也；有六句三韻，轉而六句又三韻者，頍弁首章之類是也；有三句爲韻，十二句四韻者，采芑次章之類是也。雖然，此易讀也。有六句六韻，轉二句一韻，又轉三句一韻以足之，如七月之五章也者；有二句二韻，轉二句二韻，又三句二韻以足之，如斯干之首章也者；有三句三韻，轉三句一韻，又二句一韻以足之，如無羊之次章也者；有二句二韻，轉三句一韻，又二句一韻以足之，如小旻之五章也者；有四句三韻，又承上二句一韻，又三句一韻以足之，如大田之三章也者：忽而不察，則氣脉不聯。雖然，此猶易讀也。有起而不韻，如「我徂東山，慆慆不歸」、「文王曰咨，咨女殷商」之類；有收而不韻，如「于嗟麟兮」、「于嗟乎騶虞」、「其樂只且」、「狂童之狂也且」、「文王烝哉」、「于胥樂兮」之類：皆自然之音，無俟補湊。雖然，此猶易讀也。生民之卒章，以「迄于今」而接「上帝居歆」也，今、歆相韻，隔三句而非支。瞻卬之次章，以「女覆奪之」而起「女覆説」也，奪、説相呼，合八句而二韻，不通其變，則音有爲由。雖然，此猶易讀也。有云「升彼虛矣，以望楚矣」，又「樂只君子，福禄膍之。優哉游哉，亦是戾矣」，「虎拜稽首，對揚王休。作召公考，天子萬壽」。此數者皆仄以承平也，然節奏調暢，自是可讀。蓋四聲之辨，古人未有中原音韻，此類實多舊音，必以平叶平、仄叶仄也，無亦以今而泥古乎？總之，毛詩之韻動於天機，不費雕刻，難與後世同日論矣。

詩雖三百篇，然牢籠天地，囊括古今，原本物情，諷切治體，總統理性，闡揚道真，廓乎廣大靡不備矣，美乎精微靡不貫矣，近也實遠，淺也實深，辭有盡而意無窮。故「誰適爲容」，閨怨之貞志也；「與子偕作」，塞曲之雄心也；「於女信宿」，戀德之悃衷也；「投畀豺虎」，疾惡之峻語也；「樂子無知」，傷時之幽憂也；「攜手同行」，招隱之姱節也；「斷壺剥棗」，田家之真樂也；「魚鼈筍蒲」，餞送之清致也；「示我周行」，乞言之虛懷也；「周爰咨謀」，遠遊之博采也；「實命不猶」，自寛之善經也；「我思古人」，拔俗之卓軌也。後世風流文雅之士言之，能若此之典乎？「好樂無荒」，恬淡而慮長；「匪我思存」，紛華而不亂；「泌之洋洋」，素位而止足；「在水中沚」，跡近而心遐；「振鷺」，想君子之容也；「白駒」，摯嘉客之馬也。後世清隱高遯之士言之，能若此之婉乎？「濟濟多士」，美得人也；「有嚴有翼」，脩戎政也；「公孫碩膚」，昭勞謙也；「萬邦作孚」，廣身教也。此盛世之風，綦隆之泰也。變雅所咏，尤可繹思。「潝潝泚泚」，百官邪矣；「亶侯多藏」，寵賂彰矣；「婦有長舌」，女謁盛矣；「莫肯夙夜」，庶政隳矣；「爲鬼爲蜮」，讒夫昌矣；「俾晝作夜」，酒德酗矣；「自有肺腸」，朋黨分矣；「民亦勞止」，百姓困矣。此周之衰也，亦漢唐宋之所以亡也。

後世經綸康濟之士言之，能若此之詳乎？「反是不思，亦已焉哉」，謀始之箴也；「靡不有初，鮮克有終」，令終之戒也；「孝子不匱，永錫爾類」，行道之徵也；「夙夜匪解，以事一人」，策名之則也；「白圭之玷，尚可磨也」，何言之可輕？「民之失德，乾餱以愆」，何微之可忽？「秉心塞淵，騋牝三千」，何事之非心？「既作泮宮，淮夷攸服」，何教之非政？「古之人無斁，譽髦斯士」，何化之不可行？「盡瘁以仕，寧莫我有」，何變之不可正？「及爾出王，及爾游衍」，何天之不爲人？「噂沓背憎，職競由人」，何人之不爲天？是忘精粗，合内外，貫始終，一天人，道德性命之奥也。後世講學談道之士言之，能若此之審乎？故是詩也，辭可歌，意可繹，可以平情，可以畜德，孔門所以言詩獨詳也。嘗記童稚時，先人木山公謂不肖曰：「吾讀國風，四肢猶覺散慢，及讀『文王在上，於昭于天』，不覺手足之斂肅，肩背之竦直也。」嗟夫，小子弗克負荷矣，總角受詩，皓首茫然，聊述梗概，識其愧心而已矣。

愚讀離騷，愛其才情濬發，託興高遠，誠辭賦之宗也。至云「紛吾既有此内美兮，又重之以脩能」，則竊歎曰：「是其謗之招乎？」至「不量鑿而正枘，固前脩以菹醢」，則又歎曰：「夫其自知之矣。」蓋其嫉謡諑，怨靈脩，回望故都，深綣綣焉，直令人惻然傷心。然披抉小人之情，剖析治亂之幾，終不若變雅之爽朗也。且其「飲馬咸池，總轡扶桑」「前望舒，後飛廉」「令豐隆，求宓妃」諸語，後人脩辭率慕而效之。乃雅則指牛女而惜其不可「服箱」、「報章」也，覩斗箕而傷其不可「簸揚」「挹漿」也，悲而無聊，典而含痛，有不廢書流涕乎？此所以經千載而如新，歷百誦而不盡也。若賈生弔湘、鵩鳥二賦，則猶有風雅之遺思哉。

古人之書亦皆有韻，不特詩也。如老子：「無名，天地之始；有名，萬物之母。」母讀米也。「功而不居。夫惟不居，是以不去。」居讀倨也。「事善能，動善時。夫惟不爭，故無尤。」尤讀怡也。「金玉满堂，莫之能守；富貴而驕，自遺其咎。」咎讀九也。「五味，令人口爽；馳騁田獵，令人心發狂。」「爽」讀「霜」也。「執古之道，以御今之有。能知古始，是謂道紀。」有讀以也。「澹兮其若海，飂兮似無所止。衆人皆有以，我獨頑且鄙。」海讀喜也。「窈兮冥兮，其中有精。其精甚真，其中有信。」信讀伸也。「名亦既有，夫亦将知止，知止所以不殆。」殆讀以也。「知足不辱，知止不殆，可以長久。」久讀几也。「既得其母，以知其子；既知其子，復守其母。」子讀止也。「以智治國，國之賊；不以智治國，國之福。知此两者，亦楷式。」福讀偪也。「玄德深矣遠矣，與物反矣。」反讀顯也。「祸兮福所倚，福兮祸所伏。」伏讀逼也。「吾不敢爲主而爲客，不敢進寸而退尺。」客讀恪、尺讀綽也。「受國之垢，是爲社稷主。」垢讀古、主讀祖也。又莊子：「通於一而萬事畢，無心得而鬼神服。」服讀逼也。「覩有者，昔之君子；覩無者，天地之友。」友讀以也。此與毛詩古音若合符節，故通詩之音以讀易，得十之六；讀離騷得十之五；讀易林、急就、參同、太玄諸書與古歌謠，皆開卷而得其概，庶幾不至於齟齬矣。

漢魏六朝之詩、騷、賦之變，而近體之椎輪也。其贈送有規諷焉，其引用有根據焉，華不滅質，色能澤理。其音與古合，如服、宅、年、南、嘉、澤、客、發之類，已採入旁證；其與古異者，如車、家、華、邪之類，亦頗附於末，見其所由變者漸矣。尚有於今不合古，無可附者，亦皆其時之音也，注者悉謂之叶，無乃冤乎？故楚騷、漢賦無論，姑舉其近者：札讀節也，古與顏、陸本非相師。古詩：「客從遠方來，遺我一書札。上言長相思，下言久離別。」顏延之贈王太常：「豫往誠歡歇，悲來非樂闋。屬美謝繁翰，遙懷具短札。」陸厥答内兄：「書記既翩翩，賦歌能妙絶。相如恧温麗，子雲慙筆札。」霞讀何也，曹與陸、謝亦非相襲。曹植洛神賦：「遠而望之，皎若太陽升朝霞；迫而察之，灼若芙蕖出渌波。」陸機前緩聲歌：「太容揮高絃，洪崖發清歌。獻酬既已周，輕舉乘紫霞。」謝混遊西池：「迴阡被陵闕，高臺眺飛霞。惠風蕩繁囿，白雲屯曾阿。」閉讀鼈也，則潘、顏之作可徵。潘岳西征賦：「臧札飄其高厲，委曹吴而成節。何莊武之無恥，徒利開而義閉。」顏延之贈王太常：「側同幽人居，郊扉常晝閉。林閭時晏開，亟廻長者轍。」謳讀區也，則曹、陸之辭可據。曹植贈丁翼：「秦箏發西氣，齊瑟揚東謳。肴來不虛歸，觴至反無餘。」陸機吴趨行：「楚妃且勿歎，齊娥且莫謳，四座並清聽，聽我歌吴趨。」岳讀獄也，陸與司馬不約而同。司馬彪贈山濤：「苕苕椅桐樹，寄生於南岳。上淩青雲霓，下臨千仞谷。」陸機贈弟：「指途悲有餘，臨觴歡不足。我若西流水，子爲東跱岳。」袂讀決也，沈與江淹匪期而合。沈炯歸魂賦：「矧今古之悲涼，並攢心而沾袂。渡狹嶺之欹危，跨清津之幽絶。」江淹雜詩：「芳塵未歇席，零淚猶在袂。停驢望極浦，弭棹阻風雪。」或讀緇爲止，或讀没爲滅。陸機爲顧彦先贈婦：「辭家遠行游，悠悠三千里。京洛多風塵，素衣化爲緇。」謝靈運游赤石：「首夏猶清和，芳草亦未歇。水宿淹晨暮，陰霞屢興没。」或讀開爲虧，或讀蔽爲別。謝惠連擣衣：「盈篋自余手，幽緘候君開。腰帶准疇昔，不知今是非。」江淹雜詩：「乳竇既滴瀝，丹井復寥泬。嵒崿轉奇秀，岑崟還相蔽。」或讀霸爲布，或讀惜爲削。韋孟諷諫：「興國救顛，孰違悔過。追思黄髮，秦繆以霸。」曹植贈丁儀：「思慕延陵子，寶劍非所惜。子其寧爾心，親交義不薄。」或讀横爲黄，或讀璧爲博。曹植贈白馬王：「大谷何寥廓，山樹鬱蒼蒼。霖雨泥我塗，流潦浩縱横。」江淹雜詩：「君王禮英賢，不恡千金璧。雙闕指馳道，朱宫羅第宅。」宅音鐸。或讀灑爲洗，或讀扇爲羶。謝朓始出尚書省：「中區咸已泰，輕生諒昭灑。趨事辭宮闕，載筆陪旌棨。」束皙補亡詩：「四時遞謝，八風代扇。纖阿案晷，星變其躔。」或讀蜕爲泄，或讀淺爲千。郭璞遊仙詩：「吐納致真和，一朝忽靈蜕。飄然淩太清，眇爾景長滅。」沈約早發定山：「歸海流漫漫，出浦水淺淺。野棠開未落，山櫻發欲然。」或讀寐爲蜜，或讀籍爲酌。江淹雜詩：「明月入綺窗，髣髴想蕙質。銷憂非萱草，永懷寧夢寐。」左思詠史：「四賢豈不偉，遺烈光篇籍。當其未遇時，憂在填溝壑。」或讀葩爲坡，或讀石爲芍。陸機吴趨行：「大皇自富春，矯手頓世羅。邦彦應運興，粲若春林葩。」何劭遊仙詩：「揚志青雲際，流目矚巖石。羨昔王子喬，友道發伊洛。」或讀窗爲聰，或讀肅爲瑟。謝靈運田南詩：「激澗代汲井，插槿當列墉。羣木既羅户，衆山亦對窗。」陸機赴洛：「羇旅遠遊宦，託身承華側。撫劍遵銅輦，振纓盡祗肅。」或讀淮爲熙，或讀昧爲蔑。顔延之和靈運：「惜無爵雉化，何用克海淮？去國還故里，迷門樹蓬黎。」鮑照代君子有所思：「器惡含滿欹，物忌厚生没。智哉衆多士，服理辯昭昧。」没音見前。或讀頭爲徒，或讀澨爲淅。陌上桑：「東方千餘騎，夫婿居上頭。何用識夫婿，白馬從驪駒。」江淹雜詩：「身名竟誰辨，圖史終磨滅。且泛桂水潮，映月游海澨。」或讀蹯爲軒，或讀戾爲裂。曹植名都篇：「我歸宴平樂，美酒斗十千。膾鯉臇胎鰕，寒鼈炙熊蹯。」潘岳西征賦：「信此心也，庶免夫戾。如其禮樂，以俟來哲。」或讀掃爲暑，或讀播爲皤。張載七哀：「蒙籠荆棘生，蹊逕登童豎。狐兔窟其中，蕪穢不復掃。」劉琨答盧諶：「威之不建，禍延凶播。忠隕於國，孝愆於家。」家音歌。或讀串爲慣，或讀皤爲波。謝惠連秋懷：「各勉玄髮歡，無貽白首歎。因歌遂成賦，聊用布親串。」陸雲贈鄭曼季：「所謂

伊人，在谷之阿。虎質山嘯，龍輝淵蟠。」又，晉今讀進，彼讀薦，使非當時之音，陸氏兄
弟乃以國他叶，可乎？陸機贈馮文羆：「于皇聖世，時文惟晉。受命自天，奄有黎獻。」陸雲登
臺賦：「長發惟祥，天鑒在晉。肅有命而龍飛兮，躪重斯而肇建。」故讀六朝，必考六朝之音，
由此而上可知也。不然，同乎我者謂聲之諧，異乎我者謂韻之叶，以一地概四方，以
一時概千古，將使文字聲律涣判支離而靡有畫一，豈所貴於誦讀哉？

愚編旁證采易獨詳，以時世近而聲音同也。如天，如行，如慶，如明，凡五十餘
字，悉載之首矣。此實周代之音，非叶也。歷數象象，行凡三十有二，明凡一十有
四，慶凡一十有二，無不同音者。又如當字，詩無所附，六十四卦位，當、不當凡二
十有六，皆讀平聲，決其爲古音無疑也已。沈括云：「慶，古人協韻也，宜音羌。」諸
儒遽以爲然，故註詩者，一則曰叶，再則曰叶。近有易書於當字注云：「本去，叶
平。」亦襲沈括之説也。夫後世如淮西之碑、聖德之頌，説者謂間用叶音以慕古耳。
孔子何慕乎？乃其贊易。字無正音，而一取諸叶，胡爲者也？且叶或一二用，三四用
多矣，五六用至多矣，蔓衍數十，更無一不叶，又胡爲者也？故注者云：「慶，古本
讀羌，而今讀磬；當，古本讀璫，而今讀蕩。」庶得之矣。胡爲以今之讀爲正，而以
古之正爲叶也？是以楷書爲正字，篆、隸爲模楷而作矣。顛倒古今，反覆倫類，莫此

甚也，可乎？不可乎？倡自一人，天下羣起而和之，誤自一世，後世踵而從之，智者不敢生疑，賢者不敢致詰，若安之爲固然，遵之爲謨訓者，九原可作，不啞然而笑乎？夫乾坤毀而不易者，道也；時地易而轉移者，聲也。故生齊則齊言矣，生楚則楚言矣。使聖人而生於後世，有不讀服爲復，讀華爲花，讀慶、當以去聲乎？然溯流窮源，必有說心研慮而異乎世者，此同異之準也。禮曰：「醴酒之用，玄酒之尚；割刀之用，鸞刀之贵；莞簟之安，而藁鞂之設。」此所謂反本脩古，不忘其初者也。故罄、蕩之讀，而羌、瑲之知；服、華之從，而逼、敷之辨；楷書之用，而篆、隸之考，亦不忘古初意也。若徇習俗而昧古昔，是未說而忘先民，豈所貴於豪傑之士乎？將六藝、六書之教荒矣。嗟夫，聖人之道，心術内也，形器外也，精神深也，聲音淺也。唐宋名儒，匡坐而談，瞑目而證，皆自謂得聖人之玄解矣。其弟子和之，亦曰：「吾師得聖人之玄解也。」然皓首窮經，曾音響節奏之未辨，如精神心術何？故自謂其玄解者，沈括釋音之類也；弟子和之者，亦從沈括者之類也。宇宙寥寥，此道墜地久矣，惟我太祖皇陵碑之作妙契古音，如行讀杭，喪讀桑，悵讀昌，壤、攘俱讀穰，量讀梁，相讀湘，創讀倉，慷讀康，尚讀常，亢讀岡，幢讀牀，仰讀昂，響讀香，粹乎詩、易之韻也。聖謨宏偉，千聖之精神心術如在，草莽之臣豈能揄揚之哉？

跋

往季讀焦太史筆乘曰：「古詩無叶音。」此前人未道語也，知言哉。歲在辛丑，嘗爲考證，尚未脱稿，即有建州、温陵之遊。留滯三季，徒置舊篋。甲辰春來金陵，稿未攜也。秋末，造訪太史，談及古音，欣然相契。假以諸韻書，故本所憶記，復加編輯。太史又爲補其未備，正其音切。於是書成可繕寫，爰以公諸同好。此道久湮，知之者寡。即吴才老、楊用修博採精稽，猶未敢斷言非叶也。太史與愚乃篤於自信，真千載一遘矣。使見者謂爲是也，古音自此可明；謂未盡也，觸類引伸，必自是始；如謂非也，則以待後世子雲而已。噫，大道難明，至學未易辯也。愚尤有期於太史者，在此特其小小耳。

萬曆丙午仲夏朔，陳第書於謝墩山房。

屈宋古音義

題屈宋古音義

焦　竑

陳子季立，既葺毛詩古音攷，盛行於時。至是謂毛詩之後，莫古於離騷。其音讀一與詩同，而誦者往往失之，豈復成音節哉？得此編，不但楚詞聲韻犂肰當心，而與毛詩古韻相爲印證，學者當益自信不疑矣。

嘗憶相如作上林賦，尚書給札，一日而作，無二京三都雕琢十年之苦。賦奏，天子大悦，亦無金華露門諸儒進讀分章摘句之助。迨後數百歲，孟堅删取其要，師古詳爲之釋，讀者顧未易通解。此六書韻學之廢，而士大夫不能學古之過也。近世吴才老、楊用修始以此爲急，而未嘗合詩、騷、古賦參讀之，猶溺於近世叶音之説。得季立之書，奥篇奇字，曲暢旁通，高下抑揚自中律度，古之作者且含笑地下，不啻如沈約擊節於「雌霓」之一語而已。

季立老矣，强記洽聞，劇談經學，猶如精練少年，蓋未衰也。而學者而以雷同自安，難字過目，類作含糊嗫嚅之狀，聞君之風，其亦可自媿而自勉也夫。

萬曆甲寅冬日，瑯琊焦竑書。

自序

夫楚辭莫妙于屈宋也。屈原之作，變動無常，淜沛不滯，體既獨造，文亦赴之，蓋千古之絶唱也。宋玉之作，纖麗而新，悲痛而婉，體製頗沿於其師，風諫有補于其國，亦屈原之流亞也。景差、嚴忌、東方朔、王褒、劉向、王逸輩，雖踵而效之，終弗逮矣。余獨慨夫注屈宋者，率不論其音，故聲韻不諧。間有論音者，又率以叶韻槩之，何其不思之甚也。夫毛詩、易象之音，若日月中天，耿然不可易矣。今考之屈宋，其音往往與詩、易合，其詩、易所無者，又往往與周、秦、漢、魏之歌謡詩賦合，其爲上世之音何疑？自唐顔師古、太子賢注兩漢書，於長卿、子雲、孟堅、平子諸賦，音有與時乖者，直以合韻叶音當之，後儒相緣不復致思。故自毛詩、易象、楚辭、漢賦與凡古昔有韻之篇，悉委于叶之一字矣。夫顔師古、太子賢豈不稱博雅之士，但未嘗力稽于往古，合併乎羣書，是以一時之誤而階千載之憒憒耳。余實深慨而嘆息之。往年編輯毛詩古音攷，已災木矣。竊念少好楚辭，楚辭之中尤好屈宋，一一以古音讀之，聲韻頗諧，故復集此一編，公之同好。噫，豈惟屈宋是爲？將以羽翼夫毛詩，使天下後世篤信古音而不疑，是區區論著之夙心也已。

萬曆癸丑除前一日，陳第書于東甌江心寺。

附凡例四則

一、曩余輯毛詩古音攷，其音合于古而異于今者，凡五百字。今檢屈宋音與毛詩同者八十餘字，則提其本音直註云「詳見毛詩古音攷」。其毛詩所無者一百五十餘字，輒旁引他書以相質證。俾讀者一遊目於此，已得其大旨，至于本文韻脚復註云「古音某」，庶幾迎刃而解矣。凡此皆以發明古音，以見叶音之説謬也。

一、余初録屈宋辭賦，只存其正文不著註。友人謂無註難讀，因取舊註删潤之，間亦附以鄙意。然從前註楚辭者，或以二句、三四句斷章，雖解其義，而其韻混淆未易曉也。如離騷屢次轉韻，其韻之多有至八句、十二句爲一韻者。招魂亦屢次轉韻，韻之多有至十六句、二十句爲一韻者，今余一以韻爲斷。若惜往日、悲回風有以二十句、二十二句、二十四句爲一韻者，其韻既長，不得不分而註之，然亦書於其下。其他二句、三句韻者，亦明書之。故一問卷若指諸掌，此則竊取之微意也。

一、楚辭板刻最多，句字多寡異同，不可勝詰。今惟取王叔師章句、朱考亭集註參校之，大都依考亭者居多，以其校讐援引已悉，更不復取之他本也。

一、余往讀楚辭及兩漢魏晉諸賦，率題數語於後，知於義無當，然實據一得之見，非敢攘襲前人成説以爲己私珍也。彙成一帙，名曰辭賦漫題，委之篋中久矣。茲取題屈宋者附于其後，以請正好古君子。餘無所附者，仍置之故篋云。

屈宋古音義目録

按：屈原所著，舊有二十五篇：離騷一篇，九歌一十一篇，九章九篇，遠遊一篇，卜居一篇，漁父一篇，天問一篇，共二十五篇。今去天問，而録其二十四篇。宋玉所著九辯、招魂，舊附于屈原爲楚辭，然高唐、神女、風賦、登徒子好色賦皆宋玉作也。今彙而合之，共一十四篇。總之爲三十八篇，題之以屈宋之名，而列其古音目録于左。

降音洪 能音泥 佩音皮 莽音姥 在音止 隘音益 怒上聲 舍音暑 他音拖 化音訛 晦音米 穢音意 索音素 英音央 蘂音里 服音逼 艱音斤 朁音侵 悔音喜 時音是 態音剃 安音烟 反音顯 遠音演 虧音欺 懲音長 予上聲 野音暑 節音即 巷音諷 家音姑 差音磋 醢音以 當平聲 正音征 迫音薄 屬音注 夜音裕 下音虎 馬音姥 盤音便 巧音竅 惡音污 古音故 異平聲 迎音瘖 調音同 媒音迷 折音制 茅音侔 幃音怡 化音嬉 沬音迷 行音杭 待音持 馳音駝 蛇音陀 邦音崩 來音釐 末音密 絶音節 閒音玄 上平聲 蘭音連 蓋音記 蘅音杭 門音民 雲音銀 者音

渚爲音怡　華音敷　天音汀　帶音蒂　池音沱　明音芒　雷音羅　懷音回　簴音舉　姱音市　蟜音羅
柏音博　蕭音颼　甲音結　雄音盈　肬音怡　道音島　志平聲　釋音爍　白音博　恃音洗　殆音以　好音
休，去聲　言音延　尤音怡　顧音古　風孚金切　滯音帶　如音茹　遠音烟　壇音廛　得音的　蹠音鵲
客音恪　江音工　復音逼　丘音欺　鎮音真　闐音烟　患音弦　北音必　歲音試　潭音尋　進音箭　告音
轂　默音穆　抑音懿　改音已　怪音記　采音泚　有音以　象音長　匹音僔　愛音緯　發音歇　達音他悅
切　草音楚　誒音矣　出音砌　治音持　否音胚　昭音周　聊音留　厨音稠　牛音疑　戒音急　佩音備
代音地　載音祭　再音至　識音志　國音役　喜去聲　失音試　友音以　貺音荒　慮音魯　解音係　顛音
真　媛音然　右音以　期音記　策音尺　闐音因　霞音敷　德音的　存音前　門音眠　居音倨　麾音河
厲音冽　衛音越　樂音撈，去聲　涕音底　疑音牛　歌音箕　通音湯　埃音噫　濁音獨　繹音約　横音
黄　舉音倨　死音誓　誦音宗　鑿音助　高音告　春音親　哀音噫　偕音几　毀音喜　躇音注　瑕音蒿
加音歌　敗音備　昧音寐　約音要　湛音雍　恙音央　沫音寐　石音削　祀音以　宇音武　壺音瓠　久音
几　千音親　淵音因　災音齎　絡音路　呼音付　姦音堅　山音仙　寒音玄　瓊音强　衆音宗　羹音郎
爽平聲　陳音田　瑟音失　夜音掖　假音故　漸音潛　楓音孚金切　南音寧　儀音擬　會音係　磕音記
霈音孌　邁音厲　竄音砌　藹音意　沛音孌　籟音利　杜音祖　出音赤　夭音以　巢音稠　諧音奚　血音
绤　讚音薦　首音狩　覆音阜　口音苦　灰音虛　祛音顧　義音俄

降音洪。詳見毛詩古音攷。

離騷「帝高陽之苗裔兮，朕皇考曰伯庸。攝提貞于孟陬兮，惟庚寅吾以降。」九歌雲中君「靈皇皇兮既降，猋遠舉兮雲中。覽冀州兮有餘，橫四海兮焉窮？」宋玉風賦〔一〕「故其清凉雄風，則飄舉升降。乘凌高城，入于深宫。」

能佩能音泥，佩音皮。俱見毛詩古音攷。

離騷「紛吾既有此内美兮，又重之以修能。扈江離與辟芷兮，紉秋蘭以爲佩。」思美人「登高吾不説兮，入下吾不能。固朕形之不服兮，然容與而狐疑。」

莽音姥。古馬亦音姥，二字義異而音同。漢有馬何羅者，明德皇后惡其先有叛，以莽易馬，改字不改音也。介子推龍蛇歌：「二一蛇入國，厚蒙爵土。餘有一蛇，棄于草莽。」何仲言詩：「霜洲渡旅鴈，胡飈吹宿莽。夜淚坐淫淫，是節偏懷土。」

離騷「汨吾若將不及兮，恐年歲之不吾與。朝搴阰之木蘭兮，夕攬洲之宿莽。」九章懷沙「滔滔孟夏兮，草木莽莽。傷懷永哀兮，汩徂南土。」宋玉風賦莽亦此音。

在音止。詳見毛詩古音攷。

離騷「昔三后之純粹兮，固衆芳之所在。雜申椒與菌桂兮，豈維紉夫蕙茝。」又「吾令豐隆乘雲兮，求虙妃之所在。解佩纕以結言兮，吾令蹇修以爲理。」

隘音益。籀文從阜，益聲。荀卿知賦：「此夫安寬平而危險隘（音益）者邪？修潔之爲親，而雜汙之爲狄者邪？」

離騷「惟黨人之偷樂兮，路幽昧以險隘。豈余身之憚殃兮，恐皇輿之敗績。」

怒上聲。詳見毛詩古音攷。

離騷「忽奔走以先後兮，及前王之踵武。荃不察余之中情兮，反信讒以齌怒。」國殤、風賦怒皆此讀。

舍音暑。魏了翁云：「六經凡『下』皆音虎，『舍』皆音暑。」易乾象：「潛龍勿用，下也。見龍在田，時舍也。」

離騷「余固知謇謇之爲患兮，忍而不能舍也。指九天以爲正兮，夫唯靈修之故也。」

他音拖。詩柏舟：「汎彼柏舟，在彼中河。髧彼兩髦，實維我儀。之死矢靡他。」儀音俄。盧諶詩：「義由思深，分隨昵加。綢繆委心，自同匪他。」加音歌。

化音訛。易繫：「神而化之，使民宜之。」宜音俄。詩棫樸：「奉璋峩峩，髦士攸宜。」哀時命：「子胥死而感義兮，屈原沈於汨羅。雖體解其不變兮，豈忠信之可化？」

離騷「初既與余成言兮，後悔遁而有他。余既不難夫離别兮，傷靈修之數化。」九辯化亦此音。

晦音米。晦亦作畆，音義同。詳見毛詩古音攷。

離騷「余既滋蘭之九畹兮，又樹蕙之百畮。畦留夷與揭車兮，雜杜蘅與芳芷。」宋玉高唐賦「滂洋洋而四施兮，蓊湛湛而不止。長風至而波起兮，若麗山之孤畆。」

穢音意。賈誼旱雲賦：「或深潛而閉藏兮，爭離刺而並逝。廓蕩蕩其若滌兮，日炤炤而無穢。」張衡温泉賦：「六氣淫錯有疾癘兮，温泉汩焉以流穢兮。」

離騷「冀枝葉之峻茂兮，願竢時乎吾將刈。雖萎絶其亦何傷兮，哀衆芳之蕪穢。」九辯、招魂穢皆此讀。

索音素。釋名：「索，素也。」書序〔二〕：「八卦之説，謂之八索。」徐邈：「音素。」臯魚引古語云：「枯魚銜索，幾何不蠹？」

離騷「衆皆競進以貪婪兮，憑不厭乎求索。羌内恕己以量人兮，各興心而嫉妬。」

英音央。詳見毛詩古音攷。

離騷「朝飲木蘭之墜露兮，夕餐秋菊之落英。苟余情其信姱以練要兮，長顑頷亦何傷？」九歌、九章、遠遊英皆此讀。

蘂音里。沈約撰類蘂在紙韻，見六朝時猶有古音也。

離騷「擥木根以結茝兮，貫薜荔之落蘂。矯菌桂以紉蕙兮，索胡繩之纚纚音洗。」

服音逼。詩、易及秦漢古辭，無有不讀逼者。故儀禮載冠辭曰：「吉月令日，始加元服。棄爾幼志，順爾成德。」德讀的，與服韻。此其當世之音，毫無所假借者。唐賈公彦注儀禮曰：「服叶蒲。」此反失之矣，豈古人命冠數語不能以正韻，而必待于叶耶？以此見唐人之不知古音也。詳見毛詩古音攷。

離騷「謇吾法夫前修兮，非世俗之所服。雖不周於今之人兮，願依彭咸之遺則。」又離騷二服、九章二服、九辯一服，皆此讀。

艱音斤。詳見毛詩古音攷。

替音侵。説文：「朁，象簪也，古讀侵。」崔琦外戚箴：「宣王晏起，姜后脱簪。齊桓好樂，衛姬不音。」

離騷「長太息以掩涕兮，哀人生之多艱。余雖好修姱以鞿羈兮，謇朝誶而夕替。」

悔音喜。詳見毛詩古音攷。

離騷「既替余以蕙纕兮，又申之以攬茝。亦余心之所善兮，雖九死其猶未悔。」

時音是。古時、是通音。尚書「時日曷喪」，時，是也；「播時百穀」，王肅作是；「斂時五福」，馬融作是。

態音剃。戰國策蘇秦語曰：「科條既備，民多僞態。」司馬相如封禪書：「黑質白章，其儀可喜。昭昭穆穆，君子之態。」喜去聲。劉向九歎：「欲卑身而下體兮，心隱惻而不置。方圜殊而不合兮，鉤繩用而異態。」

離騷「忳鬱邑余侘傺兮，吾獨窮困乎此時也。寧溘死以流亡兮，余不忍爲此態也。」惜誦、懷沙、思美人態皆同音。

安音烟。詳見毛詩古音攷。

離騷「鷙鳥之不羣兮，自前世而固然。何方圜之能周兮，夫孰異道而相安？」招魂安亦此讀。

反遠反音顯，遠音演。古反、遠常相韻。論語：「康棣之華，翩其反而〔三〕。豈不爾思，室是遠而。」詳見毛詩古音攷。

離騷「悔相道之不察兮，延佇乎吾將反。回朕車以復路兮，及行迷之未遠。」九歌國殤、九章哀郢反遠皆此讀。

虧音欺。易林損之大畜：「十丸同投，爲雉所維。獨得逃脱，完全不虧。」後漢崔琦外戚箴：「爰暨末葉，漸已頽虧。貫魚不叙，九御差池。」晉摯虞太康頌：「耀武六旬，輿徒不疲。飲至數實，干旄無虧。」

離騷「高余冠之岌岌兮，長余佩之陸離。芳與澤其雜糅兮，唯昭質其猶未虧。」九章抽思「望三五以爲像兮，指彭咸以爲儀。夫何極而不至兮，故遠聞而難虧。」

懲音長。説文從心，徵聲。徵古有長音。參同契：「潛潭見象，發散精光。昴畢之上，震出爲徵。」

離騷「人生各有所樂兮，余獨好修以爲常。雖體解吾猶未變兮，豈余心之可懲？」

予上聲。詳見毛詩古音攷。

野音暑。詳見毛詩古音攷。

離騷「女嬃之嬋媛兮，申申其詈予，曰：『鮌婞直以亡身兮，終然殀乎羽之野。』」離騷更有二予，九歌三予，遠遊一予，皆此讀。

節音即。詳見毛詩古音攷。

離騷「汝何博謇而好修兮，紛獨有此姱節？薋菉葹以盈室兮，判獨離而不服。」九歌東君節亦此讀。

巷音諷。字一作衖，又作閧。楊子：「一閧之市。」詩丰：「子之丰兮，俟我乎巷兮，悔予不送兮。」

離騷「啓九辨與九歌兮，夏康娱以自縱。不顧難以圖後兮，五子用失乎家巷。」

家音姑。詳見毛詩古音攷。

離騷「羿淫遊以佚田兮，又好射夫封狐。固亂流其鮮終兮，浞又貪夫厥家。」

差音磋。今之蹉跎，古作差沱。文子：「水雖平，必有波；衡雖正，必有差。」哀時命：「志怦怦而内直兮，履繩墨而不頗。執權衡而無私兮，稱輕重而不差。」

離騷「湯禹儼而祗敬兮，周論道而莫差。舉賢而授能兮，循繩墨而不頗。」登徒子好色賦差亦同音。

醢音以。説文：「從酉，㐭聲。」㐭讀若賄。又按，説文：「賄從貝，有聲。」有，毛詩皆讀以。

離騷「阽余身而危死兮，覽余初其猶未悔。不量鑿而正枘兮，固前修以菹醢。」九章涉江「忠不必用兮，賢不必以。伍子逢殃兮，比干菹醢。」招魂「雕題黑齒，得人肉以祀，以其骨爲醢些。蝮蛇蓁蓁，封狐千里些。」祀音以。

當平聲。易師六五小象：「長子帥師，以中行也。弟子輿尸，使不當也。」行音杭。易象傳及小象當凡二十七，皆平聲讀。樂記：「古者天地順而四時當，民有德而五谷昌，疾疢不作而無妖祥，此之謂大當。」亦平聲讀。後世皆以去聲讀之，誤。

離騷「曾歔欷余鬱邑兮，哀朕時之不當。攬茹蕙以掩涕兮，霑余襟之浪浪平聲。」離騷更一當與涉江當，皆此讀。

正音征。詳見毛詩古音攷。

離騷「跪敷衽以陳辭兮，耿吾既得此中正。駟玉虬以乘鷖兮，溘埃風余上征。」九歌、九章正皆此音。

迫音薄。崔瑗草書勢：「草書之法，蓋又簡略。應時喻指，用于卒迫。」

離騷「吾令羲和弭節兮，望崦嵫而勿迫。路漫漫其修遠兮，吾將上下而求索音朔。」招魂迫亦此音。

屬音注。考工記：「犀甲七屬，兕甲六屬，合甲五屬。」鄭玄云：「屬，讀如灌注之注。」

離騷「前望舒使先驅兮，後飛廉使奔屬。鸞皇爲余先戒兮，雷師告余以未具。」

夜音裕。詳見毛詩古音攷。

離騷「吾令鳳皇飛騰兮，繼之以日夜。飄風屯其相離兮，帥雲霓而來御。」

下音虎。陸德明云：「毛詩一十有七。下，叶韻，皆當讀如户。」夫謂之如户近之，以爲叶音，失之矣。詳見毛詩古音攷。

離騷「紛總總其離合兮，斑陸離其上下。吾令帝閽開關兮，倚閶闔而望予。」又離騷二下，及九歌、九章、九辯、招魂、高唐、風賦凡下，皆此讀。

馬音姥。詳見毛詩古音攷。

離騷「世溷濁而不分兮，好蔽美而嫉妒。朝吾將濟於白水兮，登閬風而緤馬。」九歌國殤馬亦此讀。

盤音便，平聲。古詩：「上枝似松柏，下枝據銅盤。雕文各異類，離婁自相連。」

離騷「紛總總其離合兮，忽緯繣其難遷。夕歸次於窮石兮，朝濯髮乎洧盤。」

巧音竅。舊説善功曰巧，上聲，禮記「辭欲巧」是也。僞功曰巧，去聲，論語「巧言令色」是也。

左思魏都賦：「遐邇悦豫而子來，工徒擬議而騁巧。闡鉤繩之筌緒，承二分之正要。」

離騷「吾令鴆爲媒兮，鴆告余以不好。雄鳩之鳴逝兮，余猶惡其佻巧。」好音休，去聲，見後。

惡音污。古讀「美惡」之惡，多如「好惡」之惡。趙王友幽歌：「我妃既妒兮誣我以惡，讒女亂國兮上曾不寤。」易林比之既濟：「精神消落，形骸醜惡。齟齬頓挫，枯槁腐蠹。」

離騷「理弱而媒拙兮，恐道言之不固。時溷濁而嫉賢兮，好蔽美而稱惡。」又「何所獨無芳草兮，爾何懷乎故宇？時幽昧以眩曜兮，孰云察余之美惡？」

古音故。劉向九歎：「興離騷之微文兮，冀靈修之一晤。還余車於南郢兮，復往軌於初古。」

離騷「閨中既以邃遠兮，哲王又不寤。懷朕情而不發兮，余焉能忍而與此終古？」

異平聲。詩静女：「自牧歸荑，洵美且異。匪女之爲美，美人之貽。」黄公紹韻會云：「貽，可平可仄。」

離騷「人好惡其不同兮，惟此黨人其獨異。户服艾以盈要兮，謂幽蘭其不可佩。」九章思美人「解篇薄與雜菜兮，備以爲交佩。佩繽紛以繚轉兮，遂萎絶而離異。」佩音皮，見前。

迎音寤。迓也，吴才老讀或謂恐是「遻」字之誤。

離騷「百神翳其備降兮，九疑繽其並迎。皇剡剡其揚靈兮，告余以吉故。」

調音同。詩：「弓矢既調，射夫既同。」調亦音同。東方朔七諫：「不量鑿而正枘兮，恐矩矱之不同。不論世而高舉兮，恐操行之不調。」

離騷「曰勉升降以上下兮，求矩矱之所同。湯禹儼而求合兮，摯皋繇而能調。」

媒音迷。詳見毛詩古音攷。

離騷「苟中情其好修兮，又何必用夫行媒？說操築於傅巖兮，武丁用而不疑。」九章抽思媒亦此音。

折音制。劉向九歎：「懷蘭茝之芬芳兮，妬被離而折之。張絳帷以襜襜兮，風邑邑而蔽之。」

離騷「何瓊佩之偃蹇兮，衆薆然而蔽之。惟黨人之不亮兮，恐嫉妬而折之。」

茅音侔。詳見毛詩古音攷。
離騷「時繽紛其變易兮，又何可以淹留？蘭芷變而不芳兮，荃蕙化而爲茅。」
幃音怡。説文：「從巾，韋聲。」韋古讀怡。張協洛禊賦：「粉葩翕習，緣阿被湄。振袖生風，接衽
成幃。」梁元帝班婕妤辭：「婕妤初選入，含媚向羅幃。何言飛燕寵，青苔生玉墀。」
離騷「椒專佞以慢慆兮，榝又欲充其佩幃。既干進而務入兮，又何芳之能祗？」
化音嬉。三略：「天地神明，與物推移。變動無常，與物轉化。」陳琳大荒賦：「越洪寧之蕩蕩兮，
追玄漠之造化。跨三五而無偶兮，邈卓立而獨奇。」化，一音訛，見前。
離騷「固時俗之從流兮，又孰能無變化？覽椒蘭其猶若此兮，又況揭車與江離？」
沬音迷。漢武悼李夫人賦：「弟子增欷洿沬帳兮。」沬，讀平聲，一音寐，見後。
離騷「惟茲佩之可貴兮，委厥美而歷茲。芳菲菲而難虧兮，芬至今猶未沬。」
行音杭。詳見毛詩古音攷。
離騷「靈氛既告余以吉占兮，歷吉日乎吾將行。折瓊枝以爲羞兮，精瓊爢以爲粻。」九
歌、九章、遠遊、招魂凡行皆同音。
待音持。易蹇初二小象：「往蹇來譽，宜待也。王臣蹇蹇，終無尤也。」尤音怡。待，後稍轉爲底。
東方朔七諫：「往者不可及兮，來者不可待。悠悠蒼天兮，莫我振理。」魏文帝浮淮賦：「衆帆

張，鞏櫂起，争先逐進，莫適相待。」

離騷「路修遠以多艱兮，騰衆車使徑待。路不周以左轉兮，指西海以爲期。」

馳音駝。詩卷阿：「君子之車，既庶且多。君子之馬，既閑且馳〔四〕。」

蛇音陀。詳見毛詩古音攷。古亦音怡。凡覽古辭賦，在依上下文讀之，可也。

離騷「屯余車其千乘兮，齊玉軑而並馳。駕八龍之婉婉兮，載雲旗之委蛇。」東君、招魂蛇皆此讀。

邦音崩。老子：「修之於邦，其德乃豐。」詳見毛詩古音攷。

離騷「陟升皇之赫戲兮，忽臨睨夫舊邦。僕夫悲余馬懷兮，蜷局顧而不行音杭。」

來音釐。詳見毛詩古音攷。

湘君「望夫君兮未來，吹參差兮誰思？」山鬼「被石蘭兮帶杜蘅，折芳馨兮遺所思。余處幽篁兮終不見天，路險難兮獨後來。」

末音密。荀子禮論「絲末」注與幦同。夏侯湛抵疑：「向若垂一鱗，迴一翼，令吾子攀其飛騰之勢，挂其羽翼之末。」傅休奕朝時篇：「春榮隨露落，芙蓉生木末。自傷命不遇，良時有乖别。」

絶音節。論語纖：「孔子讀易，韋編三絶，鐵擿三折，漆書三滅。」揚雄解嘲：「炎炎者滅，隆隆者絶。」列女贊：「及遭暴秦，王道缺食，治内之道，於今廢絶。」

湘君「采薜荔兮水中，搴芙蓉兮木末。心不同兮媒勞，恩不甚兮輕絶。」

閒音玄。詳見毛詩古音攷。

湘君「石瀨兮淺淺，飛龍兮翩翩。交不忠兮怨長，期不信兮告余以不閒。」招魂「靡顔膩理，遺視矊些。離榭修幕，侍君之閒些。」

上平聲。詳見毛詩古音攷。

湘夫人「登白薠兮騁望，與佳期兮夕張。鳥何萃兮蘋中，罾何爲兮木上。」

蘭音連。易繫：「同心之言，其臭如蘭。」言音延。潘尼贈陸機：「昔子忝私，貽我蕙蘭。今子徂東，何以贈旃？」

湘夫人「沅有芷兮澧有蘭，思公子兮未敢言。」招魂「光風轉蕙，氾崇蘭些。經堂入奥，朱塵筵些。」

蓋音記。四皓紫芝歌：「駟馬高蓋，其憂甚大。富貴之畏人兮，不如貧賤之肆志。」大音地。魏文帝雜詩：「西北有浮雲，亭亭如車蓋。惜哉時不遇，適與飄風會。」會音係，見後。

湘夫人「聞佳人兮召予，將騰駕兮偕逝。築室兮水中，葺之兮荷蓋。」高唐賦「榛林鬱盛，葩葉覆蓋。雙椅垂房，糾枝還會。」又「蜺爲旌，翠爲蓋。風起雨止，千里而逝。」

蘅音杭。衡本音杭，加草音同。

湘夫人「白玉兮爲鎮，疏石蘭兮爲芳。芷葺兮荷屋，繚之兮杜蘅。」風賦「獵蕙草，離秦蘅，槩新夷，被稊楊。」

門音民。詳見毛詩古音攷。

雲音銀。詳見毛詩古音攷。雲又音延。陳琳瑪瑙勒賦：「初傷勿用，俟慶雲兮。君子窮達，亦時然兮。」國殤雲此讀。

湘夫人「合百草兮實庭，建芳馨兮廡門。九嶷繽兮並迎，靈之來兮如雲。」大司命「廣開兮天門，紛吾乘兮玄雲。」九章、遠遊、招魂、風賦門皆此音。

者音渚。猗蘭操：「逍遥九州，無所定處。何人闇蔽，不知賢者。」詳見毛詩古音攷。

湘夫人「搴汀洲兮杜若，將以遺兮遠者。時不可兮驟得，聊逍遥兮容與。」

爲音怡。老子：「愛民治國，能無爲乎。天門開闔，能爲雌乎。明白四達，能無知乎。」王延壽王孫賦：「原天地之造化，實神偉而崛奇。道玄微以密妙，信無物而不爲。」扊扅歌：「臨當相别時烹乳雞，今適富貴忘我爲。」

大司命「靈衣兮披披，玉佩兮陸離。壹陰兮壹陽，衆莫知兮余所爲。」又「愁人兮奈何，願若今兮無虧。固人命兮有當，孰離合兮可爲。」思美人、悲回風、漁父、招魂爲音皆同。

華音敷。周禮形方氏：「正其封疆，無有華離之地。」鄭玄注云：「華，讀爲狐。」詳見毛詩古音攷。

大司命「折疏麻兮瑶華，將以遺兮離居。老冉冉兮既極，不寖近兮愈疏。」

天音汀。詩、易多與「人」韻。詳見毛詩古音攷。

大司命「乘龍兮轔轔，高駝兮沖天。結桂枝兮延竚，羌愈思兮愁人。」哀郢、遠遊、九辯、招魂天俱同音。

帶音蒂。史記平準書：「禄帶。」劉伯莊音蒂。釋名：「帶，蒂也。著於衣，如物之繫蒂也。」漢封功臣丹書：「黄河如帶，泰山若礪。國以永存，爰及苗裔。」易林師之噬嗑：「失信不會，憂思約帶。」會音係。

少司命「荷衣兮蕙帶，儵而來兮忽而逝。夕宿兮帝郊，君誰須兮雲之際。」

池音沱。徐鉉曰：「池沼之池，古通作沱，今别作池。」非是。詳見毛詩古音攷。

少司命「與女遊兮九河，衝飈至兮水揚波。與女沐兮咸池，晞女髮兮陽之阿。」

明音芒。古純此音。詳見毛詩古音攷。

東君「暾將出兮東方，照吾檻兮扶桑。撫余馬兮安驅，夜皎皎兮既明。」懷沙、九辯明皆此讀。

雷音羅。

東君「駕龍輈兮乘雷，載雲旗兮委蛇音陀。」

懷音回。詳見毛詩古音攷。

東君「長太息兮將上，心徘徊兮顧懷。羌色聲兮娛人，觀者憺兮忘歸。」河伯懷同音。

簴音古。晉樂歌：「建五旗，羅鍾簴。列四懸，奏韶武。」

姱音甫，與嫭通，吳才老讀。

東君「緪瑟兮交鼓，簫鍾兮瑶簴，鳴鯱兮吹竽，思靈保兮賢姱。」抽思「憍吾以其美好兮，覽余以其修姱。與余言而不信兮，蓋爲余而造怒上聲。」

螭音羅。

河伯「與女遊兮九河，衝風起兮水横波。乘水車兮荷蓋，駕兩龍兮驂螭。」

柏音博。齊人松柏歌：「松耶柏耶，住建共者，客耶。」客音恪。詳見毛詩古音攷。

山鬼「山中人兮芳杜若，飲石泉兮蔭松柏，君思我兮然疑作。」

蕭音颼。詩下泉：「冽彼下泉，浸彼苞蕭。愾我寤嘆，念彼京周。」九歎：「白露紛紛以途途兮，秋風瀏瀏以蕭蕭。身永流而不還兮，魂長逝而常愁。」

山鬼「風颯颯兮木蕭蕭，思公子兮徒離憂。」

甲音結。詩：「芄蘭之葉，童子佩韘。雖則佩韘，能不我甲。」國殤「操吳戈兮披犀甲，車錯轂兮短兵接。」

雄音盈。詳見毛詩古音攷。一音形。

國殤「誠既勇兮又以武，終剛强兮不可凌。身既死兮神以靈，魂魄毅兮爲鬼雄。」

肬音怡。説文：「從肉，尤聲。」尤古讀怡，見後。

九章惜誦「竭忠誠以事君兮，反離羣而贅肬。忘儇媚以背衆兮，待明君其知之。」

道音島。詩、易皆此讀。詳見毛詩古音攷。

惜誦「壹心而不豫兮，羌不可保也。疾親君而無他兮，有招禍之道也。」橘頌道同音。

志平聲。志，古有平去二聲。易革小象：「革言三就，又何之矣。改命之吉，信志也。」太玄：「狂衝于冥，翕其志，雖欲稍搖，天不之茲。」

惜誦「忠何罪以遇罰兮，亦非余之所志也。行不羣以顛越兮，又衆兆之所咍也。」抽思「昔君與我成言兮，曰黄昏以爲期。羌中道而回畔兮，反既有此他志。」思美人志同音。

釋音爍。老子：「渙若冰將釋，敦兮其若樸。」劉向九歎：「日杳杳以西頹兮，路長遠而窘迫。欲酌醴以娛意兮，蹇騷騷而不釋。」迫音薄。易林革之大畜：「天門開闢，牢户寥廓。桎梏解脱，拘囚縱釋。」

白音博。詳見毛詩古音攷。

惜誦「紛逢尤以離謗兮，謇不可釋也。情沈抑而不達兮，又蔽而莫之白也。」哀郢、招魂釋，及招魂白，俱同此音。

恃音洗。曹植雜詩：「時俗薄朱顏，誰爲發皓齒？俛仰歲將暮，榮耀難久恃。」張載劍閣銘：「山河之固，見屈吴起。興實在德，險亦難恃。」

殆音以。説文以聲。詳見毛詩古音攷。

惜誦「終危獨以離異兮，曰君可思而不可恃。故衆口其鑠金兮，初若是而逢殆。」悲回風恃亦此音。

好音休，去聲。詩：「羔裘豹褎，自我人究究。豈無他人，維子之好。」

惜誦「晉申生之孝子兮，父信讒而不好。行婞直而不豫兮，鮌功用而不就。」

言音延。詳見毛詩古音攷。

惜誦「吾聞作忠以造怨兮，忽謂之過言。九折臂而成醫兮，吾至今乃知其信然。」

尤音怡。詳見毛詩古音攷。

惜誦「欲儃佪以干傺兮，恐重患而離尤。欲高飛而遠集兮，君罔謂女何之？」惜往日

「信讒諛之溷濁兮，晱氣志而過之。何貞臣之無辜兮，被譖謗而見尤。」

顧音古。詳見毛詩古音攷。

涉江「世溷濁而莫余知兮，吾方高馳而不顧。駕青虬兮驂白螭，吾與重華遊兮瑶之圃。」

風孚金切。詳見毛詩古音攷。

涉江「乘鄂渚而反顧兮，欸秋冬之緒風。步余馬兮山皐，邸余車兮方林。」哀郢風同音。

滯音帶。説文從水，帶聲。杜篤論都賦：「一夫舉礌，千夫沈滯。一人奮戟，三軍阻敗。」

涉江「乘舲船余上沅兮，齊吴榜以擊汰。船容與而不進兮，淹回水而凝滯。」高唐滯亦此讀。

如音茹。七諫：「忽容容其安之兮，超慌忽其焉如。苦衆人之難信兮，願離羣而遠舉。」陶潛雜詩：「氣力漸衰損，轉覺日不如。壑舟無須臾，引我不得住。」

涉江「入漵浦余儃佪兮，迷不知吾之所如。深林杳以冥冥兮，乃猨狖之所居。」居音倨，見後。如、居相韻，以今音讀之亦順，然古音不可不知。

遠音烟。易繫辭：「易之爲書也不可遠，爲道也屢遷。」詩角弓：「爾之遠矣，民胥然矣。」易林：「怒非其遠，因物有遷。」蓋遠有平上二音，平音烟，上音演。

壇音廛。周禮「廛人」，故書廛爲壇。杜子春讀壇爲廛，以壇、廛通音也。楚相孫叔敖碑：「乃發嘉訓，興祀立壇，勤勤愛敬，念意自然。」桓君山仙賦：「周覽八極，還崦華壇。汜汜濫濫，隨天轉旋。」

涉江「鸞鳥鳳皇，日以遠兮。燕雀烏鵲，巢堂壇兮。」

得音的。德、得古皆讀的。易謙小象：「鳴謙貞吉，中心得也。勞謙君子，萬民服也。」易林賁之大有：「歲暮花落，陽入陰室。萬物伏匿，歲不可得。」

哀郢「發郢都而去閭兮，怊荒忽其焉極。楫齊揚以容與兮，哀見君而不再得。」抽思、惜往日、招魂得同此音。

蹠音鵲。説文從足，庶聲。庶，古讀鵲。詩楚茨：「爲豆孔庶，爲賓爲客。」石鼓詩：「徒騂孔庶，鄜騎宣博。」曹植七啓：「蹻捷若飛，蹈虚遠蹠。凌躍超驤，蜿蟬揮霍。」

哀郢「心嬋媛而傷懷兮，眇不知其所蹠。順風波以從流兮，焉洋洋而爲客。」

客音恪。詳見毛詩古音攷。

江音工。説文以工得聲。詳見毛詩古音攷。

哀郢「將運舟而下浮兮，上洞庭而下江。去終古之所居兮，今逍遥而來東。」

復音逼。易林觀之同人：「有頭無日，赫赫栗栗。消耗爲災，三年不復。」傅毅迪志詩：「日月逾邁，豈云旋復。哀我經營，旅力靡及。」按：服、伏、復，今爲房六切者，古皆爲蒲北切，音之變也。

哀郢「忽若去不信兮，至今九年而不復。慘鬱鬱而不開兮，蹇侘傺而含感。」

丘音欺。詳見毛詩古音攷。

哀郢「曼余目以流觀兮，冀壹反之何時。鳥飛返故鄉兮，狐死必首丘。」

鎮音真。説文從金，真聲。馮衍顯志賦：「誦古今以散思兮，覽聖賢以自鎮。嘉孔丘之知命兮，大老聃之貴玄（音形）。」

抽思「願遥起而横奔兮，覽民尤以自鎮。結微情以陳詞兮，矯以遺夫美人。」

聞音烟。參同契：「子繼父業，孫踵祖先。傳世迷惑，竟無見聞。」

患音玄。劉歆遂初賦：「以夫子之博觀兮，何此道之必然。空下時而矔世兮，自命己之取患。」晉樂章：「雖欲盡忠誠，結舌不敢言。結舌亦何憚，盡忠爲身患。」

抽思「茲歷情以陳辭兮，蓀佯聾而不聞。固切人之不媚兮，衆果以我爲患。」悲回風「孤子吟而抆淚兮，放子出而不還音旋。孰能思而不隱兮，昭彭咸之所聞。」

北音必。詳見毛詩古音攷。

抽思「有鳥自南兮，來集漢北。好姱佳麗兮，牉獨處此異域。」

歲音試。詳見毛詩古音攷。

抽思「望孟夏之短夜兮，何晦明之若歲。惟郢路之遼遠兮，魂一夕而九逝。」高唐賦歲亦此讀。

潭音尋。韓詩外傳：「逢天之暑，思思潭潭〔五〕。願乞一飲，以表我心。」陸機赴洛詩：「靖端肅有命，假檝越江潭。親友贈予邁，揮淚廣川陰。」

抽思「長瀨湍流，泝江潭兮。狂顧南行，聊以娛心兮。」

進音箭。周官：「其利金錫竹箭。」注云：「故書箭爲進。」釋名：「矢又謂之箭。箭，進也。」列子：「周穆王西巡還，道有獻工人偃師，穆王薦之。」薦之，進之也。以此見古薦、進之音同。

抽思「軫石崴嵬，蹇吾願兮。超回志度，行隱進兮。」

告音㲉。天問：「受賜茲醢，西伯上告。何親就上帝罰，殷之命以不救。」

抽思「道思作頌，聊以自救兮。憂心不遂，斯言誰告兮。」

默音穆。東方朔傳：「吳王穆然。」是默有穆音也。陸雲贈顧驃騎詩：「於鑠祁陽，誕鍾天篤。清輝龍見，玄猷淵默。」

懷沙「眴兮杳杳，孔静幽默。鬱結紆軫兮，離慜而長鞠。」

抑音懿。詩：「抑抑威儀。」抑讀如易。懿，文德之懿。國語引詩「抑戒」作「懿戒」，可証也。

懷沙「撫情效志兮，俛屈以自抑。刓方以爲圜兮，常度未替。」

改音已。説文已聲。老子：「獨立而不改，周行而不殆。」莊子引古詩：「美成在久，惡成不及改。」

久音几。漢武問賢良策：「習聞其説，未燭厥理。伊欲風流而令行，刑清而姦改。」太玄成次二〔六〕：「成微改改，未成而殆。」殆音以。

懷沙「易初本迪兮，君子所鄙。章畫志墨兮，前圖未改。」

怪音記。易林復之隨：「五心六意，岐道多怪。非君本意，生我恨悔音戲。」劉歆遂初賦：「運四時而覽陰陽兮，總萬物之珍怪。雖窮天地之極變兮，曾何足乎留意。」

懷沙「邑犬羣吠兮，吠所怪也。非俊疑傑兮，固庸態也。」遠遊「因氣變而遂曾舉兮，忽神奔而鬼怪。時髣髴以遥見兮，精皎皎以往來音利。」

采有采音泚，有音以。俱見毛詩古音攷。

懷沙「文質疏内兮，衆不知余之異采。材樸委積兮，莫知余之所有。」

象音長。易剥象：「順而止之，觀象也。君子尚消息盈虚，天行也。」行音杭。謝莊饗神歌：「祇之體，無形象。潛泰幽，洞忽荒。」

懷沙「懲違改忿兮，抑心而自强。離慜而不遷兮，願志之有象。」

匹音僃，平聲。

懷沙「懷質抱情，獨無匹兮。伯樂既殁，驥將焉程兮。」

愛音緯。詳見毛詩古音攷。

懷沙「世溷不吾知，人心不可謂兮。知死不可讓，願勿愛兮。」

發達發音歇，達音他悦切。俱見毛詩古音攷。

思美人「蹇蹇之煩冤兮，陷滯而不發。申旦以舒中情兮，志沈菀而莫達。」九辯「何氾濫之浮雲兮，猋廱蔽此明月。忠昭昭而願見兮，然露曀而莫達。」

草音楚。飯牛歌：「時不遇兮堯舜主，牛兮努力食細草。」主音祖。徐幹齊都賦：「琹梗林，燎圃草，驅禽翼獸，十千惟旅。」旅音魯，琹音刊。

思美人「擥大薄之芳茝兮，搴長洲之宿莽。惜吾不及古之人兮，吾誰與玩此芳草。」莽音姥，見前。

竢出竢音矣，説文從立，矣聲。出音砌，易林坤之否：「六龍争極，服在不飾。謹慎管鑰，結禁無出。」飾，去聲。

思美人「竊快在其中心兮，揚厥憑而不竢。芳與澤其雜糅兮，羌芳華自中出。」

治音持。舊有平、去二聲，凡未治而理之者平聲，已理而有效者去聲，經史皆此讀。詩：「緑兮絲兮，女所治兮。我思古人，俾無訧兮。」訧音怡。

惜往日「國富强而法立兮，屬貞臣而日娭。祕密事之載心兮，雖過失猶弗治。」

否音胚。易遯小象：「君子好遯，小人否也。嘉遯貞吉，以正志也。肥遯無不利，無所疑也。」志，平聲。

惜往日「君含怒以待臣兮，不清澂其然否。蔽晦君之聰明兮，虚惑誤又以欺。」

昭音周。王逸九思：「倚此兮岩穴，永思兮窈悠。嗟懷兮眩惑，用志兮不昭。」

惜往日「臨沅湘之玄淵兮，遂自忍而沈流。卒没身而絶名兮，惜廱君之不昭。」

聊音留。蘇秦上秦惠王書：「上下相愁，民無所聊。」漢地理志：「華聊，緑耳之乘。」九思：「心煩憒兮意無聊，嚴載駕兮出戲遊。」

惜往日「君無度而弗察兮，使芳草爲藪幽。焉舒情而抽信兮，恬死亡而不聊。」悲回風「憐思心之不可懲兮，證此言之不可聊。寧溘死而流亡兮，不忍此心之常愁。」

厨音稠。古隴西行：「談笑未及竟，左顧敕中厨。促令辦麤飯，慎莫使稽留。」

惜往日「獨鄣廱而蔽隱兮，使貞臣而無由。聞百里之爲虜兮，伊尹烹於庖厨。」

牛音疑。詳見毛詩古音攷。

惜往日「吕望屠於朝歌兮，甯戚歌而飯牛。不逢湯武與桓繆兮，世孰云而知之。」招魂「敦脄血拇，逐人駓駓些。參目虎首，其身若牛些。」

戒音急。詳見毛詩古音攷。

惜往日「何芳草之早殀兮，微霜降而下戒。諒不聰明而蔽廱兮，使讒諛而日得。」

佩音備。楚辭佩皆音皮，然佩亦有去聲。荀子佹詩：「璇玉瑶珠，不知佩也。雜布與錦，不知異也。」此佩與好韻，好似音戲。

惜往日「自前世之嫉賢兮，謂蕙若其不可佩。妒佳冶之芬芳兮，嫫母姣而自好。」

代音地。東方朔七諫：「驥躊躇於弊輂兮，遇孫楊而得代。吕望窮困而不聊生兮，遭周文而舒志。」

惜往日「雖有西施之美容兮，讒妬入以自代。願陳情以白行兮，得罪過之不意。」招魂「蘭膏明燭，華容備些。二八侍宿，射遞代些。」又「容態好比，順彌代些。弱顔固植，謇其有意些。」

載音祭。詳見毛詩古音攷。

惜往日「情冤見之日明兮，如列宿之錯置。乘騏馬而馳騁兮，無轡銜而自載。」

再音至。漢修成歌：「日崔隤，時不再。願棄軀，死無悔。」馮衍顯志賦：「嗟我思之不遠兮，豈敗事之可悔。雖九死而不眠兮，恐余殃之有再。」悔音戲。

識音志。古讀「知識」之識，常如「默識」之識。荀子成相篇：「治亂是非亦可識，託于成相以喻意。」東方朔七諫：「處涽涽之濁世兮，今安所達乎吾志。意有所載而遠逝兮，固非衆人之所識。」馮衍顯志賦：「韓盧抑而不縱兮，騏驥絆而不試。獨慷慨而遠覽兮，非庸庸之所識。」

惜往日「寧溘死而流亡兮，恐禍殃之有再。不畢辭以赴淵兮，惜壅君之不識。」

國音役。詳見毛詩古音攷。

橘頌「后皇嘉樹，橘徠服兮。受命不遷，生南國兮。」

喜去聲。詳見毛詩古音攷。

橘頌「深固難徙，更壹志兮。緑葉素榮，紛其可喜兮。」又「嗟爾幼志，有以異兮。獨立不遷，豈不可喜兮。」

失音試。郤正釋譏：「合不以得，違不以失，得不充詘，失不慘悸。」應禎華林園詩：「在昔先王，躬御斯器。示武懼荒，過亦爲失。」

橘頌「閉心自慎，終不過失兮。秉德無私，參天地兮。」

友音以。詳見毛詩古音攷。

橘頌「願歲并謝，與長友兮。淑離不淫，梗其有理兮。」

貺音荒。詳見毛詩古音攷。

悲回風「荼薺不同畝兮，蘭茝幽而獨芳。惟佳人之永都兮，更統世以自貺。」

慮音魯。吕氏春秋「黔如作虜首」，注：「虜，一作慮」，是慮、虜古通音也。箕山歌：「日月運照，靡不記睹。遊放其閒，何所却慮。」大招：「茝蘭桂樹，鬱彌路只。魂虖歸徠，恣志慮只。」

悲回風「惟佳人之獨懷兮，折芳椒以自處。曾歔欷之嗟嗟兮，獨隱伏而思慮。」

解音係。晉明堂歌：「經始明堂，享祀匪解。於皇烈考，光配上帝。」
悲回風「愁鬱鬱之無快兮，居戚戚而不可解。心鞿羈而不開兮，氣繚轉而自締。」
顛音真。詳見毛詩古音攷。
悲回風「上高巖之峭岸兮，處雌蜺之標顛。據青冥而攄虹兮，遂儵忽而捫天。」
媛音然。詩君子偕老：「子之清揚，揚且之顏也。展如之人兮，邦之媛也。」
悲回風「吸湛露之浮涼兮，漱凝霜之雰雰音軒，才老讀。依風穴以自息兮，忽傾寤以嬋媛。」
右音以。詳見毛詩古音攷。
悲回風「軋洋洋之無從兮，馳委移之焉止。漂翻翻其上下兮，翼遥遥其左右。」
期音紀。漢淳于長夏君碑：「於穆皇祖，天挺應期。佐時理物，紹從先軌。」軌音几。
悲回風「漂翻翻其上下兮，翼遥遥其左右。氾潏潏其前後兮，叛張弛之信期。」
策音尺。六韜：「不知攻戰之策，不可以應敵。」潘尼懷退賦：「何時願之多違，奄就羈以服役。困吴坂之峻阻，畏鹽車之嚴筴。」筴、策通。江淹知己賦：「對楚漢之瞻墨，覽魏晉之鴻策。授遠近之真假，削古今以名實。」
悲回風「借光景以往來兮，施黄棘之枉策。求介子之所存兮，見伯夷之放迹。」九辯策亦同音。

聞音因。蔡邕陳太丘碑：「於皇先生，抱寶懷珍。微言圮絶，來者曷聞？」

遠遊「惟天地之無窮兮，哀人生之長勤。往者余弗及兮，來者吾不聞。」又「視儵忽而無見兮，聽惝怳而無聞。超無爲以至清兮，與泰初而爲鄰。」

霞音敷。司馬相如大人賦：「呼吸沆瀣兮餐朝霞，咀噍芝英兮嘰瓊華。」至魏晉轉爲蒿音。

遠遊「飡六氣而飲沆瀣兮，漱正陽而含朝霞。保神明之清澄兮，精氣入而麤穢除。」

德音的。詳見毛詩古音攷。

遠遊「順凱風以從遊兮，至南巢而壹息。見王子而宿之兮，審壹氣之和德。」

存音前。解嘲：「攫挐者亡，默默者存。位極者高危，自守者身全。」曹植文帝誄：「朝聞夕逝，孔志所存。皇維一没，天禄永延。」參同契：「津液腠理，筋骨緻堅。衆邪辟除，正氣常存。」

遠遊「壹氣孔神兮，於中夜存。虚以待之兮，無爲之先。」

門音眠。參同契：「故爲亂辭，孔竅其門。智者審思，用意參焉。」又云：「羅列三條，枝莖相連。同出異名，皆由一門。」漢元帝時童謡：「井水溢，滅竈烟，灌玉堂，流金門。」

居音倨。詳見毛詩古音攷。

遠遊「虚以待之兮，無爲之先。庶類以成兮，此德之門。」

遠遊「命天閽其開關兮，排閶闔而望予音汝。召豐隆使先導兮，問太微之所居。」

麾音河。大招：「直嬴在位，近禹麾只。豪傑執政，流澤施只。」施音梭。

遠遊「擥彗星以爲旍兮，舉斗柄以爲麾。叛陸離其上下兮，遊驚霧之流波。」

厲音冽。詳見毛詩古音攷。

衛音越。詳見毛詩古音攷。按：衛亦有意音。張華尚書令箴：「法制不修，不長厥裔。尚臣司臺，敢告侍衛。」若衛讀越，則厲讀冽，衛讀意，則厲讀如字。

遠遊「路漫漫其修遠兮，徐弭節而高厲。左雨師使徑待兮，右雷公而爲衛。」

樂音撈，去聲。七諫：「願無過之設行兮，雖滅没之自樂。痛楚國之流亡兮，哀靈修之過到。」

遠遊「欲度世以忘歸兮，意恣睢以担撟音叫。内欣欣而自美兮，聊媮娱以自樂。」

涕音底。説文弟聲。弟古讀底。詩大東：「周道如砥，其直如矢。君子所履，小人所視。睠言顧之，潸焉出涕。」視音矢。

遠遊「思舊故以想像兮，長太息而掩涕。氾容與而遐舉兮，聊抑志而自弭音米。」

疑音牛。周書逸詩：「馬之剛矣，轡之柔矣。馬亦不剛，轡亦不柔。志氣麃麃，取與不疑。」

遠遊「指炎帝而直馳兮，吾將往乎南疑。覽方外之荒忽兮，沛𣿬瀁而自浮。」

歌音箕。淮南子：「良馬易道，使人欲馳。飲酒而樂，使人欲歌。」易林賁之離：「明不處暗，智不履危。終年卒歲，樂以笑歌。」危音宜。

遠遊「祝融戒而蹕御兮，騰告鸞鳥迎虙妃。張咸池奏承雲兮，二女御九韶歌。」東方朔七

通音湯。易緯：「煌煌之耀，乾爲之岡，合凝之類，坤握其方。雄雌呿吟，六節摇通。」

諫：「身寢疾而日愁兮，情沉抑而不揚。衆人莫可與論道兮，悲精神之不通。」

卜居「物有所不足，智有所不明。數有所不逮，神有所不通。」

埃音噫。龜筴傳：「若爲枯旱，風而揚埃。蝗蟲暴生，百姓失時。」

漁父「吾聞之，新沐者必彈冠，新浴者必振衣。安能以身之察察，受物之汶汶者乎。

寧赴湘流，葬於江魚之腹中，安能以皓皓之白，而蒙世俗之塵埃乎。」朱考亭曰：

「若以埃叶衣，則汶汶叶莫悲反。若從史塵埃作温蠖，則白叶蒲各反，與蠖自相叶矣。」愚謂

似此散文不必泥韻，且以汶叶莫悲，似未有的據。即以蠖叶白，白本有博音，又與汶汶不相

涉矣。

濁音獨。老子：「曠兮其若谷，渾兮其若濁。」詳見毛詩古音攷。

漁父「滄浪之水清兮，可以濯吾纓。滄浪之水濁兮，可以濯吾足。」

繹音約。詩駉：「有驒有駱，有駵有雒。以車繹繹。」

九辯「悲憂窮蹙兮獨處廓，有美一人兮心不繹。去鄉離家兮來遠客音恪，超逍遥兮今

焉薄。」

横音黄。説文從木，黄聲。蘇秦語：「合從連横，兵革不藏。」揚雄冀州箴：「更盛更衰，載從載横。」漢興定制，改列藩王。」漢人稱周舉曰：「五經從横周宣光。」

九辯「收恢台之孟夏兮，然欿傺而沈藏。葉菸邑而無色兮，枝煩挐而交横。」高唐賦「於是水蟲盡暴乘渚之陽，黿鼉鱣鮪交積從横。」

舉音倨。揚雄解嘲：「五羖入而秦喜，樂毅出而燕懼。范雎以折摺而危穰侯，蔡澤以噤吟而笑唐舉。」崔駰達旨：「或重聘而不來，或屢黜而不去，或冒詢以干進，或望危而斯舉。」

九辯「見執轡者非其人兮，故跼跳而遠去。鳧雁皆唼夫粱藻兮，鳳愈飄翔而高舉。」

死音誓。死有洗、誓二聲。太玄裝首：「裝無儺，禍且至也。季仲播軌，送其死也。」儺音儷。

九辯「霰雪雰糅其增加兮，乃知遭命之將至。願徼幸而有待兮，泊莽莽與壄草同死。」

誦音宗，一音嵩。詳見毛詩古音攷。

九辯「欲循道而平驅兮，又未知其所從。然中路而迷惑兮，自厭按而學誦。」

鑿音助。易林：「鈆刀攻玉，無不鑽鑿。龍體其舉，魯班爲輔。」

九辯「竊美申包胥之氣晟兮，恐時世之不固。何時俗之工巧兮，滅規矩而改鑿。」

高音告。蔡邕郭泰碑：「懿乎其純，確乎其操。洋洋搢紳，言觀其高。」陳仲弓碑：「於熙文考，天授弘造。淵玄其深，巍峨其高。」晉皇甫謐釋勸：「龍潛九泉，硜然執高。棄通道之遠由，守介人之局操。」

九辯「處濁世而顯榮兮，非余心之所樂音撈，去聲。與其無義而有名兮，寧窮處而守高。」

春音親。班固賓戲：「炎之如日，威之如神，含之如海，養之如春。」沈約詩：「眷言訪舟客，茲川信可珍。洞澈隨深淺，皎鏡無冬春。」

九辯「蹇充倔而無端兮，泊莽莽而無垠。無衣裘以禦冬兮，恐溘死而不得見乎陽春。」

哀音噫。詳見毛詩古音攷。

九辯「靚杪秋之遥夜兮，心繚悷而有哀。春秋逴逴而日高兮，然惆悵而自悲。」

偕音几。詳見毛詩古音攷。

毁音喜。詩汝墳：「雖則如燬，父母孔邇。」是以燬讀喜也。按說文燬從火，毁聲。毁，沈約撰類在紙韻，則古音可知。逸詩：「將欲毁之，必重累之。」累音里。陶潛飲酒詩：「是非苟相形，雷同共譽毁。三季多此事，達士似不爾。」

九辯「四時遞來而卒歲兮，陰陽不可與儷偕。白日晼晚其將入兮，明月銷鑠而減毁。」

躇音注。漢武帝李夫人賦：「何魂靈之紛紛兮，哀裴回以躊躇。執路日以遠兮，遂荒忽以辭去。」

九辯「年洋洋以日往兮，老嵺廓而無處。事亹亹而覬進兮，蹇淹留而躊躇。」

瑕音蕘，亦音蒿，古音胡，後稍轉矣。詳見毛詩古音攷。

加音歌。詳見毛詩古音攷。

九辯「彼日月之照明兮，尚黯黮而有瑕。何況一國之事兮，亦多端而膠加。」瑕加爲韻，以今音讀之亦得，然古音不可不知。

敗音備。詳見毛詩古音攷。

昧音寐。傅毅迪志詩：「誰能革濁，清我濯溉。誰能昭闇，啓我童昧。」溉音既。

九辯「事綿綿而多私兮，竊悼後之危敗。世雷同而炫曜兮，何毀譽之昧昧。」

約音要。禮記：「大信不約。」唐山夫人歌：「雷震震，靁耀耀。明德鄉，治本約。」

九辯「遭翼翼而無終兮，忳惛惛而愁約。生天地之若過兮，功不成而無效。」

湛音雍。楊用修謂湛有七音，此其一也。

九辯「乘精氣之摶摶兮，騖諸神之湛湛。驂白霓之習習兮，歷羣靈之豐豐。」

恙音央。說文從心，羊聲。

九辯「計專專之不可化兮，願遂推而爲臧。賴皇天之厚德兮，還及君之無恙。」

沫音寐。封禪書：「協氣橫流，武節猋逝。邇陿游原，遐闊泳沫。」曹植應詔詩：「玄駟藹藹，揚鑣漂沫。流風翼衡，輕雲承蓋（音記）。」

招魂「朕幼清以廉絜兮，身服義而未沫。主此盛德兮，牽於俗而蕪穢音意。」班固留侯銘：「赫赫將軍，受兵黄石。規圖勝負，不出帷幄。」

石音削。東方朔七諫：「悲楚人之和氏兮，獻寶玉以爲石。遇厲武之不察兮，羌兩足以畢斮。」

招魂「十日代出，流金鑠石些。彼皆習之，魂往必釋些。」釋音鑠，見前。

祀音以。詳見毛詩古音攷。

招魂「雕題黑齒，得人肉以祀，以其骨爲醢些。」醢音以，見前。

宇音武。後漢史岑出師頌：「素旄一麾，渾一區宇。蒼生更始，朔風變楚。」郭璞崑崙贊：「崑崙月精，水之靈府。惟帝下都，西羌之宇。」

壺音瓠。鶡冠子：「中流失船，一壺千金。」壺，以瓠爲腰舟，浮水也。邯鄲淳投壺賦：「敬不可久，禮成于飫。乃設大射，否則投壺。」

招魂「幸而得脱，其外曠宇些。赤蟻若象，玄蠭若壺些。」

久音几。詳見毛詩古音攷。

招魂「層冰峩峩，飛雪千里些。歸來歸來，不可以久些。」

千音親。詳見毛詩古音攷。

招魂「一夫九首，拔木九千些。豺狼從目，往來侁侁些。」

淵音因。詳見毛詩古音攷。

招魂「懸人以嬉，投之深淵些。致命於帝，然後得瞑些。」

災音齎。易旅小象：「旅瑣瑣，志窮災也。得童僕貞，終無尤也。」尤音怡。龜筴傳：「十有二月，日至爲期，聖人徹焉，身乃無災。」易林師之解：「三德五材，和合四時。陰陽順序，國無咎災。」

招魂「參目虎首，其身若牛音疑些。此皆甘人，歸來歸來，恐自遺災些。」

絡音路。淮南子「黃雲絡前〔七〕」，高誘讀作「道路」之路。

呼音付。詩「式號式呼」，左傳「三呼迭對」，禮「城上不呼」，孟子「呼子垤澤之門」，皆此音。易林：「衣裳顛倒，爲王來呼。成就東周，封受太傅。」王延壽夢賦：「或盤跚而欲走，或拘攣而不能步。或中瘡而宛轉，或捧痛而號呼。」

招魂「秦篝齊縷，鄭綿絡些。招具該備，永嘯呼些。」

姦音堅。龜策傳：「寒暑不和，賊氣相姦。同歲異節，其時使然。」傳休奕桃賦：「禦百鬼之妖慝兮，列神荼以司姦。辟凶邪而濟正兮，豈惟榮美之足言。」

招魂「天地四方，多賊姦些。像設君室，靜閒安些。」安音烟。

山音仙。詳見毛詩古音攷。

招魂「層臺累榭，臨高山些。網户朱綴，刻方連些。」

寒音玄。伯奇履霜操：「履朝霜兮採晨寒，考不明其心兮聽讒言。」天問：「何所冬暖，何所夏寒。焉有石林，何獸能言。」荆軻易水歌：「風蕭蕭兮易水寒，壯士一去兮不復還。」還音旋。

招魂「冬有突厦，夏室寒些。川谷徑復，流潺湲些。」

瓊音强。吴才老讀。

招魂「砥室翠翹，挂曲瓊些。翡翠珠被，爛齊光些。」

衆音宗。三略：「引威自與，動違于衆。無進無退，苟然取容。」易解彖：「解利西南，往得衆也。其來復吉，乃得中也。」

招魂「九侯淑女，多迅衆些。盛鬋不同制，實滿宫些。」

羹音郎。亦同岡。詳見毛詩古音攷。

招魂「肥牛之腱，臑若芳些。和酸若苦，陳吴羹些。」

爽平聲。詳見毛詩古音攷。

招魂「露雞臛蠵，厲而不爽些。粔籹密餌，有餦餭些。」

陳音田。古陳、田通音，故陳敬仲奔齊後，改爲田。漢雷陳諺：「膠漆自謂堅，不如雷與陳。」易林咸之未濟：「秋梁未成，無以至陳。水深難涉，使我不前。」

瑟音失。詩定之方中：「揆之以日，作于楚室。樹之榛栗，椅桐梓漆，爰伐琴瑟。」江淹詩：「慨無握中策，徒慙青絲質。羈旅去故鄉，感遇蹄琴瑟。」此古音也。舊註謂日叶爲若，瑟叶爲朔，殊無所據。

招魂「鄭衛妖玩，來雜陳些。激楚之結，獨秀先些。」

招魂「晉制犀比，費白日些。鏗鍾搖簴，揳梓瑟些。」

夜音掖。夜縣古屬東海，今作掖，又借作液。漢樂歌：「浹嘉夜，茝蘭芳。」

招魂「娛酒不廢，沈日夜些。蘭膏明燭，華鐙錯些。」

假音故。大招：「瓊轂錯衡，英華假只。茝蘭桂樹，鬱彌路只。」

招魂「結撰至思，蘭芳假些。人有所極，同心賦些。」

漸音潛。水流入也。左傳文五年「沉潛剛克」，書作「沉漸」。禹貢「東漸于海」，亦此音。

招魂「朱明承夜兮時不可淹，皐蘭被徑兮斯路漸。」

楓孚金切。説文從木，風聲。風，古皆孚金切。張衡西京賦：「木則樅栝椶楠，梓棫楩楓，嘉卉灌叢，蔚若鄧林。」

南音寧。詳見毛詩古音攷。

招魂「湛湛江水兮上有楓，目極千里兮傷春心，魂兮歸來哀江南。」

儀音擬。漢書外戚傳「皆心儀霍將軍是也。」弟子職：「相切相磋，各長其儀。周而復始，謂弟子之紀。」

高唐賦「惟高唐之大體兮，殊無物類之可儀比。巫山赫其無疇兮，道互折而層累音里。登巉巖而下望兮，臨大阺之稸水音洗。」沈約撰類累、水皆在紙韻。

會音係。吳才老曰：「今聲濁叶泰，古聲清叶祭。」列子：「窈然無際，天道自會。」蔡邕漢津賦：「願乘流以上下，窮滄浪乎三澨。觀朝宗之形兆，看洞庭之交會。」魏文帝雜詩：「吹我東南行，行行至吳會。吳會非我鄉，安能久留滯？」

高唐賦「勢薄岸而相擊兮，隘交引而却會。崪中怒而特高兮，若浮海而望碣石古音試。」此篇後有三會皆此音。

礚音記。劉向九歎：「譬彼流水紛揚磕兮，波逢洶涌紛滂沛兮。」沛音孛〔八〕，見後。

高唐賦「礫磥磥而相摩兮，巆震天之礚礚。巨石溺溺之瀺灂兮，沫潼潼而高厲。」

霈音孛，與沛同音。易林坤之旅：「潼滃蔚薈，扶首來會。津液下降，流潦滂霈。」會音係。

高唐賦「水澹澹而盤紆兮，洪波淫淫之溶滴。奔揚踊而相擊兮，雲興聲之霈霈。」

邁音厲。詳見毛詩古音攷。

高唐賦「奔揚踊而相擊兮，雲興聲之霈霈。猛獸驚而跳駭兮，妄奔走而馳邁。」

竄音砌。魏大饗碑：「吴兒讋，蜀虜竄。區夏清，八荒艾（音乂）。」

高唐賦「虎豹豺兕，失氣恐喙音係。雕鶚鷹鷂，飛揚伏竄。」

藹音意。楊乂雲賦：「東西絡繹，南北油裔，隨風徘徊，流行晻藹。」陸機挽歌：「悲風徽行軌，傾雲結流靄。振策指靈丘，駕言從此逝。」

沛音蘗。吴才老曰：「今聲濁叶隊，古聲清叶祭。」漢郊祀歌：「靈之來，神哉沛，先以雨，般裔裔。」瓠子歌：「歸舊川兮神哉沛，不封禪兮安知外。」外音裔。王褒九懷：「望淮兮沛沛，濱流兮則逝。榜舫兮下流，東注兮礚礚。」

高唐賦「徙靡澹淡，隨波闇藹。東西施翼，猗狔豐沛。」

籟音利。説文從竹，賴聲。賴古讀利。班固答賓戲：「福不盈眦，禍溢于世，凶人且以自悔，況吉士而是賴。」

高唐賦「緑葉紫裹，朱莖白蔕。纖條悲鳴，聲似竽籟。」

柱音祖。郭璞登樓賦：「雄戟列于廊房，戎馬縶乎講柱。瘖茖華而增怪，歎飛駟之過户。」户音甫。庾信哀江南：「月榭風臺，池平樹古。倚弓于玉女窻扉，繫馬于鳳凰樓柱。」

高唐賦「狀似砥柱，在巫山之下音虎。」

出音赤。詳見毛詩古音攷。

高唐賦「久而不去，足盡汗出。悠悠忽忽，怊悵自失。」

夭音以。東方朔七諫：「獨冤抑而無極兮，傷精神而壽夭。皇天既不純命兮，余生終無所依。」依音倚。

高唐賦「薄草靡靡，聯延夭夭。」

巢音稠。易林隨之無妄：「茆如木居，與類相投。願慕羣旅，不離其巢。」又訟之解：「南徙無廬，鳥破其巢。伐木思切，不利動摇。」

高唐賦「王睢鸝黄，正冥楚鳩。姊歸思婦，垂鷄高巢。」

諧音奚。後漢語：「諧不諧，在赤眉。」周澤傳：「時人爲之語曰：『生世不諧，作太常妻。』」王儉褚淵碑：「如風之偃，如樂之諧。光我帝典，緝我遺黎。」

高唐賦「王乃乘玉輿，駟蒼螭，垂旒旌，旆合諧。」

血音絟。易歸妹上六：「女承筐無實，士刲羊無血。」需六四：「需于血，出自穴。」穴音隙。

高唐賦「飛鳥未及起，走獸未及發。弭節奄忽，蹄足灑血。舉功先得，獲車已實。」發音歇，見前。

讚音薦。馬融長笛賦：「留眎瞠眙，累稱屢讚。失容墜席，搏拊雷抃。」

神女賦「上古既無，世所未見，瓌姿瑋態，不可勝讚。」

首音狩。易明夷九三：「明夷于南狩，得其大首。」北山移文：「紐金章，綰墨綬，跨屬城之雄，冠百里之首。」

神女賦「似逝未行，中若相首。目略微眄，精彩相授。」

覆音阜。蓋謂之覆，音與阜同，覆幬、覆露是也。傾謂之覆，音與腹同，傾覆、顛覆是也。此覆字〔九〕，上從襾，下從復。襾音罅，非從西也。束皙補亡詩：「漫漫方輿，廻廻洪覆。何類不繁，何生不茂。」

神女賦「意離未絕，神心怖覆。禮不皇訖，辭不及究。」

口音苦。詳見毛詩古音攷。

風賦「侵淫谿谷，盛怒於土囊之口。緣太山之阿，舞于松柏之下。」

灰音虛。陳琳柳賦：「有孤孑之細柳，獨幺枰而剽殊。隨枯木於爨側，將並實于土灰。」

風賦「動沙堁，吹死灰，駭溷濁，揚腐餘。」

祛音顧。鄭詩：「遵大路兮，摻執子之祛兮，無我惡兮。」祛下叶惡，顧音可知也。此音顧，則妙音暮方順，豈有稱詩兩句而判然不相涉乎。

登徒子好色賦「遵大路兮攬子祛，贈以芳華辭甚妙。」

義音俄。按周官儀、義古皆音俄。易鼎小象：「鼎耳革，失其義也。覆公餗信，如何也。」尚書：「無偏無陂，遵王之義。」登徒子好色賦「目欲其顏，心顧其義，揚詩守禮，終不過差音嗟，見前。」

【校勘記】

〔一〕「賦」原作「窮」，據四庫本改。

〔二〕「書序」原脱，據尚書序補。參考屈宋古音義，黄靈庚點校，上海古籍出版社二零一九年，第四四頁。

〔三〕「其」原作「而」，據四庫本改。

〔四〕「馳」原作「駝」，據四庫本改。

〔五〕「思思」，四庫本作「思心」。

〔六〕「次二」，原作「首」，據太玄改。參考屈宋古音義，黄靈庚點校，上海古籍出版社二零一九年，第四四頁。

〔七〕「絡」原作「路」，據四庫本改。

〔八〕「躄」原作「譬」，據本書「沛音躄」改。

〔九〕「覆」原作「皁」，據本書下文「上從西，下從復」改。

卷二

屈原原字平，與楚同姓，仕爲三閭大夫。上官靳尚妬其能，譖毁之。王流之江南，原乃作離騷。終不見省，遂赴汨淵而死。

離騷

帝高陽之苗裔兮，朕皇考曰伯庸。攝提貞於孟陬兮，惟庚寅吾以降古音洪。德合天地曰帝。高陽，顓頊有天下之號也。顓頊之後有熊繹者，事周封爲楚子。至楚武王，生子瑕，受屈爲卿，故云苗裔。父死稱考，伯庸，原父字。原自述與君共祖，見恩深而義厚也。攝提，星名，隨斗柄以指十二辰。其曰「貞于孟陬」，言正指寅位之月，正月爲孟陬。庚寅，日辰也。降，下也。皇覽揆余于初度兮，肇錫余以嘉名：名余曰正則兮，字余曰靈均。皇，皇考也。覽，觀也。揆，度也。肇，始也。錫，賜也。嘉，善也。言父伯庸觀我始生，日月皆合天地正中，故錫我以善名。正，平也。則，法也。靈，神也。均，調也。舊註以平爲正則爲名，以原爲靈均爲字。張鳳翼以正則爲原名也，以靈均爲平字也。皆未有的據。可以稱名，亦可以稱字，是置覆設謎，使人射猜之，豈理也哉。愚謂名正則，字靈均，皆少時之名。如司馬相如少名犬子，及封胡羯末之類，見其父篤愛之意，何必强以原平當之乎？劉向九歎靈懷篇曰：「兆出名曰正則兮，卦發字曰靈均。余幼既有此鴻節兮，長愈固而彌純。」註云：「生有形兆，伯庸名我爲正則以法天，筮而卜之卦得坤，字我曰靈均以法地。幼少有大節度以應天地，長大修行而彌純。」固其意得之矣。紛吾既有此内美兮，又重之以修能古音泥。扈江離與辟芷兮，紉秋蘭以爲佩古音皮。紛，盛貌。修，遠也。言己之生，内含美秀，又重有致遠之能。扈，披也。離、芷，皆香草。紉，結也。披結香草爲佩，言修身清潔，博采衆善也。汩于筆余若將不及兮，恐年歲之不吾與。朝搴阰之木蘭兮，夕攬洲之宿莽古音姥。汩，疾也。搴，拾取也。阰，山名。攬，采也。木蘭去皮不死，宿莽經冬不凋，故取以自喻。日月忽其不淹兮，春與秋其代序。惟草木之零落兮，恐美人之遲暮。不撫壯而棄穢兮，何不改乎此度也〔一〕。乘騏驥以馳騁兮，來吾導夫先路。草曰零，木曰落，美人喻君也。春秋迭代，忽而草木零落，則歲復盡矣，而君年亦向衰乎。壯而棄穢則易，過時則難。若駕馭賢才，譬乘駿馬以馳騁，則我爲之先驅矣。

昔三后之純粹兮，固衆芳之所在古音止。雜申椒與菌桂兮，豈維紉夫蕙茝音齒。言三王所以有純美之德，以賢人爲之輔佐，猶雜用多賢，非獨任一二人已也。彼堯舜之耿介兮，既遵道而得路。何桀紂之昌披兮，夫唯捷徑以窘步。耿，光也。介，大也。遵，循也。路，亦道也。堯舜所以光大者，以遵道而得路。昌披，或作猖披，縱恣之意。捷，疾也。徑，邪道。窘，迫也。桀紂違背天道，舉動惶遽，欲涉邪徑，故至於滅亡。惟黨人之偷樂兮，路幽昧以險隘古音益。豈余身之憚殃兮，恐皇輿之敗績。讒人相與朋黨，苟且偷樂，所行皆暗昧傾險之道。我欲諫諍，非恐身之被咎，但恐君國傾危耳。忽奔去聲走以先去聲後兮，及前王之踵武。奔走先後，四輔之助也。踵武，先王之跡也。荃不察余之中情兮，反信讒以齌齊怒古上聲。荃，香草，借以喻君。齌，疾也。不察我情，反信讒人，疾怒我也。

余固知謇謇之爲患兮，忍而不能舍古音暑也。指九天以爲正兮，夫唯靈修之故也。曰黄昏以爲期兮，羌中道而改路。謇謇，直言也。直言爲患，非不知之，恐君之敗，故欲忍而不能自止。靈修，言秀慧修飾，借以喻君。正，猶証也。言九天可鑒予心，莫非爲君，匪躬之故也。黄昏，親迎之期。羌，發語辭。初既與余成言兮，後悔遯而有佗掩。余既不難夫離別兮，傷靈修之數朔化古音訛。成言，要約之言也。謂懷王始與我平議國政，後用讒言中道悔恨，隱其情而有佗志。我非難與君離別，但傷君志之數變。無常操耳。余既滋蘭之九畹兮，又樹蕙之百晦古音米。畦留夷與揭車兮，雜杜蘅與芳芷。滋，蒔也。樹，種也。十二畝爲畹，二百四十步爲畝，五十畝爲畦。留夷、揭車、杜蘅、芳芷皆香草。冀枝葉之峻茂兮，願竢時乎吾將刈。雖萎絶其亦何傷兮，哀衆芳之蕪穢古音意。言已培植善類，願及時收用。乃爲讒邪所害，於我無傷，但恐衆賢之喪氣，若衆芳之蕪穢耳。衆皆競進以貪婪兮，憑不猒乎求索古音素。羌内恕己以量人兮，各興心而嫉妬。競，争也。愛財曰貪，愛食曰婪。憑，滿也。在位之人皆貪婪，於財利雖滿，其欲猶復求索，不知猒飽。責己則恕，度人則刻，各生妬心也。忽馳騖以追逐兮，非余心之所急。老冉冉其將至兮，恐修名之不立。馳騖，追逐，競進貪婪也。衆之所急，己之所緩。恐冉冉漸老，悠遠之名不立。朝飲去聲木蘭之墜露兮，夕餐秋菊之落英古音央。苟余情其信姱以練要兮，長顑坎頷旱亦何傷？英，花也。顑頷，不飽貌。取香潔以爲飲食，苟性情信美，中心簡練而合道要，雖長不飽，亦無所傷。擥木根以結茝兮，貫薜荔之落蘂古音里。矯菌桂以紉蕙兮，索胡繩之纚纚音徙。擥，持也。貫，穿也。蘂，花心也。持木根以結茝，而穿薜荔之花。胡繩，亦香草，莖葉可爲繩索。矯草木，束香草，仍用胡繩爲索。纚纚，索美貌。喻己以道義自約束也。謇吾法夫前修兮，非世俗之所服古音逼。雖不周於今之人兮，願依彭咸之遺則。謇，詞也。前修，謂前代修習道德之人。服，用也。言我平日所行，皆以法前修，故不爲世俗所用。彭咸，殷賢大夫，諫其君，不聽，自投水而死。

長太息以掩涕兮，哀人生之多艱古音斤。余雖好修姱以鞿羈兮，謇朝誶碎而夕替古音侵。人生多艱，謂遇合之難。鞿羈，所以制馬。韁在口曰鞿，革絡頭曰羈。誶，諫也。詩云：「誶予不顧。」替，廢也。言己雖修好，然已爲讒人所鞿羈，故朝諫而夕廢也。既替余以蕙纕思羊兮，又申之以攬茝。亦余心之所善兮，雖九死其猶未悔古音喜。纕，佩帶也。言雖以忠信見廢，猶攬芳以自結束，以我心所喜在此，即九死猶無悔恨。怨靈修之浩蕩兮，終不察夫民心。衆女嫉余之蛾眉兮，謠諑卓謂余以善淫。衆女喻讒臣也，蛾眉喻忠直也，謠諑謂譖毁也。方言云：「楚南謂愬爲諑。」固時俗之工巧兮，偭規矩而改錯。背繩墨以追曲兮，競周容以爲度。偭，背也。錯，置也。周，合也。規矩所以定方圓，繩墨所以正曲直。羣邪背之，惟争求合取容以爲常法。忳屯鬱邑余侘詐傺熾兮，吾獨窮困乎此時古音是也。寧溘死以流亡兮，余不忍爲此態古音剃也。忳，憂貌。侘，立也。傺，住也。言守正不回，所以忳忳而憂鬱，孤立而失志，獨爲時所困。然我寧奄然而死，形骸流亡，不忍以忠正之性，爲邪淫之態。

鷙鳥之不羣兮，自前世而固然。何方圜員之能周兮，夫孰異道而相安古音烟。鷙，謂鷹鸇之類，喻忠正也。言鷙鳥不與衆同羣，非獨今日而已。方木圓穴，不可相合，猶忠邪異道，誰能相安。屈心而抑志兮，忍尤而攘詬。伏清白以死直兮，固前聖之所厚。罪自外至曰尤，物自來而取之曰攘。詬，恥也。言己屈志而含忍，然士有伏清白之志，以死忠直之節者，固前聖之所嘉也〔二〕。悔相去聲道之不察兮，延佇乎吾將反古音顯。廻朕車以復路兮，及行迷之未遠古音演。察，審也。佇，立貌。言相君之不審，故長立而望，將還以終己之志，庶幾未遠之復乎。步余馬於蘭皐兮，馳椒丘且焉止息。進不入以離尤兮，退將修吾初服古音逼。澤曲曰皐，土高四墮曰椒丘。欲進復退，徘徊於忠君潔己之閒〔三〕。此以下言修初服也。製芰荷以爲衣兮，櫜集芙蓉以爲裳。不吾知其亦已兮，苟余情其信芳。言人雖不見知，而己則可以自信。高余冠之岌岌兮，長余佩之陸離。芳與澤其雜糅兮，唯昭質其猶未虧古音欺。岌岌，高貌。陸離，參差貌。芳，香也。澤，潤也。言此香潤雜會於己不得施用，而明潔之體猶未爲虧缺也。忽反顧以游目兮，將往觀乎四荒。佩繽紛以繁飾兮，芳菲菲其彌章。人生各有所樂兮，余獨好修以爲常。雖體解吾猶未變兮，豈余心之可懲古音長。荒，遠也。章，明也〔四〕。繽紛，盛貌。菲菲，香氣也。言我雖欲遠去，亦整其衣冠，彌加明潔。懲，艾也。言雖遭支解且不能變，更亦何懲艾哉。

女嬃須之嬋禪媛爰兮，申申其詈予。古上聲。曰：鮌婞胡剄直以亡身兮，終然夭乎羽之野。古音暑。水經：「原有賢姊，聞原放逐來歸，諭令自寬。」今原故宅東有女嬃廟。嬋媛，眷戀留連之意。申申，重也。曰，女嬃詞。婞，狠也。言鯀不順堯命，乃殛之於羽山。比屈原於鯀，亦將遇害。汝何博謇而好修兮，紛獨有此姱節。古音即薋茲菉録葹施以盈室兮，判獨離而不服。古音逼。博謇，謂博恰而謇諤。姱，美也。薋，蒺藜也。菉，王芻。葹，枲耳也。三者皆惡草，以喻讒佞。盈室，猶滿朝也。判，別貌。女嬃言衆人皆爲讒佞之行，而汝獨服守忠直，不與衆同。衆不可户説兮，孰云察余之中情。世並舉而好朋兮，夫何煢獨而不予聽平聲。屈原外困於讒，内詈於嬃，自歎時莫己知也。因言世俗之人並爲朋黨，而我忠耿孤獨，誰肯聽我？依前聖以節中兮，喟憑心而歷茲。濟沅湘以南征兮，就重華而敶詞：言我依前聖節度而不得用，故歎息憤懣而行澤畔也。舜葬蒼梧之野，故欲渡沅湘而南，就舜而陳其辭。啓九辯與九歌兮，夏康娱以自縱。不顧難以圖後兮，五子用失乎家巷。古音諷。啓，禹子。九辯，謂禹辯九州之物産也。九歌，謂水、火、金、木、土、穀、正德、利用、厚生，九功之敘皆可歌也。言啓作九辯、九歌之樂章以詔後王，而尚有太康之娱樂自縱者，不顧患難，卒以失國。太康，啓子。五子，太康之弟。五子之歌見尚書。羿淫遊以佚田兮，又好射夫封狐。固亂流其鮮終兮，浞又貪夫厥家。古音姑。封狐，大狐也。羿因夏衰，代之爲政，娱樂田獵，不恤人事，信任寒浞，使爲國相。浞專權，殺羿，貪取其家以爲妻也。羿以亂得政，身即滅亡。澆身被服强圉兮，縱欲而不忍。日康娱而自忘兮，厥首用夫顛隕。澆，浞子也。浞取羿妻，生澆。澆恃多力，故縱欲不能自制，淫樂自忘其身，卒爲少康所誅。夏桀之常違兮，乃遂焉而逢殃。后辛之菹醢兮，殷宗用而不長。后，君也。辛，殷紂名。殺比干，醢梅伯，世遂不長。湯禹嚴而祗敬兮，周論道而莫差古音嗟。舉賢而授能兮，循繩墨而不頗。此言湯、禹、文、武之德。皇天無私阿兮，覽民德焉錯輔。夫維聖哲以茂行兮，苟德用此下土。上天觀民之有德，而置其輔相之力，故維明德乃得用事於天下。瞻前而顧後兮，相去聲觀人之計極。夫孰非義而可用兮，孰非善而可服。古音逼。前後，禹、桀以下興亡之迹。服，亦用也。阽余身而危死兮，覽余初其猶未悔古音喜。不量鑿而正枘兮，固前脩以菹醢古音以。言雖身危終無所悔者，以工不量度其鑿而方正其枘，喻臣不量君而竭其忠信，此前代之賢臣所以罹禍耳。曾歔欷余鬱邑兮，哀朕時之不當平聲。攬茹蕙以掩涕兮，霑余襟之浪浪平聲。哀不遇明時而涕泣也。自啓九辯至此，皆就重華所陳之辭。

跪敷衽以陳辭兮，耿吾既得此中正古音征。駟玉虬以乘鷖兮，溘埃風余上征。有角曰龍，無角曰虬。鷖，鳳凰別名。既得明此中正之道矣，將乘虬駕鳳奄塵埃而上征，離時俗遠羣小也。朝發軔於蒼梧兮，夕余至乎縣圃。欲少留此靈瑣兮，日忽忽其將暮。軔，楮輪木也，將行則發之。縣圃，在崑崙山。靈，神也。瑣，門鏤，神之門也。喻欲少留於君側，忽將衰老矣。吾令羲和弭節兮，望崦嵫而勿迫古音薄。路漫漫其脩遠兮，吾將上下而求索音朔。羲和，日御。弭，按也。崦嵫，日所入之山。言恐年老，欲令日御按節徐行，望日所入之山且勿迫近也。天地廣大，其路漫遠，不可卒偏，吾方上下左右，以求索賢人，與己與合志也。飲去聲余馬於咸池兮，總余轡乎扶桑。折若木以拂日兮，聊須臾以相羊。淮南子曰：「日出暘谷，浴於咸池，拂于扶桑。」若木在崑崙西極，其華光照下地，今飲馬結轡於此。又取若木之枝，擊日御使迴，即羲和弭節意。前望舒使先驅兮，後飛廉使奔屬古音注。鸞皇爲余先戒兮，雷師告余以未具。吾令鳳皇飛騰兮，又繼之以日夜古音裕。飄風屯其相離兮，帥雲霓而來御。望舒，月御。飛廉，風伯。鸞，俊鳥。皇，雌鳳。未具，謂嚴裝未備也。既阻于雷師，又離于飄風，其能以進道耶。紛總總其離合兮，斑陸離其上下古音虎。吾令帝閽開關兮，倚閶闔而望予古上聲。時曖曖其將罷疲兮，結幽蘭而延佇。世溷濁而不分兮，好蔽美而嫉妬。朝吾將濟於白水兮，登閬風而緤馬古音姥。忽反顧以流涕兮，哀高丘之無女。總總，聚貌。斑，亂貌。陸離，分散貌。已游觀天下，見讒佞相聚，乍離乍合，斑然亂而不可知。帝，天帝。閽，主門者。閶闔，天門也。言將上愬天帝，而閽人已倚門而望我。曖曖，昏貌。言帝閽雖望我，時已昏黑，行復疲倦，故結香草而望遠，不能入也。於是復歎世之亂，不能分別善惡，好隱人之美而嫉妬忠良也。白水，神泉。閬風，仙山。緤，係也。高丘，楚山名。女，即下虙妃之流，喻賢也。言我將登仙山以係馬，忽復反顧流涕，憂楚國之無賢。

溘吾遊此春宮兮，折瓊枝以繼佩古音皮。及榮華之未落兮，相下女之可詒。春宮，東方青帝之舍。繼，續也。下女，神女之侍也。言我奄然至於青宮，見萬物始生，乃折瓊草之枝以續佩帶。欲及榮華未落而詒下女，庶得通意神妃也。吾令豐隆乘雲兮，求虙妃之所在古音止。解佩纕以結言兮，吾令蹇脩以爲理。豐隆，雲師。虙妃，伏羲氏女，洛水神也。纕，佩帶也。蹇脩，伏羲氏之臣。爲理，爲媒以通辭理也。紛總總其離合兮，忽緯繣化其難遷。夕歸次於窮石兮，朝濯髮乎洧盤古音便。緯繣，乖戾也。遷，移也。次，舍也。窮石，弱水出處。洧盤，水名，出崦嵫山。言解佩纕遺蹇脩矣，讒人又離間之，遂使乖戾其意難移。彼且次窮石而濯洧盤，相去遠矣。保厥美以驕傲兮，日康娱以淫遊。雖信美而無禮兮，來違棄而改求。言虙妃負美傲世，日安樂淫遊，美而無體，故又將棄之而改求。愚謂此以虙妃喻世之高潔不仕者，若漁父之儔，守清貞之美，而薄君臣之分，故不能與之事君也。覽相去聲觀於四極兮，周流乎天余乃下古音虎。望瑶臺之偃蹇兮，見有娀嵩之佚女。瑶臺，玉臺也。偃蹇，高貌。娀女，契母簡狄，帝嚳之次妃。吾令鴆爲媒兮，鴆告余以不好古音嗅。雄鳩之鳴逝兮，余猶惡其佻挑巧古音竅。鴆，惡鳥也，有毒殺人，以喻讒賊。言我使之爲媒，反爲離間。又使雄鳩銜命而往，其性輕佻，巧利多語而無實，復不可信也。心猶豫而狐疑兮，欲自適而不可。鳳皇既受詒兮，恐高辛之先我。詒，遺也。高辛，帝嚳有天下之號。言自適不可，鳳皇雖受詒而往，又恐爲帝嚳所先，終不可得耳。欲遠集而無所止兮，聊浮遊以逍遥。及少康之未家兮，留有虞之二姚。少康，夏后相之子也。有虞，國名，姓姚氏，舜後。少康奔有虞，虞因妻以二女。此言既失簡狄，欲適遠方，又無所向，故欲留此二姚。理弱而媒拙兮，恐導言之不固。世溷濁而嫉賢兮，好蔽美而稱惡古音污。閨中既邃遠兮，哲王又不寤。懷朕情而不發兮，余焉能忍與此終古古音故。理，即蹇脩爲理之理。此又言二姚之難留。閨中，宫門中也。路既難通，君又難寤，懷忠信之情，無所啓發，安能忍而於此終居乎？

索瓊茅以筳篿兮，命靈氛爲余占之。曰：兩美其必合兮，孰信脩而慕之。索，取也。瓊茅，靈草也。筳，小破竹也。楚人名結草折竹卜曰篿。靈氛，古明占筮者。言己欲去欲止，憂懣不知所從，乃取神草以代竹筳，使靈氛卜之也。曰者，靈氛。語辭兩美，謂君明臣忠則必相合。楚無明君，誰能信脩行愛慕之。思九州之博大兮，豈惟是其有女。曰：勉遠逝而無狐疑兮，孰求美而釋女汝。何所獨無芳草兮，爾何懷乎故宇。時幽昧以眩曜兮，孰云察余之美惡古音污。美女以喻君。言天下廣大，豈惟楚國有女乎。固當遠去而無疑。設有求賢臣者，必不舍汝而他取也。芳草，賢人也。猶云何處無賢可與，而汝獨懷故居乎。眩曜，惑亂貌。言當代之君皆暗昧惑亂，誰能察我之善而用之乎。原以此答靈氛難去之辭也。民好惡其不同兮，惟此黨人其獨異平聲。户服艾以盈要平聲兮，謂幽蘭其不可佩。古音皮。言好善惡惡，人豈有不同者乎。而讒佞之黨獨與人殊，服艾棄蘭，豈好惡之正乎。覽察草木其猶未得兮，豈珵呈美之能當。蘇糞壤以充幃兮，謂申椒其不芳。珵，美玉也。言視草木猶未知香臭，豈能辯玉而得其當乎。相玉書言：「珵大六寸，其曜自照。」蘇，取也。幃，香囊也。取糞土以充香囊，反謂申椒不香，喻近小人而遠君子也。欲從靈氛之吉占兮，心猶豫而狐疑。巫咸將夕降兮，懷椒糈而要之。巫咸，古神巫也。降，下也。椒，香物，所以降神。糈，精米，所以享神。巫咸將夕從天下，願懷椒糈要之，使告吉凶也。百神翳其備降兮，九疑繽其並迎。古音䆗。皇剡剡其揚靈兮，告余以吉故。翳、繽，皆盛貌。九疑，山名。皇，大也。剡剡，光貌。言神大揚其光，靈告我以吉也。曰：「勉升降以上下兮，求榘矩矱之所同。湯禹儼而求合兮，摯咎繇而能調。古音同。曰，巫咸辭。升降上下，升於天而下於地。榘，法也。矱，度也。言當上下以求夫賢君之與己同法度者，如湯之得伊摯，禹之得皋陶，始能調和也。苟中情其好脩兮，何必用夫行媒。古音迷。說操築於傅巖兮，武丁用而不疑。行媒，喻左右臣也。君誠能中心好善，何必左右薦達。高宗夢傅說是也。呂望之鼓刀兮，遭周文而得舉。甯戚之謳歌兮，齊桓聞以該輔。呂望，太公也。甯戚，衛人商賈，宿齊東門外，桓公夜出，甯戚方飯牛，叩角而歌，公聞之，舉用爲卿。該，備也，以備輔佐。及年歲之未晏兮，時亦猶其未央。恐鶗鴂之先鳴兮，使夫百草爲之不芳。」及年歲未晚以有爲，而今時亦且未盡也。鶗鴂，伯勞也，秋分前鳴則草木凋落。言歲月之易去也。以上皆咸巫辭。何瓊佩之偃蹇兮，衆薆然而蔽之。惟此黨人之不亮兮，恐嫉妬而折古音制之。此答巫咸之辭。偃蹇，衆盛貌。言佩懷美德，衆人薆然而蔽之，讒佞之黨不信忠直，恐其妬我而折挫之，此以見矩矱之難求也。時繽紛其變易兮，又何可以淹留。蘭芷變而不芳兮，荃蕙化而爲茅古音侔。言時俗溷濁，紛紛變易，君子且變爲小人，豈可久留乎。何昔日之芳草兮，今直爲此蕭艾也。豈其有他故兮，莫好脩之害也。言君子所以變爲小人，以上不好忠正之故也。余以蘭爲可恃兮，羌無實而容長。委厥美以從俗兮，苟得列乎衆芳。羌，語辭。言我以蘭爲可怙恃，乃無實才但有美容而已。棄其美質以隨諂佞，苟欲列於衆賢之位，而無進賢之心也。椒專佞以慢慆兮，榝又欲充其佩幃古音怡。既干進而務入兮，又何芳之能祗。固時俗之從流兮，又孰能無變化古音嬉。覽椒蘭其若茲兮，又況揭車與江離。惟茲佩之可貴兮，委厥美而歷茲。芳菲菲而難虧兮，芬至今猶未沬古音迷。慆，淫也。榝，茱萸也，似椒而非，以喻似賢而非者。幃，香囊也，以喻親近。言椒亦芳烈之物，而今變爲邪穢。榝本惡物，反引以充香囊。此輩但知求進，又何能敬守其芬芳之節乎。世俗詭隨，賢者皆變，況衆人乎。譬之椒蘭尚變，況揭車、江離者又何望乎。此言蘭言椒，指賢人之改節者，舊註直以爲指子椒，非也。茲佩，原自況也。己有可貴之質，世委而棄之，以至于此。然其芬芳不可得而虧損者，至今其猶未已。沬，猶已也。上「委厥美」，乃自委，此「委厥美」，人委之。和調度以自娱兮，聊浮游而求女。及余飾之方壯兮，周流觀乎上下古音虎。己雖不用，猶調和一身之法度，守忠貞以自樂。女，即上文虙妃、娀姚之類。飾，即上文冠服之類。方壯，即上文年未晏之意。周流上下，即靈氛所謂遠逝，巫咸所謂升降也。靈氛既告余以吉占兮，歷吉日乎吾將行古音杭。折瓊枝以爲羞兮，精瓊爢音糜以爲粻。飲食皆香潔。爲去聲余駕飛龍兮，雜瑤象以爲車。何離心之可同兮，吾將遠逝以自疏。龍，神物。象牙也，與玉間雜以爲車飾。忠詐異道，何可苟同。故將遠去自疏也。

邅吾道夫崑崙兮，路脩遠以周流。揚雲霓之晻藹兮，鳴玉鸞之啾啾。邅，轉也。言將轉至崑崙之山，涉遠路以周流，旌旗晻藹，玉鸞啾啾，範我馳驅也。朝發軔於天津兮，夕余至乎西極。鳳皇翼其承旂兮，高翺翔之翼翼。天津，即析木之津，在箕斗之間，日月五星於此往來，故謂之津。西極，日所入。交龍爲旂，建於車後，鳳皇承之翺翔，翼翼而敬也。忽吾行此流沙兮，遵赤水而容與。麾蛟龍使梁津兮，詔西皇使涉予古上聲。流沙，沙流如水，見禹貢。遵，循也。赤水，出崑崙。容與，遊戲貌。舉手曰麾。詔，告也。西皇，帝少皞也。以金德王，故言西涉渡也。路脩遠以多艱兮，騰衆車使徑待古音持。路不周以左轉兮，指西海以爲期。遊崑崙山，道路長遠而多險難，故令衆車奔騰，邪徑相待。不周，山名，在崑崙西北。屯余車其千乘兮，齊玉軑大而並馳古音駝。駕八龍之婉婉兮，載雲旗之委蛇古音陀。屯，聚也。軑，車轄也。八龍，八方之龍。按：蛇，古亦音怡。馳讀如字，其韻亦得。抑志而弭節兮，神高馳之邈邈音漠。奏九歌而舞韶兮，聊假日以媮樂。言雖自抑徐行，神亦高遠而莫能及。九歌，九德之歌，禹樂。九韶，舜樂。陟升皇之赫戲曦兮，忽臨睨夫舊邦古音崩。僕夫悲余馬懷兮，蜷拳局顧而不行古音杭。言升天庭對光曜，忽復下視楚國而愁思也。懷，思也。蜷局，不進貌。御者悲泣：「我馬思歸，蜷局迴顧而不肯行也。」此言終不忍去之意。

亂曰：已矣哉，國無人莫我知兮，又何懷乎故都。既莫足與爲美政兮，吾將從彭咸之所居。亂者，樂節之名。凡作篇章既成，撮其大要以爲亂辭也，故曰「關雎之亂」。已矣者，絶望之辭。無人，謂無賢人。將從彭咸，謂欲自沈也。

〇愚按：離騷韻，六句爲韻者一段，八句爲韻者五段，十二句爲韻者二段，餘皆四句爲韻。今皆以韻分章，以便誦讀云。

題離騷

余觀註離騷者多矣，率搜索于句字，而忽略其大體。故但見其汪洋浩瀚，而不能究其託興寓言之指。歸則其惓惓故國之思，欲去而終不忍去，抑鬱無聊不欲死，而終不能以不死者，無以發洩于千載之下矣。善乎，太史公之傳之也，曰：「其志潔，故其稱物芳。其行廉，故死而不容自疏。」又曰：「其存君興國，而欲反覆之，一篇之中三致志焉。」此真得離騷之意于文章蹊徑之外，而不徒以文詞視之也。

余於是隱約離騷分爲七節：自「帝高陽之苗裔」至「余不忍爲此態也」爲第一節，言己之不得于君也。自「鷙鳥之不羣」至「豈余心之可懲」爲第二節，言己之不遇而不改其素也。自「女嬃之嬋媛」至「霑余襟之浪浪」爲第三節，盖託敷詞于重華，言己于善敗之跡，嘗三復于王所也。自「跪敷衽以陳詞」至「高丘之無女」爲第四節，言欲輕舉遠去，忽哀故國之無人也。自「溘吾遊此春宮」至「焉能忍與此終古」爲第五節，言黨人衆多，賢人不可見，難與之久處也。自「索瓊茅以筳篿」至「吾將遠逝以自疎」爲第六節，言卜筮皆勉其遠遯，將從之以遠適四方也。自「邅吾道夫崑崙兮」至「蜷局顧而不行」爲第七節，言逍遥娱樂庶幾藉以自遣，然睠顧楚國終不能忘而自離也。亂則總結前意，謂義無可往，惟以死自誓而已矣。

蓋其悲思慷慨之懷，溯洋出之，若江河之流，原無間斷。乃其脉理之聯落關瑣，亦自璀璨而不可亂。所謂「一篇之中三致志」者，是耶？非耶？嗟夫，余讀「哀高丘之無女」與「忽臨睨夫舊邦」，則悽然欲無涕下，不可得矣。

九歌

舊註謂沅湘之間，其俗信鬼好祀，原見其初辭鄙陋，因爲更定，且以事神之言寓忠君之意。朱考亭又謂「諸篇皆以祀神不答，而不能忘其敬愛，比事君不合，而不能忘其忠赤，尤足以見其懇切之意」云。

東皇太一

太乙，星名。漢書：「天神貴者太一。」舊註：祠在楚東，以配東帝，故云東皇。

吉日兮辰良，穆將愉兮上皇。撫長劍兮玉珥，璆鏘鳴兮琳琅。辰，十二時也。言既擇吉日，又得良時。穆，敬也。愉，樂也。上皇，謂東皇太一。言己將修祭祀，必擇辰日齋戒，恭敬以宴樂天神也。玉珥，劍鐔也。璆鏘皆玉聲，琳琅皆玉名，以玉爲佩，鏘然而鳴也。瑶席兮玉瑱鎮，盍將把兮瓊芳。蕙肴蒸兮蘭藉，奠桂酒兮椒漿。以玉鎮席，瓊枝爲香。蕙草蒸肉，藉之以蘭。桂花釀酒，以椒薦漿，皆取香美也。揚枹兮拊鼓，疏緩節兮安歌，陳竽瑟兮浩倡。拊，擊也。疏，希也。舉枹擊鼓，緩節而舞，徐歌相和以樂神。竽，笙類，三十六簧。瑟，琴類，三十五弦〔六〕。浩，大也。言大作樂。靈偃蹇兮姣服，芳菲菲兮滿堂。五音紛兮繁會，君欣欣兮樂康。楚人謂巫爲靈子。偃蹇，舞貌。姣，好也。菲菲，芳貌。五音，宮商角徵羽也。紛，盛貌。繁，衆也。言備樂以樂神，欲令神之喜樂而康寧也。◯此篇惟一韻。

雲中君

雲中君，雲神也。漢書，亦見郊祀志。

浴蘭湯兮沐芳，華采衣兮若英古音央。靈連蜷兮既留，爛昭昭兮未央。華采，五色也。言己將修饗祭以事靈神，浴蘭沐香，衣五采之英，故神悦其鮮潔而降。連蜷，長曲貌。爛，光貌。昭昭，明貌。未央，未已也。蹇將憺兮壽宮，與日月兮齊光。龍駕兮帝服，聊翺遊兮周章。蹇，語詞也。憺，安也。壽宮，供神之處，其光采與日月同。周章，猶周流也。靈皇皇兮既降古音洪，猋標遠舉兮雲中。覽冀州兮有餘，橫四海兮焉窮。思夫君兮太息，極勞心兮𢥞𢥞音沖。靈，謂神也。皇皇，美貌。降，下也。猋，去疾貌。雲中，神所居。言神復還其處也。覽，望也。兩河之間曰冀州。有餘，謂所望之遠不止此一州。出入須臾之間，橫行四海無有窮極也。夫君，謂神。𢥞𢥞，心動也。

湘君

湘水神，堯長女，舜正妃也。

君不行兮夷猶，蹇誰留兮中洲。美要眇兮宜修，沛吾乘兮桂舟。念沅湘兮無波，使江水兮安流。君，謂湘君也。不行，不來也。中洲，水中可居者。言不知其爲誰而淹留於彼。要眇，漢書作「幼眇」。思神容儀美好，又宜修飾，乃乘桂舟以迎之。又恐行或危殆，故願無波而安流也。望夫君兮未來古音釐，吹參差兮誰思。二句韻。君，謂湘君。參差，洞簫也。誰思，謂當復思誰。言思神之專。駕飛龍兮北征，邅吾道兮洞庭。薜荔拍博兮蕙綢儔，蓀橈兮蘭旌。望涔岑陽兮極浦，横大江兮揚靈。駕飛龍，言神。邅吾道，言迎神也。拍，周禮籩人「豚拍魚醢」。綢，衾褥也。以薜荔與蕙爲之，言其香潔。涔陽，江碕名。揚神之靈，敬愛至矣。揚靈兮未極，女嬋媛兮爲余太息。横流涕兮潺湲，隱思君兮陫側。嬋媛，眷戀貌。潺湲，水流貌。隱，痛也。陫側，迫窄而反側也。獨言女人嬋媛者何，蓋女人易感而多悲，猶宫怨、閨怨之意。桂櫂兮蘭枻，斲冰兮積雪。采薜荔兮水中，搴芙蓉兮木末古音密。心不同兮媒勞，恩不甚兮輕絶古音節。桂櫂、蘭枻，至于斲冰積雪，辛勤甚矣，而神終不至。譬之薜荔緣木而采之于水，芙蓉生水而搴之于木，豈可得乎。所以然者，心不同，故思不甚也。皆喻意。石瀨兮淺淺，飛龍兮翩翩。交不忠兮怨長，期不信兮告余以不閒古音弦。淺淺，流貌。翩翩，飛貌。若曰石瀨則淺淺矣，飛龍則翩翩矣，皆往而不反之意。故交不以忠則其怨必長，期不以信則必告我以不暇，即所謂心不同而媒勞者也。鼂騁騖兮江皋，夕彌節兮北渚。鳥次兮屋上，水周兮堂下古音虎。朝騁于江，夕息于渚，惟見鳥飛水流，而不見神望之至也。捐余玦兮江中，遺余佩兮澧浦。采芳洲兮杜若，將以遺去聲兮下女。時不可兮再得，聊逍遥兮容與。捐玦、遺佩與采杜若，皆欲以貽下女。下女者，湘君之從。不敢指言湘君，而托之下女耳。然相遇之時難以再得，惟自徘徊而已。此喻己之思君也。

湘夫人

堯次女，舜次妃也。正妃稱君，故降稱夫人。

帝子降兮北渚，目眇眇兮愁予古上聲。嫋嫋兮秋風，洞庭波兮木葉下古音虎。帝子，謂堯女也。降，下也。眇眇，好貌。嫋嫋，秋風貌。言望之不見，使我心愁，但見秋風之起波，落木而已。登白薠兮騁望，與佳期兮夕張。鳥何萃兮蘋中，罾何爲兮木上古平聲。薠草秋生。佳期，與佳人期。夕張，設帷幄以待夕。然徒勞耳，譬鳥當集木而在蘋中，罾當在水而在木上。喻神之不可度思也。沅有芷兮澧有蘭古音連，思公子兮未敢言古音延。荒忽兮遠望，觀流水兮潺湲。公子，指湘夫人。思之而望，望之惟見流水也。麋何爲兮庭中，蛟何爲兮水裔。朝騁余馬兮江皋，夕濟兮西澨音逝。言麋當在山林而在庭中，蛟當在深淵而在水涯。己雖朝夕來往，終不得神之所在矣。聞佳人兮召予，將騰駕兮偕逝。築室兮水中，葺緝之兮荷蓋古音記。倘聞湘夫人見招乎，築室水中所不辭也。荃壁兮紫壇，匊播芳椒兮成堂。桂棟兮蘭橑老，辛夷楣兮葯約房。罔網同薜荔兮爲帷，擗蕙櫋綿兮既張。白玉兮爲鎮，疏石蘭兮爲芳。芷葺兮荷屋，繚了之兮杜蘅古音杭。橑，椽也。楣，門上梁也。櫋，屋聯也。繚，束也。此託言水中之室精緻如此。合百草兮實庭，建芳馨兮廡門古音民。九嶷繽兮並迎去聲，靈之來兮如雲古音銀。言水中之室如此，庶幾夫人之來乎。乃舜使九嶷山神來迎，而衆神多從之，則湘夫人又去矣〔七〕。捐余袂兮江中，遺余褋褋兮澧浦。搴汀洲兮杜若，將以遺去聲兮遠者古音渚。時不可兮驟得，聊逍遥兮容與。袂，衣袖也。褋，襜襦也。遠者，亦下女也。此亦前章之意。

大司命

司命，星名，主知生死。

廣開兮天門，紛吾乘兮玄雲古音銀。令飄風兮先驅，使涷雨兮灑塵。吾，謂大司命也。飄風，回風。涷雨，暴雨。乘玄雲而役風伯雨師，先驅而清道也。君回翔兮以下古音虎，踰空桑兮從女。紛總總兮九州，何壽夭兮在予古上聲。君、予，皆指司命。空桑，山名。謂回翔以下，我欲踰空桑從之，而九州之壽夭，有不在司命乎。高飛兮安翔，乘清氣兮御陰陽。吾與君兮齊速，導帝之兮九阬音岡。陰，殺氣。陽，生氣。君，指司命。冀欲與之齊速。齊速，並其疾驅也。道帝而巡九州，以見壽夭之權有本矣。靈衣兮披披，玉佩兮陸離。壹陰兮壹陽，衆莫知兮余所爲古音怡。一陰一陽，言死生禍福之倚伏，人豈得而知之乎。折疏麻兮瑶華古音敷，將以遺兮離居。老冉冉兮既極，不寖近兮愈疏。此以下原陳志于司命也。疏麻，神麻。瑤華，玉華。言欲以此二物，以遺所離居之人，謂君也。不然，老之將至，不寖近而益疏矣。此忠愛無極之意也。乘龍兮轔轔，高駝兮冲天古音汀。結桂枝兮延竚，羌愈思兮愁人。乘龍冲天，神去我已遠，吾猶延竚思之，令人愁也。愁人兮奈何，願若今兮無虧古音欺。固人命兮有當，孰離合兮可爲古音怡。虧，缺也。願固守其節，無有虧缺，此在我可必者。若稟命有當然之分，一離一合，豈人之所能乎。此順受正命之意也。嗟夫，始欲從之空桑，又欲與之齊速，冀得命也。既而曰莫知所爲，又曰孰離合可爲，見命之不可移也。此篇其意精妙，可與列子力命並觀。

少司命

周禮大宗伯：「以槱燎祀司中、司命。」疏引星傳云：「三台，上台司命。又文昌宮第四，亦曰司命。」故有兩司命。

秋蘭兮麋蕪，羅生兮堂下古音虎。綠葉兮素枝，芳菲菲兮襲予古上聲。夫扶人兮自有美子，蓀何以兮愁苦。秋蘭，託以起興也。蓀，指司命。言凡民皆有所懽，而神何獨愁苦耶。含擁衛下民意，與章末相應。秋蘭兮青青，綠葉兮紫莖。滿堂兮美人，忽獨與余兮目成。此言命與己合，譬始之得君也。入不言兮出不辭，乘回風兮載雲旗。悲莫悲兮生別離，樂莫樂兮新相知。此言命與己離，譬君之疑己也，而悲樂之感係之矣。荷衣兮蕙帶古音蒂，儵而來兮忽而逝。夕宿兮帝郊，君誰須兮雲之際。荷衣、蕙帶，神之服也。儵來忽去，神之竗也。帝，謂天帝。言司命宿於天帝之郊，若有所待於雲際。謂命本於天也。與女遊兮九河，衝飈標至兮水揚波。古本無此二句，疑是河伯章中誤入。與女沐兮咸池古音陀，晞女髮兮陽之阿。望美人兮未來，臨風怳兮浩歌。咸池，星名，蓋天池也。晞，乾也。美人，謂司命也。怳，失意貌。此言欲親命而命不可親。孔蓋兮翠旍，登九天兮撫彗穗星。慫竦長劍兮擁幼艾，荃獨宜兮爲民正古音征。設言司命以孔雀之翅爲車蓋，翡翠之羽爲旍旗，昇九天之上，撫持彗星，欲掃除邪惡。慫，執也。幼，少也。艾，老也。司命執長劍誅邪臣，擁護國之少長，其執心公方，實宜爲萬民之正。此所以愁苦，亦原自喻之意。

東君

日神也。禮曰：「天子朝日於東門之外。」又曰：「王宮祭日也。」漢志亦有東君。

暾吞將出兮東方，照吾檻兮扶桑。撫余馬兮安驅，夜皎皎兮既明古音芒。余，謂日。言其一晝一夜，皎皎然繼明不息也。駕龍輈舟兮乘雷古音羅，載雲旗兮委蛇古音陀。二句韻。以龍爲車轅，乘雷而行。以雲爲旍旗，委蛇而長。原自喻也。長太息兮將上，心低佪兮顧懷古音回。羌色聲兮娛人，觀者憺兮忘歸。將上，上沅也。顧懷，思楚也。忽見祀神者，聲色之盛可以娱樂，故憺然意安而忘歸也。聲色娱人，下詳言之。緪庚瑟兮交鼓，簫鍾兮瑤簴古音古，鳴鷈池兮吹竽，思靈保兮賢姱古音甫。翾飛兮翠曾，展詩兮會舞。靈保，巫也。此言備樂以樂神，又見巫之賢美，其舞也，身體翾然若飛，似翠鳥之舉。展詩，陳詩也。謂歌樂章以應舞節。應律兮合節古音即，靈之來兮蔽日。二句韻。青雲衣兮白霓裳，舉長矢兮射天狼，操余弧兮反淪降古音洪。日出東方，入西方，故用其方色爲飾。此想神之來，其作用如此。天狼，賊星，射之誅惡也，則己之弧不必張矣。援北斗兮酌桂漿，撰余轡兮高駝翔，杳冥冥兮以東行古音杭。此言神既誅惡，己弧不張，惟酌酒振轡，杳冥東行而已。亦希冀之辭，以致其無聊之意。

河伯

大河之神。

與女汝遊兮九河，衝風起兮水横波。乘水車兮荷蓋，駕兩龍兮驂螭古音羅。言河伯以水爲車，驂駕螭龍而戲遊也。登崑崙兮四望，心飛揚兮浩蕩。二句韻。崑崙，河源所出。日將暮兮悵忘歸，惟極浦兮寤懷古音回。二句韻。言登崑崙而忘歸，念極浦則覺悟而懷思。喻不忘故也。魚鱗屋兮龍堂，紫貝闕兮朱宮，靈何爲兮水中。三句韻。乘白黿兮逐文魚，與女遊兮河之渚，流澌斯紛兮將來下古音虎。子交手兮東行，送美人兮南浦。波滔滔兮來迎，魚鱗鱗兮媵予古上聲。子、美人，皆指河伯。予，原自稱也。謂乘黿逐魚，共遊河渚。而流澌間之，故兩相別。滔滔之波，故來相迎。而鱗鱗之魚，亦且相送。此篇之意大都謂故國不能忘情，而豚魚猶可感通，其意深矣。

山鬼

以上諸篇皆人慕神之辭，此篇以人況君，以鬼喻己，而爲鬼媚人之辭。

若有人兮山之阿，被薜荔兮帶女蘿。二句韻。若有人，謂山鬼也，似有似無，不可以物色。阿，曲隅也。既含睇兮又宜笑，子慕予兮善窈窕。二句韻。睇，微眄也。窈窕，好貌。子，設爲鬼之命人。予，乃鬼之自命也。乘赤豹兮從文貍，辛夷車兮結桂旗。被石蘭兮帶杜衡，折芳馨兮遺所思。余處幽篁兮終不見天，路險難兮獨後來古音釐。赤豹、文貍皆奇獸。所思，指人之悦己者也。所處既深，其路阻險，悦己者之來，得無後乎。表獨立兮山之上，雲容容兮而在下古音虎。杳冥冥兮羌晝晦，東風飄兮神靈雨。留靈修兮憺忘歸，歲既晏兮孰華予古上聲。表，特也。靈修，即前所思也。欲俟其至，留使忘歸，不然，則歲晚而無與爲娛。孰有以我爲美者，此所以欲留之也。采三秀兮於山間，石磊磊兮葛蔓蔓。

怨公子兮悵忘歸，君思我兮不得閒。三秀，芝草也。芝草一歲三秀。公子，靈修也。山鬼雖怨公子之不來，而亦知其必思己也。山中人兮芳杜若，飲石泉兮蔭松柏古音博，君思我兮然疑作。三句韻。靁雷填填田兮雨冥冥，猨啾啾兮狖右夜鳴。二句韻。山中人，即山鬼也。然，信也。疑，不信也。蓋以神人道殊，知其雖思我，而不能無疑信之雜。風颯颯撤兮木蕭蕭古音颼，思公子兮徒離憂。山鬼念山中多雷雨、狖猨、風木之警，計人必不來，而己徒思之而憂也。此其意可以默會，註者一一舉楚事實之，則淺而鑿矣。

國殤

謂死于國事者。小爾雅云：「無主之鬼謂之殤。」

操吳戈兮被犀甲古音結，車錯轂兮短兵接。二句韻。言國殤始從軍之時，手持吳戟，身披犀鎧，而行錯交也。短兵，刀劍也。言戎車相迫，輪轂交錯，長兵不施，故用刀劍以相接擊也。旌蔽日兮敵若雲古音延，矢交墜兮士爭先。二句韻。兩軍相射，流矢交墮，壯夫奮怒，爭先在前也。淩余陣兮躐余行古音杭，左驂殪意兮右刃傷。二句韻。淩，犯也。躐，踐也。殪，死也。言己所乘左驂馬死，右騑馬被刃瘡也〔八〕。霾埋兩輪兮縶四馬古音姥，援玉枹浮兮擊鳴鼓，天時懟隊兮威靈怒古上聲，嚴殺盡兮棄原壄古音暑。霾輪絆馬，示必死之意。天命雖墜，威靈奮發。誓言壯士盡死，骸骨棄於原壄，而不土葬也。出不入兮往不反古音顯，平原忽兮路超遠古音演。二句韻。帶長劍兮挾秦弓，首雖離兮心不懲。誠既勇兮又以武，終剛强兮不可淩。身既死兮神以靈，魂魄毅兮爲鬼雄古音盈。既死之後，精神强壯，魂魄武毅，長爲百鬼之雄傑也。

禮魂

盛禮兮會鼓，傳芭兮代舞，姱女倡兮容與。春蘭兮秋菊，長無絶兮終古。此統言祭祀之禮。盛禮會鼓，禮樂備也。代舞容與，巫覡齊也。春蘭秋菊，時物彰也。無絶終古，享祀篤也。

題九歌

舊説謂沅湘之俗信鬼好祀，原爲更定其祝辭，且以事神之言寓忠君之意。以今觀之，惟東皇太乙篇有玉瑱瓊芳、肴蒸桂酒之文，而東君篇亦有鳴鯱吹竽、展詩會武之語，頗似享神，其餘絶不見祭祝之意。舊説又以浴蘭湯、華采衣皆指巫而言，亦似牽附。大都原之忠愛無刻而忘，故借題託興以發其惓勤懇惻之懷。如離騷所云「求虙妃之所在」、「見有娀之佚女」、「留有虞之二姚」、「聊浮游而求女」、「命靈氛爲余占」、「皇剡剡其揚靈」是也。安有祭祀之歌，而通篇言神之不至耶？吁，余讀屈原之作，而最有取于是歌也。何者？九章、卜居、漁父其言實，離騷、遠遊則虛實半，九歌純乎虛者也。如仙人、神女浮游于青雲彩霞之上，若可見若不可見，若可知若不可知，而其深致，又未嘗不可見、不可知者也，蓋虛以寓實，實不離虛。其詞藻之妙，操觚摛采者，既模擬而莫之及。而理道之精，通經學古者，將探索而未之到。文而至是，神矣哉，神矣哉。

九章

九章者，屈原之所作也。屈原既放，思君憂國，隨事感觸，輒形諸聲。後人輯之，得其九章，非一時之作也。

惜誦

惜誦以致愍兮，發憤以抒情。所非忠而言之兮，指蒼天以爲正古音征。惜，憫也。誦，論也。爲憫惜之論，以致其憂愍之意。故發憤以抒其情，使其非忠，天當証之。令五帝以折中兮，戒六神與嚮服古音逼。俾山川以備御兮，命咎繇使聽直。五帝，謂五方之神也。東爲太皞，南爲炎帝，西爲少昊，北爲顓頊，中央爲黄帝。六神，謂六宗之神也。尚書：「禋于六宗。」嚮服，嚮聽而使之服罪。御，侍也。復令山川之神備列而處，又使聖臣咎繇聽我之言忠直與否。竭忠誠以事君兮，反離羣而贅肬古音怡。忘儇喧媚以背衆兮，待明君其知之。贅肬，肉外之餘肉。爲人擯棄亦猶是也。言與行其可迹兮，情與貌其不變上聲。故相臣莫若君兮，所以證之不遠古音演。左傳：「知子莫若父，知臣莫若君。」故君之相臣，察言觀行、審貌度情，所以證驗之豈遠乎。

吾誼先君而後身兮，羌衆人之所仇也。專惟君而無他兮，又衆兆之所讎也。羌，語辭。怨耦曰仇，交怨曰讎。壹心而不豫兮，羌不可保也。疾親君而無他兮，有招禍之道古音島也。忠信事君而不猶豫，然身不可保也。何者？急欲親君而無私交，則衆害己，有招禍之道矣。思君其莫我忠兮，忽忘身之賤貧。事君而不貳兮，迷不知寵之門古音民。憂國忘身，故不知賤貧，寧無二心而不用，絶不知變節以求寵。忠何辠以遇罰兮，亦非余心之所志古平聲也。行不羣以顛越兮，又衆兆之所咍也。顛，殞也。越，墜也。咍，笑也。楚人謂相嗤笑曰咍。紛逢尤以離謗兮，謇不可釋古音爍也。情沈抑而不達兮，又蔽而莫之白古音博也。罪自外至曰尤。中情沈抑，不得自達，左右又壅蔽，無肯暴白其心。心鬱邑余侘傺兮，又莫察余之中情。固煩言不可結而詒兮，願陳志而無路。朱考亭云：「中情以韻叶之，當作善惡，惡，又當從去聲讀。」蓋據離騷「孰云察余之善惡」也，此意近之，然改二字矣。愚疑情或是愫字，與路韻。煩言不可結而詒，謂多言不能結而貽君。騷云「解佩纕以結言」，思美人云「言不可結而詒」，與左傳「嘖有煩言」不同。退静默而莫余知兮，進號呼又莫余聞。中侘傺之煩惑兮，中悶瞀茂之忳忳。申，重也。瞀，亂也。忳忳，憂貌。

昔余夢登天兮，魂中道而無杭。吾使厲神占之兮，曰有志極而無旁。杭、航通。詩云「一葦杭之」。厲神，殤鬼也。左傳「晉侯夢大厲」。旁，輔也。夢登天而無航，猶欲事君而無助也，但有勞極心志已耳。終危獨以離異兮，曰君可思而不可恃古音洗。故衆口其鑠金兮，初若是而逢殆古音以。終危獨者，謂果若厲神之言也，思君在己，恃君實難。懲熱羹者而吹齏兮，何不變此志也。欲釋階而登天兮，猶有曩之態古音剃也。釋階登天，譬舍諂諛而欲上進。此原之故態。衆駭遽以離心兮，又何以爲此伴也。同極而異路兮，又何以爲此援也。衆人駭我所爲則心離矣，故不可以爲侶。同事一君而志不同，猶欲同至一處而各行一路，誰與援引而進乎。晉申生之孝子兮，父信讒而不好古休去聲。行婞悻直而不豫兮，鮌功用而不就。豫，猶豫也。獻公信讒而不好孝子，以喻懷王。鮌專狠直而不就水功，原以自喻。吾聞作忠以造怨兮，忽謂之過言古音延。九折臂而成醫兮，吾至今乃知其信然。忠而獲怨，是作忠即造怨也。吾始忽略其言，今閱歷多，乃知之矣，猶左傳「三折肱爲良醫」也。矰曾弋機而在上兮，罻尉羅張而在下古音虎。設張辟臂以娛君兮，願側身而無所。辟，法也。小人設機械之法以樂君，則君子無容身之處矣。欲儃氈佪回以干傺熾兮，恐重患而離尤古音怡。欲高飛而遠集兮，君罔謂女何之。儃佪，猶低佪也。干，求也。傺，住也。

罔，無也。欲不進，則恐重得禍患。欲遠去，君得無謂汝舍我何往乎。欲橫奔而失路兮，蓋堅志而不忍。背膺牉判以交痛兮，心鬱結而紆軫。橫奔失路，言違道妄作也。通前三者，皆不得爲，猶判背膺而交痛矣。紆，曲也。軫，隱也。擣木蘭以矯蕙兮，鑿申椒以爲糧。播江離與滋菊兮，願春日以爲糗嗅芳。矯，猶糅也。言雖放逐，猶取芳潔，不變節也。恐情質贊之不信兮，故重著以自明。撟矯茲媚以私處兮，願曾增思而遠身。質，猶交質之質。媚，愛也，謂愛君也。言欲矯愛而隱處，庶高舉遠身，而可以避害乎。

涉江

余幼好此奇服兮，年既老而不衰。帶長鋏結之陸離兮，冠切雲之崔摧嵬。奇服，喻特節也。帶長劍，冠切雲，所謂奇服。言握利器而秉高行也。被明月兮珮寶璐路，世溷濁而莫余知兮，吾方高馳而不顧古音古。駕青虬兮驂白螭痴，吾與重華遊兮瑶之圃。被，猶服也。明月，珠名。璐，玉名。不顧，所謂家國，非之而不顧。虬、螭，神獸。重華，舜也。言己想得虞舜而與之遊。登崑崙兮食玉英古音央，與天地兮比壽，與日月兮齊光。哀南夷之莫吾知兮，旦余將濟乎江湘。南夷，謂楚也。乘鄂渚而反顧兮，欸秋冬之緒風古孚金切。步余馬兮山皐，邸余車兮方林。鄂渚，地名。欸，歎也。緒，餘也。乘舲零船余上沅兮，齊吴榜以擊汰。船容與而不進兮，淹回水而凝滯古音帶。舲，船之有牖者。吴榜，吴之刺船人也。汰，波也。容與，徐動貌。淹，留也。回水，回流也。凝滯，若有戀也。朝發枉渚兮，夕宿辰陽。苟余心之端直兮，雖僻遠其何傷。枉渚、辰陽，皆地名。自傷去國日遠，又爲自解之辭。入漵浦余儃佪兮，迷不知吾之所如古音茹。深林杳以冥冥兮，乃猨右之所居古音倨。山峻高以蔽日兮，下幽晦以多雨。霰雪紛其無垠兮，雲霏霏其承宇。此道當日之景。或曰日喻君，山喻臣，雨霰雪雲喻佞人。哀吾生之無樂兮，幽獨處乎山中。吾不能變心以從俗兮，固將愁苦而終窮。接輿髡首兮，桑扈臝行古音杭。接輿，楚狂接輿也。髡，剔也。桑扈，隱士也，解裳臝裎以傚夷狄。忠不必用兮，賢不必以。伍子逢殃兮，比干菹醢古音以。與前世而皆然兮，吾又何怨兮今之人。余將董道而不豫兮，固將重昏而終身。觀於伍子、比干，則前世可知。我將守正道而不猶豫，但當重複暗昧以終其身而已。

亂曰：鸞鳥鳳皇，日以遠古平聲兮。燕雀烏鵲，巢堂壇古音田兮。露申辛夷，死林薄兮。腥臊並御，芳不得薄兮。叢木曰林，草木交錯曰薄。腥臊，臭惡也。御，用也。薄，附也。陰陽易位，時不當兮。懷信侘傺，忽乎吾將行古音杭兮。亂喻賢臣遠而佞人用，忠邪倒置，所謂陰陽易位也。

哀郢

皇天之不純命兮，何百姓之震愆。民離散而相失兮，方仲春而東遷。震，動也。愆，過也。言皇天不純一其施，則萬物夭傷，人君不純一其政，則百姓震動以觸罪。仲春時和，民可相樂，乃離散相失，可悲也已。去故鄉而就遠兮，遵江夏以流亡。出國門而軫懷兮，甲之鼂朝吾以行古音杭。言己亦循江夏之水而去故鄉。軫，痛也。懷，思也。甲，日也。鼂，旦也。此紀其行之時。發郢都而去閭兮，怊荒忽之焉極。楫齊揚以容與兮，哀見君而不再得古音的。言其乘船，士卒齊舉楫櫂，低佪容與，咸不忍遽行。意蓋傷我遠去，不得再事於君也。望長楸而太息兮，涕淫淫其若霰。過夏首而西浮兮，顧龍門而不見。長楸，喬木。龍門，楚東門。望而不見，自傷日以遠也。心嬋禪媛爰而傷懷兮，眇不知其所蹠古音鵲。順風波而從流兮，焉洋洋而爲客古音恪。嬋媛，牽引貌。眇，遠也。蹠，踐也。聽船順風，遂洋洋遠客，而無所歸矣。凌陽侯之氾濫兮，忽翺翔之焉薄。心絓結而不解兮，思蹇産而不釋古音削。陽侯，大波之神。薄，止也。絓，懸也。蹇産，詰曲貌。將運舟而下浮兮，上洞庭而下江古音工。去終古之所居兮，今逍遥而來東。言離先祖涉江湖也。嗟靈魂之欲歸兮，何須臾而忘反古音顯。背夏浦而西思兮，哀故都之日遠古音演。精神夢魂常欲反國，背水嚮郢何遼遼乎。登大墳以望遠兮，聊以舒吾憂心。哀州土之平樂洛兮，悲江介之遺風古乎金切。平樂，地平而人樂。介，間也。遺風，故家遺俗。念平樂而感遺風，益哀悲矣。當陵陽之焉至兮，淼南渡之焉如。曾不知夏之爲丘兮，孰兩東門之可蕪。夏，江夏也。信用讒佞，國將丘墟，郢城兩東門，可使荒廢而無路耶。心不怡之長久兮，憂與憂其相接。惟郢路之遼遠兮，江與夏之不可涉。路遥水隔，憂思不斷。忽若去而不信兮，至今九年而不復古音逼。慘鬱鬱而不開兮，蹇侘傺而含感。不信而去，久而不復，悵然住立，内結毒也。外承歡之汋約兮，諶荏弱而難持。忠湛湛而願進兮，妬被披離而鄣之。汋約，婉好貌。諶，誠也。荏，亦弱也。湛湛，厚貌，不讀淡。言小人委曲媚君，誠能使君心志柔弱，而不能自持。願忠者爲所蔽，而不得進矣。彼堯舜之抗行兮，瞭杳杳其薄天古音汀。衆讒人之嫉妬兮，被以不慈之僞名。堯舜之德配天矣，小人猶有不與，子之謗况其下乎。憎愠惀之修美兮，好夫人之慷慨。衆踥妾蹀而日進兮，美超遠而踰邁。蘊藉爲愠，思慮爲惀。憎修美，惡君子也。好忼慨，重讒佞也。故小人日進，君子日遠。

亂曰：曼萬余目以流觀兮，冀壹反之何時。鳥飛返故鄉兮，狐死必首丘。首去聲丘古音欺。信非吾罪而棄逐兮，何日夜而忘之。曼，遠意。首丘，謂以首枕丘而死，不忘其所自生也。

抽思

心鬱鬱之憂思兮，獨永歎乎增傷。思蹇產之不釋兮，曼遭夜之方長。蹇產，詰曲貌。悲秋風之動容兮，何回極之浮浮。數惟蓀之多怒兮，傷余心之懮懮音憂。回極，斗極也，以其旋轉，故謂之回。浮浮，高貌。秋氣清，故斗極高。蓀，香草。以喻君多怒，則民病矣。懮懮，痛貌。願遥起而横奔兮，覽民尤以自鎮古平聲。結微情以陳詞兮，矯以遺夫美人。尤，病也。鎮，止也。本欲遠去，及覽民尤，則思以慰安之，故因而自止。然不忘陳情于君耳。昔君與我成言兮，曰黄昏以爲期。羌中道而回畔兮，反既有此他志古平聲。憍吾以其美好兮，覽余以其修姱音甫。與余言而不信兮，蓋爲余而造怒古上聲。願承間而自察兮，心震悼而不敢。悲夷猶而冀進兮，心怛傷之憺憺音亶。自察自明也。憺憺，悲傷貌。兹歷情以陳辭兮，蓀詳佯聾而不聞古音烟。固切人之不媚兮，衆果以我爲患古音弦。切直之人不能邪媚，讒佞之輩以爲傷己。初吾所陳之耿著兮，豈不至今其庸亡。何獨樂斯之謇謇兮，願蓀美之可完。初吾所陳，豈不至今尚在，其庸有亡乎。非樂謇謇之言，欲以成君之美耳。望三五以爲像兮，指彭咸以爲儀。夫何極而不至兮，故遠聞而難虧古音欺。法王霸，效賢人，何極力之不至，何修名之不立。善不由外來兮，名不可以虛作。孰無施而有報兮，孰不實而有穫。上不施惠，則下不效勞。君不履信，則臣多行僞。
少歌曰：與美人抽思兮，並日夜而無正古音征。憍吾以其美好兮，敖朕辭而不聽平聲。少歌，小吟歌謡。正，猶證也。謂日夜爲君抽思，無有證其是者。
倡曰：有鳥自南兮，來集漢北古音必。好姱佳麗兮，牉獨處此異域。既惸獨而不羣兮，又無良媒在其側。道卓遠而日忘兮，願自申而不得古音的。望北山而流涕兮，臨流水而太息。倡，起唱發聲也。鳥，自喻。良媒，喻左右之臣。望孟夏之短夜兮，何晦明之若歲古音試。惟郢路之遼遠兮，魂一夕而九逝。精魂還歸，一夕凡九。曾不知路之曲直兮，南指月與列星。願徑逝而不得兮，魂識路之營營。營營，辛苦貌。何靈魂之信直兮，人之心不與吾心同。理弱而媒不通兮，尚不知余之從容。
亂曰：長瀨湍流，泝江潭古音尋兮。狂顧南行，聊以娱心兮。逆流而上曰泝。狂顧，急遽而驚視也。南行幽藏於山谷，亦以娱己之心耳。軫石崴嵬，蹇吾願兮。超回志度，行隱進古音箭兮。軫，方也，故曰軫之方也以象地。崴嵬，高貌。言雖放棄執履忠信，志如軫石之不可轉，高山之不可卑。是己之願，超越回邪，志在法度，行隱隱以進。低佪夷猶，宿北姑兮。煩寃瞀戉容，實沛徂兮。北姑，地名。瞀，亂也。徂，去也。言思念煩寃，容貌憒亂，誠欲隨水沛然而流去也。愁歎苦神，靈遥思兮。路遠處幽，又無行媒古音迷兮。靈遥思者，神遠中思也。無行媒者，無紹介也。道思作頌，聊以自救兮。憂心不遂，斯言誰告古音穀兮。中道作頌，以舒怫鬱之念，救傷懷之心。憂心不達，無所告愬也。

懷沙

滔滔孟夏兮，草木莽莽古音姥。傷懷永哀兮，汩于筆徂南土。汩，行貌。徂，往也。春陽暢茂之時，往居江南之土，故心傷而長悲思也。眴瞬兮杳杳，孔静幽默古音穆。鬱結紆軫兮，離慜而長鞠。眴，視貌。杳杳，深冥貌。孔，甚也。默，無聲也。紆，曲也。軫、慜，皆痛也。鞠，窮也。撫情效志兮，俛屈以自抑古音懿。刓方以爲圜兮，常度未替。撫，循也。抑，按。刓，削也。即欲變方爲圜，而常度終不能廢。易初本迪兮，君子所鄙。章畫志墨兮，前圖未改古音己。本，原也。迪，行也。易初本迪，謂變其初之原行。章，明也。志，念也。欲明其經畫，念其繩墨，所謂前圖也。内厚質正兮，大人所晠。晠，史記作盛，音義同，古通用，讀平聲。巧倕不斲兮，孰察其揆正古音征。内重厚，質端正，大人所甚美，然不施用，何由知之乎。揆，度也。玄文處幽兮，矇瞍謂之不章。離婁微睇兮，瞽以爲無明古音芒。持玄墨之文，居幽冥之處，則矇瞍以爲不明。以離婁之明，微有所睇，盲人輕之，以爲無明。此正足前意。變白以爲黑兮，倒上以爲下古音虎。鳳皇在笯奴兮，雞鶩木翔舞。

筊，籠落也。忠佞不别，亦猶是也。同糅玉石兮，一槩而相量。夫惟黨人之鄙妬兮，羌不知余之所臧。莫照我之善意也。任重載盛兮，陷滯而不濟。懷瑾近握瑜兮，窮不知所示。有所陷滯，則重任不濟。時值困阨，則寶玉徒懷。邑犬羣吠兮，吠所怪古音記也。非俊疑傑兮，固庸態古音剃也。文質疏内兮，衆不知余之異采古音泚。材樸委質兮，莫知余之所有古音以。有文有質，其内疏通，衆不知也，不猶材樸之委地乎。重仁襲義兮，謹厚以爲豐。重華不可遻晤兮，孰知余之從容。從容，謂優悠于道義也。古固有不並兮，豈知其故也。湯禹久遠兮，邈不可慕也。忠佞不並立，其來已久，惟湯禹能辯之。懲違改忿兮，抑心而自强。離慜而不遷兮，願志之有象古平聲。象，法也。言自勉修身，雖遇患不徙，願志行流於世，爲人所法也。進路北次兮，日昧昧其將暮。舒憂娱哀兮，限之以大故。言將北歸郢都，而日暮不得前。於是欲舒憂娱哀，大故又將限之，謂死亡將至也。

亂曰：浩浩沅湘，分流汩骨兮。修路幽蔽，道遠忽兮。汩，流貌。言沅湘之水，分汩而流，將歸乎海。而已之路，則幽蔽超忽也。此下舊有「曾唫恒悲，永歎慨兮。世既莫吾知，人心不可謂兮」四句，意與下文相混，今依考亭削之。懷質抱情，獨無匹古音僃兮。伯樂既歿，驥將焉程兮。匹，雙也。言懷敦篤之質，抱忠信之情，不與衆同，故孤煢獨行，無有雙匹也。然不遇明君，安所用之，猶驥之服鹽車耳。民生禀命，各有所錯兮。定心廣志，余何畏懼兮。錯，置也。稟命若置，誰能移之。定心則不亂，廣志則不隘，此樂天安命之道也，何愧歎之有。曾增傷爰哀，永歎喟兮。世溷莫吾知，人心不可謂兮。知死不可讓，願勿愛古音緯兮。明告君子，吾將以爲類兮。告，語也。類，法也，詩云「永錫爾類」。言己將執忠死節，故以此明白告諸君子，宜以我爲法度也。

思美人

思美人兮，擥涕而竚眙音夷。媒絶路阻兮，言不可結而詒。美人，指君。眙，直視貌。詒，遺也。蹇蹇之煩冤兮，陷滯而不發古音歇。申旦以舒中情兮，志沉菀鬱而莫達古乎悦切。欲日日陳情，不得通也。願寄言於浮雲兮，遇豐隆而不將。因歸鳥而致辭兮，羌迅高而難當。豐隆雲師，不爲我傳。歸鳥飛高，又不可值。高辛之靈晟盛兮，遭玄鳥而致詒。欲變節以從俗兮，媿易初而屈志古平聲。高辛，帝嚳也。嚳妃吞燕卵而生契，爲堯三公。屈原自傷不遭聖主而遇亂世，豈肯變節而易初乎。獨歷年而離愍兮，羌馮心猶未化古音嬉。寧隱憫而壽考兮，何變易之可爲古音怡。馮，憤懣也。寧罹憂終身，終不改變。知前轍之不遂兮，未改此度也。車既覆而馬顛兮，蹇獨懷此異路。前轍，直道也。此其道與衆人異，故曰異路。獨懷此異路，豈以顛覆而改乎。勒騏驥而更駕兮，造父爲我操之。遷逡次而勿驅兮，聊假日以須時。指嶓冢之西隈兮，與纁黄以爲期。纁黄，日入之色。勒驥更駕，遷延俟時，時之未遇，日入爲期，則終身可知矣。

開春發歲兮，白日出之悠悠。吾且蕩志而愉樂兮，遵江夏以娱憂。開春發歲，物皆欣欣。乘春作樂，庶消憂乎。擥大薄之芳茝齒兮，搴長洲之宿莽古音姥。惜吾不及古之人兮，吾誰與玩此芳草古音楚。芳草喻道也，古人不相及矣，即擥茝搴莽何爲乎。解萹薄與雜菜兮，備以爲交佩古音備。佩繽紛以繚了轉兮，遂萎絶而離異。吾且儃佪以娱憂兮，觀南人之變態古音剃。竊快在其中心兮，揚厥憑而不竢古音矣。芳與澤其雜糅兮，羌芳華自中出古音砌。發舒憒懣，已無所待于時矣。乃其芳華之質，本自性生，非外鑠也。紛郁郁其遠烝兮，滿内而外揚。情與質信可保兮，羌居蔽而聞章。雖在山澤，而名宣布。令薜荔以爲理兮，憚舉趾而緣木。因芙蓉以爲媒兮，憚褰裳而濡足。仰託薜荔則憚緣木，俯藉芙蓉則憚濡足，終不賴左右先容之意。登高吾不説兮，入下吾不能古音泥。固朕形之不服兮，然容與而狐疑。登高入下，正緣木濡足之意。廣遂前畫兮，未改此度也。命則處幽吾將罷兮，願及白日之未暮也。獨煢煢而南行兮，思彭咸之故也。得遂前畫，度則不改，其如命何。吾將老矣，儻及日之未暮，而君寤乎。恐終不寤，我則從彭咸而已。

惜往日

惜往日之曾信兮，受命詔以昭時。奉先功以照下兮，明法度之嫌疑。昭時，昭明時之政治。先功，祖業也。嫌疑，同異可否之間。國富强而法立兮，屬貞臣而日娭嬉。秘密事之載心兮，雖過失猶弗治平聲。載，存也，即有過差，猶能相諒。心純龐而不泄兮，遭讒人而嫉之。君含怒以待臣兮，不清澂其然否古音胚。讒人，靳尚及上官也。蔽晦君之聰明兮，虛惑誤又以欺。弗參驗以考實兮，遠遷臣而弗思。信讒諛之溷濁兮，盛氣志而過之。遷怒而督過也。何貞臣之無辜兮，被讟讀謗而見尤古音怡。慚光景之誠信兮，身幽隱而備之。信而見疑，故見光景而慚。是以竄身幽隱，然修身亦不敢缺，故云備。謂雖處草野，行彌篤也，自「惜往日之曾信」至此，二十二句爲一韻。

臨沅湘之玄淵兮，遂自忍而沈流。卒没身而絕名兮，惜壅君之不昭古音周。君無度而弗察兮，使芳草爲藪幽。焉舒情而抽信兮，恬死亡而不聊古音留。獨鄣壅而蔽隱兮，使貞臣而無由。聞百里之爲虜兮，伊尹烹於庖厨古音稠。芳草宜植于階庭，豈可幽之于藪澤。賢人放竄，亦猶是也。自「臨沅湘」至此，十二句爲一韻。

呂望屠於朝歌兮，甯戚歌而飯牛古音疑。不逢湯武與桓繆兮，世孰云而知之。四句韻。吴信讒而弗味兮，子胥死而後憂。介子忠而立枯兮，文君寤而追求。封介山而爲之禁兮，報大德之優游。六句韻。晉文公出奔，介子推從，道乏糧，割股肉以食文公。及反國，賞諸從行者，不及子推，子推遂逃介山隱。文公覺寤，追而求之，不出。文公因燒其山，子推抱樹燒而死。文公遂以介山封子推，使祭祀之以報其德。思久故之親身兮，因縞素而哭之。或忠信而死節兮，或訑謾而不疑。弗省察而按實兮，聽讒人之虛辭。芳與澤其雜糅兮，孰申旦而別之。八句韻。親身，切身，謂割股。世無明智賢愚，惑矣。何芳草之早殀兮，微霜降而下戒古音棘。諒不聰明而蔽壅兮，使讒諛而日得古音的。四句韻。

自前世之嫉賢兮，謂蕙若其不可佩古音備。妬佳冶之芬芳兮，嫫母姣而自好古音戲。雖有西施之美容兮，讒妬入以自代古音地。願陳情以白行兮，得罪過之不意。情冤見之日明兮，如列宿之錯置。不意，謂出于意外也。情實冤枉，有如列星，豈難明乎。乘駑馬而馳騁兮，無轡銜而自載古音祭。乘氾泛泭敷以下流兮，無舟檝而自備。背法度而心治兮，辟與此其無異。舍法度而任意爲治，若乘船車而無轡櫂，其危必矣。寧溘死而流亡兮，恐禍殃之有再古音至。不畢辭以赴淵兮，惜壅君之不識古音至。有再恐邦之淪喪，其禍更大，所不忍見。獨惜蔽君之罪而人不知耳。自「前世之嫉賢」至末，二十句爲一韻。

橘頌

后皇嘉樹，橘徠來服古音逼兮。受命不遷，生南國古音役兮。頌橘爲天地間之嘉樹也，生于江南，渡淮則化爲枳。深固難徙，更一志兮。緑葉素榮，紛其可喜古去聲兮。橘青葉白華。紛然，盛貌。曾層枝剡棘，圓果摶兮。青黄雜糅，文章爛平聲兮。摶，圓貌。先青後黄，爛然文采。精色内白，類任道古音島兮。紛緼宜修，姱而不醜兮。其外精明，其内潔白，似任道之人。紛蘊而盛，修長而美，無醜惡之態。嗟爾幼志，有以異兮。獨立不遷，豈不可喜古去聲兮。爾，指橘。天性所生，少長不異。深固難徙，廓其無求兮。蘇世獨立，横而不流兮。死而復生曰蘇。凡與世移徙，不免有求也。再生而變，亦謂之流也。橘則不然。閉别心自慎，終不過失古音試兮。秉德無私，參天地兮。橘皮包裹，故曰自慎。堅貞不二，故曰無私。願歲并謝，與長友古音以兮。淑離不淫，梗其有理兮。并謝，猶永謝。淑，善也。離，麗也。梗，强也。有理，有條理也。年歲雖少，可師長兮。行比伯夷，置以爲像兮。凡橘易壞，不如松柏之久長，故云年雖少可爲師長。其特立不遷，行比伯夷，故可置以爲法也。此篇皆原自喻其志節之意。

悲回風

悲回風之摇蕙兮，心冤結而内傷。物有微而隕性兮，聲有隱而先倡平聲。回風，謂之飄風。隕，落也。秋令已行，微物凋隕，風聲雖隱，實先爲之倡矣。夫何彭咸之造思兮，暨志介而不忘。萬變其情豈可蓋兮，孰虚僞之可長。因回風而感彭咸，其志介然，歷萬變而不易，亦以實耳。若涉虚僞，豈能久乎。鳥獸鳴以號羣兮，草苴比而不芳。魚葺鱗以自别兮，蛟龍隱其文章。苴，枯草也。回風一至，則鳥獸草木、鱗魚蛟龍皆有改變。喻讒人之可畏也。故荼薺不同畝兮，蘭茝幽而獨芳。惟佳人之永都兮，更統世以自貺古音芳。都，淑也。貺，守也。荼苦薺甘，不可同畝。蘭茝雖幽，不失其香。故惟佳人常守其善，統承先世而不自失。眇遠志之所及兮，憐浮雲之相羊。介眇志之所惑兮，竊賦詩之所明古音芒。守高遠之節，與浮雲齊，乃爲世所疑，不得不賦以自明也。自「悲回風」至此，二十句爲一韻。惟佳人之獨懷兮，折芳椒以自處。曾歔欷之嗟嗟兮，獨隱伏而思慮古音魯。涕泣交而淒淒兮，思不眠以至曙。終長夜之曼曼兮，掩此哀而不去。心常悲慕。寤從容以周流兮，聊逍遥以自恃古音洗。傷太息之愍歎兮，氣於邑而不可止。氣逆憤懣，結不下也。糺久思心以爲纕襄兮，編愁苦以爲膺。折若木以蔽光兮，隨飄風之所仍。糺，戾也。纕，佩帶也。編，結也。膺，胸也。謂絡胸者也，初欲蔽日以少稽留，卒任其飄颻而已。存髣髴而不見兮，心踴躍其若湯。撫珮衽以按志兮，超惘惘而遂行古音杭。髣髴，謂形似也。蓋指君而言，失志倶遽則直逝矣。歲曶曶其若頹兮，時亦冉冉而將至。薠蘅槁而節離兮，芳已歇而不比。時，謂衰老之期也。節離，草枯則節處斷落。比，合也。此言志意已盡，不可復爲。憐思心之不可懲兮，證此言之不可聊古音留。寧溘死而流亡兮，不忍此心之常愁。聊，賴也。孤子唫而抆吻淚兮，放子出而不還音旋。孰能思而不隱兮，昭彭咸之所聞古音烟。思則必痛，所聞於先賢者可覩矣。登石巒以遠望兮，路眇眇之默默。入景響之無應兮，聞省想而不可得。景，古影字。山高路遠，故影響倶無，而聽視寂滅。愁鬱鬱之無快兮，居戚戚而不可解古音係。心鞿羈而不開兮，氣繚轉而自締。謂其氣繚繞回轉，而自相結也。穆眇眇之無垠兮，莽芒芒之無儀。聲有隱而相感兮，物有純而不可爲古音怡。儀，猶像也。眇眇、芒芒，言愁之無極。聲有隱而相感，今不能感王矣。物有純而不可爲，謂如松柏之純，堅不可易也。邈曼曼之不可量兮，縹綿綿之不可紆。愁悄悄之常悲兮，翩冥冥之不可娛。凌大波而流風兮，託彭咸之所居。此亦言其自沉之意。上高巖之峭岸兮，處雌蜺之標顛古音真。據青冥而攄虹兮，遂儵忽而捫天古音汀。所至高眇，不可逮也。吸湛露之浮凉兮，漱凝霜之雰雰古音軒。依風穴以自息兮，忽傾寤以嬋媛古音然。

心覺自傷，展轉不釋。馮崑崙以瀓霧兮，隱岷山以清江古音工。憚涌湍之磕磕兮，聽波聲之洶洶。言己欲瀓清邪惡，復爲讒人所危，俗人所謗訕也。紛容容之無經兮，罔芒芒之無紀。軋押洋洋之無從兮，馳逶移之焉止。漂翻翻其上下兮，翼遥遥其左右古音以。氾潏潏其前後兮，伴叛張弛之信期古音紀。言憂心反覆不定，而失其起居之常也。觀炎氣之相仍兮，窺煙液之所積。悲霜雪之俱下兮，聽潮水之相擊。炎氣，火氣也。火氣鬱而爲煙，煙氣流而爲液。言上觀炎陽煙液之氣，下視霜雪江潮之流，憂思無不在也。借光景以往來兮，施黄棘之枉策古音尺。求介子之所存兮，見伯夷之放迹。心調度而弗去兮，刻著志之無適。黄棘，棘刺也。枉，曲也。去，舍也。言己願借神光電景，飛注往來，施黄棘之刺以爲馬策，欲其利用急疾，往求介子、伯夷之迹。蓋心調度乎二子之間而弗舍，猶刻著於志，而無復他適矣。

曰：吾怨往昔之所冀兮，悼來者之惄惄。浮江淮而入海兮，從子胥而自適。望大河之洲渚兮，悲申徒之抗迹。昔日之所希冀者，俱不能逐，故怨。今則流落而逖逖遠矣，故觸目而思子胥，悲申徒。申徒狄遁世離俗，擁石赴河，故言抗迹也。驟諫君而不聽兮，任重石之何益。心絓結而不解兮，思蹇産而不釋。郭璞江賦：「悲靈均之任石。」註：任石，即投汨羅。此言諫而不聽，死亦無益，但心思戀戀不忘，故不容苟生耳。自「觀炎氣」至末，二十句爲一韻。

題九章

舊説屈原既放，思君憂國，輒形諸聲。後人輯之，得其九章。

愚按離騷一篇，已足以盡意矣。然放逐幽憂之日，情不能以無感，感不能以無言，言不能以不盡，盡不能以不怨，怨不能以不死。故自惜誦以至悲回風，未始有出於離騷之外也。離騷括其全，九章條其理，譬之根幹枝葉，總之皆樹，源委波瀾，總之皆水，未始異也。且其慕古哀時，思善疾惡，怨靈修之不彰，悲黨人之壅濁。厲素履之芳潔，將超遠而不安，願儼合於湯禹，終狥跡於彭咸，每篇之中不離此意。蓋其意膠葛而纏綿，故其詞重複而間作，要以舒其中心之鬱懣，未嘗琱琢以冀有傳於後世也。乃後世篤好而推先之，正以其文情併合，芬藹可掬，有異於修詞之士所爲耳。觀其言曰：「臨沅湘之玄淵，遂自忍而沉流，卒没身而絶名，惜壅君之不昭。」噫，名固未嘗絶也。悲夫，悲夫。

遠遊

遠遊者，屈原之所作也。屈原履方直之行，不容於世，思託配仙人與俱遊戲，周歷天地，無所不到，然猶懷念楚國，思慕舊故，忠信之篤，仁義之厚也。是以君子珍重其志，而瑋其辭焉。

悲時俗之迫阨隘兮，願輕舉而遠遊。質菲薄而無因兮，焉託乘去聲而上浮。遭沉濁而汙穢兮，獨鬱結其誰語。夜耿耿而不寐兮，魂營營而至曙。惟天地之無窮兮，哀人生之長勤。往者余弗及兮，來者吾不聞古音因。天地無窮，人生若器，眇然一身，不能及于前後，感慨深矣。此遠遊之所以作也。

步徙倚而遥思兮，怊惝廠怳而永懷古音回。意荒忽而流蕩兮，心愁悽而增悲。彷徨東西，匪所據依。神倏忽而不反兮，形枯槁而獨留。内惟省以端操兮，求正氣之所由。魂靈易逝，身體塊處，故反身循省，欲求正氣之所自來也。漠虚静以恬愉兮，澹無爲而自得。聞赤松之清塵兮，願承風乎遺則。虚静無爲，所謂正氣也。貴真人之休德兮，美往世之登仙。與化去而不見兮，名聲著而日延。身與化遷，名流千億也。奇傅説之託辰星兮，羨韓衆終之得一。形穆穆以浸遠兮，離人羣而遁逸。傅説，武丁相，死後，其星著於房尾。韓終，見列仙傳。因氣變而遂曾層舉兮，忽神奔而鬼怪古音記。時髣髴以遥見兮，精皎皎以往來古音利。神靈皎然，往來不滯。絶氛埃而淑尤兮，終不反其故都。免衆患而不懼兮，世莫知其所如。淑尤，淑善而絶尤也。自此以上，皆美仙人之脱離也。恐天時之代序兮，耀靈曄而西征。微霜降而下淪兮，悼芳草之先零。聊仿徉伴羊而逍遥兮，永歷年而無成。誰可與玩斯遺芳兮，長鄉去聲風而舒情。高陽邈以遠兮，余將焉所程。耀靈，日也。曄，閃電貌。高陽，顓頊也。此一節皆恐將老，而學仙之不及也。

重曰：春秋忽其不淹兮，奚久留此故居古音倨。軒轅不可攀援兮，吾將從王喬而娛戲。憤懣未盡，復陳辭也。黄帝始作車服，天下號之爲軒轅氏。王喬，見列仙傳。飡六氣而飲沆瀣兮，漱正陽而含朝霞古音敷。保神明之清澄兮，精氣入而麤穢除。陵陽子明經言：春食朝霞，日始出赤黄氣。秋食淪陰，日没以後赤黄氣。冬飲沆瀣，北方夜半氣。夏食正陽，南方日中氣。並天地玄黄之氣，是爲六氣。順凱風以從遊兮，至南巢而壹息。見王子而宿之兮，審壹氣之和德古音的。宿，留也。究問元精之秘要也。曰：「道可受兮，而不可傳。其小無内兮，其大無垠古音研。無滑骨而魂兮，彼將自然。壹氣孔神兮，於中夜存古音前。虚以待之兮，無爲之先。庶類以成兮，此德之門古音眠。」此王子之答，道可心受，不可言傳。無内無垠，無不在也，惟在不滑亂其魂而已。不滑其魂，神氣自全，虚而無爲，萬化自出。此至道之要也。

聞至貴而遂徂兮，忽乎吾將行古音杭。仍羽人於丹丘兮，留不死之舊鄉。至貴者，王子之言。仍，就也。羽人，仙人。丹丘，晝夜常明之處。山海經言「有羽人之國，不死之民」。湯朝濯髪於湯（陽）谷兮，夕晞余身兮九陽。吸飛泉之微液兮，懷琬琰之華英古音央。湯谷，在東方少陽之位。淮南言「日出湯谷，入虞淵」。陽谷，日所出。九陽，日所入也。陽極于九，故日入爲九陽。陵陽子明經曰：「日入爲飛泉。」玉色頩傳以脕晚顏兮，精醇粹而始壯。質銷鑠以汋約兮，神要眇以淫放。頩，美貌。脕，潤貌。莊子曰：「汋約如處子。」淫放，神有餘也。嘉南州之炎德兮，麗桂樹之冬榮。山蕭條而無獸兮，野寂寞其無人。或營魄而登霞兮，掩浮雲而上征。抱我靈魄而上升。霞，或謂與遐通。此遊南方也。命天閽其開關兮，排閶闔而望予古上聲。召豐隆使先導兮，問太微之所居古音倨。豐隆，雲師。太微垣，天庭也。集重陽而入帝宮兮，造旬始而觀清都。朝發軔於太儀兮，夕始臨乎於微閭。積陽爲天，故曰重陽。旬始，星名，或曰氣如雄雞，見北斗旁。太儀，天之帝庭，習威儀之所。周禮云：「東北曰幽州，其山鎮曰醫無閭。」此遊東北也。屯余車之萬乘兮，紛溶與而並馳。駕八龍之婉婉兮，載雲旗之逶蛇古音怡。建雄虹之采旄兮，五色雜而炫耀。服偃蹇以低昂兮，驂連蜷以驕鶩。衡下夾轅兩馬曰服，衡外挽靷兩馬曰驂。驕鶩，縱恣也。騎去聲。轇輵以雜亂兮，斑漫衍而方行古音杭。撰余轡而正策兮，吾將過乎句芒。轇輵，猶交加也。斑，文貌。漫衍，無極貌。句芒，木神。月令：「孟春之月，其帝太皞，其神句芒。」此遊東方也。歷太皓以右轉兮，前飛廉以啓路。陽杲杲其未光兮，凌天地以徑度。太皓，即太皞，古通用。風伯爲余先驅兮，辟壁氛埃而清涼。鳳皇翼其承旂兮，遇蓐收乎西皇。飛廉，風伯。孟秋之月，其帝少皓，其神蓐收。西皇即少皓。此遊西方也。擥彗星以爲旍兮，舉斗柄以爲麾古音蒿。叛判陸離其上下兮，遊驚霧之流波。時曖曃其曭莽兮，召玄武而奔屬燭。後文昌使掌行兮，選署衆神以並轂。玄武，北方七宿。文昌，星名。悉召羣靈，以爲侍從。此遊北方也。路曼曼其悠遠兮，徐弭節而高厲古音冽。左雨師使徑待兮，右雷公而爲衛古音越。厲，憑凌之意。欲度世以忘歸兮，意恣睢以担撟古音叫。内欣欣而自美兮，聊媮娱以淫樂古音撈。恣睢，放肆貌。担撟，軒舉貌。涉青雲以汎濫遊兮，忽臨睨夫舊鄉。僕夫懷余心悲兮，邊馬顧而不行古音杭。舊鄉，楚都。邊，旁也，謂兩驂也。騑驂局顧而不忍去。

思舊故以想像兮，長太息而掩涕古音底。氾泛容與而遐舉兮，聊抑志而自弭音米。涕泣者情。自抑者理。此下復言遊四方天地，以終遠遊之意。指炎帝而直馳兮，吾將往乎南疑古音牛。覽方外之荒忽兮，沛罔瀁而自浮。月令孟夏：「其帝炎帝，其神祝融。」南疑，山也。罔瀁，水盛貌。祝融戒而蹕御兮，騰告鸞鳥迎虙妃。張咸池奏承雲兮，二女御九韶歌古音箕。使湘靈鼓瑟兮，令海若舞馮夷。玄螭痴蟲象並出進兮，形蟉流虬而逶蛇古音怡。蹕，止行人。御，禦也。咸池，堯樂。承雲，黄帝樂。二女，堯女。御，侍也。韶，舜樂，九奏乃成。湘靈，湘水之神。海若，海神。馮夷，水仙。莊子言：「馮夷得之，以游大川。」象，國語所謂龍罔象也。玄螭蟲象，皆水中神物也。此重言南方之遊。雌蜺五結便娟以增撓兮，鸞鳥軒翥而翔飛。音樂博衍無終極兮，焉乃逝以徘徊。焉，語辭。舒并節以馳騖兮，逴絶垠乎寒門古音民。軼迅風於清源兮，從顓頊乎增冰。并節，猶御轡也。寒門，北極之門。月令孟冬：「其帝顓頊，其神玄冥。」此重言北方之遊。歷玄冥以邪徑兮，乘間維以反顧。召黔嬴而見之兮，爲余先乎平路。孝經緯曰：「天有六間。」黔嬴，水神。經營四荒兮，周流六漠。六漠，六合也。上至列缺兮，降望大壑。列缺，天隙。大壑，在東海，名曰歸墟。下峥嶸而無地兮，上寥廓而無天古音汀。視儵忽而無見兮，聽惝怳而無聞古音因。超無爲以至清兮，與太初而爲鄰。峥嶸，深遠貌。寥廓，廣遠也。列子曰：「太初氣之始。」遊至是，極矣。

題遠遊

愚按離騷「駟玉虬以乘鷖兮，溘埃風余上征。」又曰「飲余馬於咸池兮，總余轡於扶桑。」又曰「路不周以左轉兮，指西海以爲期。」固皆遠遊之意，原猶以爲未盡也，乃作此篇，汪洋超脱，以布寫其無聊不得已之懷。彼其舍故都，離儕人，餐六氣，專精神，逍遥於丹丘，役使夫百靈，内欣欣而婾樂，直至出宇宙而與太初者鄰，可謂遊之至矣。乃其所神遊者至遠，而其所顧懷者至近。區區楚國非清都帝鄉也。汎汎汨羅，非南疑寒門也。憔悴澤畔，非軒鸞鳥而駕八龍也。負石自沉，非名黔嬴而貫列缺也，何行背其言而事反其見耶。蓋其懷舊眷故之念，迫切於真誠，反側於夢寐，故寧死而不忍自踈其天性爾也。猶之箕子囚，比干死，豈必效微子之行遯耶。嗟夫，士各有志，所謂漠虚静以恬愉，澹無爲而自得者，竟付之空談而已。賈誼之弔曰：「歷九州而相其君兮，何必懷此都也。」揚雄之反曰：「聖哲之不遭兮，固時命之所有。」噫，原之見此早矣，其如天性何哉。

卜居

原憫當世違正習邪，故陽爲不知而假卜以風切之，非真有疑而問也。

屈平既放，三年不得復見。竭智盡忠，蔽障於讒。心煩慮亂，不知所從。乃往見太卜鄭詹尹，曰：「余有所疑，願因先生決之。」詹尹乃端策拂龜，策，蓍也。筮用策，卜用龜。曰：「君將何以教之？」屈原曰：「吾寧悃悃款款朴以忠乎，將送往勞來斯無窮乎。悃款，誠實傾盡之貌。送往勞來，隨俗高下也。寧誅鉏草茅以力耕乎，將游大人以成名乎？寧正言不諱以危身乎，將從容富貴以媮偷生乎？寧超然高舉以保真乎，將哫足訾嚅慄斯喔握咿伊嚅儒唲兒，以事婦人乎？哫訾，以言求媚也。慄，怯畏也。斯，語助辭。喔咿嚅唲，强言笑貌。婦人，君之所寵，若鄭袖之類。寧廉潔正直以自清乎，將突梯滑稽，如脂如韋，以絜楹乎？突梯，委順貌。滑稽，诙諧也。如脂如韋，潤澤而柔弱。絜，如大學「絜矩」之絜。楹，爲户楹。易以旋轉，故用爲喻。寧昂昂若千里之駒乎，將氾氾若水中之鳬，與波上下偷以全吾軀乎？寧與騏驥亢軛乎，將隨駑馬之迹乎？寧與黄鵠比翼乎，將與雞鶩争食乎？亢，舉也。軛，轅也。黄鵠，一舉千里。此孰吉孰凶，何去何從？此結上八條，正問卜之詞。世溷濁而不清，蟬翼爲重，千鈞爲輕。黄鐘毁棄，瓦缶雷鳴。讒人高張，賢士無名。吁嗟默默兮，誰知吾之廉貞？」詹尹乃釋策而謝，曰：「夫尺有所短，寸有所長。物有所不足，智有所不明。數有所不逮，神有所不通古音湯。用君之心，行君之意，龜策誠不能知事。」妙在「用君之心」二句，如人飲水，冷煖自知者也。

題卜居

舊説謂原憫世之違正習邪，故假卜以警俗，非真有疑而問也。愚按：離騷「索瓊茅以筳篿兮，命靈氛爲余占之。」又曰「巫咸將夕降兮，懷椒糈而要之。」皆卜居之意。原猶以爲未盡也，故八設條目，以行之必不能兼，事之必致相反者，决去就，定從違，且以見己之廉貞，不以見棄而悔改也。嗟夫，物各有性，人各有天，松柏桃李不可轉移，君子小人豈能反覆？龍逢比干，固不以利禄刑殺而易其操。飛廉惡來，亦豈以齒利劍沉九族而滅其趾？故數有所不逮，君子安之于數也。神有所不通，君子不要之神也。卜居之旨遠矣。語曰：「道不同不相爲謀。」又曰：「匹夫不可奪志也。」然哉，然哉。

漁父

此設爲問答之辭。

屈原既放，遊於江潭，行吟澤畔，顏色憔悴，形容枯槁。漁父見而問之，曰：「子非三閭大夫與？何故至於斯？」屈原曰：「舉世皆濁我獨清，衆人皆醉我獨醒，是以見放。」漁父曰：「聖人不凝滯於物，而能與世推移。世人皆濁，何不淈其泥而揚其波？衆人皆醉，何不餔其糟而歠其釃？淈泥餔糟，同其塵也。揚波歠釃，藏其清也。此處濁世之道。何故深思高舉，史記作「懷瑾握瑜」。自令放爲？」屈原曰：「吾聞之：新沐者必彈冠，新浴者必振衣。安能以身之察察，受物之汶汶者乎？寧赴湘流，葬於江魚之腹中，安能以皓皓之白，蒙世俗之塵埃乎？」言不能淈泥餔糟，同流合污。漁父莞爾而笑，鼓枻而去。乃歌曰：「滄浪之水清兮，可以濯我纓。滄浪之水濁古音獨兮，可以濯我足。」遂去不復與言。歌意喻隨其清濁，而善用之也。

題漁父

此原設爲問答之辭，以見己之不能和光同塵也。夫淈泥揚波、餔糟歠醨之説，可言而不可行。何者？鳳凰鴟不同聲而鳴，故以下惠之和而三黜於魯，以孔子之温恭而所到不容，以此知涉亂世之難也。若稍爲隱忍以希冀苟安，則其究必流於小人之歸，而蕙蘭申椒變而不芳矣。奚可哉，奚可哉？

語曰：「邦無道，危行言遜。」此亦江海之士所宜，然非所論於析圭擔爵之君子也。噫，賢者之遇亂國闇君，廓然肥遯而高舉，遠矣哉，遠矣哉。

【校勘記】

〔一〕「乎」原作「其」，據四庫本改。
〔二〕「嘉」原作「加」，據四庫本改。
〔三〕「之閒」二字，四庫本無。
〔四〕「章明也」，四庫本居「香氣也」下。
〔五〕「大」，四庫本作「音地」。
〔六〕「三十五絃」，四庫本作「二十五絃」。

〔七〕「矣」原作「吴」，據四庫本改。

〔八〕「瘡」，四庫本作「創」。

卷三

宋玉玉，屈原弟子，楚大夫。

九辯

舊注：玉惜其師忠信見放，故作此辭以辯之，皆代原之意。

悲哉秋之爲氣也，蕭瑟兮草木摇落而變衰。憭了慄兮若在遠行，登山臨水兮送將歸。一歲之運至秋，則陽氣向衰，陰氣用事，有叔世之象，故遭放逐者尤有感於秋也。蕭瑟，秋風貌。憭慄，猶悽愴。遠行在客也，又登高望遠，臨流歎逝，以送將歸之人，因別緒而動鄉心，是以悲耳，秋氣似之。泬血寥遼兮天高而氣清，寂嵺聊兮收潦而水清，憯悽增欷兮薄寒之中去聲人。泬寥，蕭條慘澹貌。寂寥，虚也。潦，夏發則水濁，至秋而收則水清。薄，迫也。中，傷也。愴怳懭悢朗兮去故而就新，坎廩兮貧士失職而志不平。廓落兮羈旅而無友生，惆悵兮而私自憐。愴怳懭悢，失意貌。去故就新，言時改也。坎廩，不平也。廓落，空寂也。皆秋氣感人之狀。燕翩翩其辭歸兮，蟬寂寞而無聲。雁嗈嗈而南遊兮，鵾鷄啁哳而悲鳴。雁陰起則南，故云南遊。鵾鷄似鶴，黄白色。啁哳，聲繁細貌。獨申旦而不寐兮，哀蟋蟀之宵征。時亹亹而過中兮，蹇淹留而無成。申，重也。亹亹，進而不已之意。過中，向衰也。蹇，語詞。

其二

悲憂窮戚兮獨處廓，有美一人兮心不繹古音約。去鄉離家兮徠遠客古音恪，超逍遥兮今焉薄。廓，空也，謂窮戚處於空澤也。一人，謂屈原。繹懌同。薄，止也。專思君兮不可化古音訛，君不知兮可奈何。二句韻。君，指楚王。蓄怨兮積思去聲，心煩憺旦兮忘食事。願一見兮道余意，君之心兮與余異。君臣異心，意豈能達。車既駕兮朅而歸，不得見兮心傷悲。二句韻。楊慎曰：舊注：朅，去也。又按呂氏春秋：膠鬲見武王于鮪水曰：「西伯朅去？無欺我也。」武王曰：「不子欺，將伐殷也。」膠鬲曰：「朅至？」武王曰：「將以甲子日至。」

註：「朅，何也」。然則朅之爲言盍也。若以解楚辭，則謂車既駕矣，盍而歸乎？以不得見而心傷悲也。意尤婉至。倚結軨兮長太息，涕潺湲兮下霑軾。忼慨絕兮不得，中瞀亂兮迷惑。私自憐兮何極，心怦怦兮諒直。軨，車軾下縱橫木。軾，車所憑者。瞀，昏也。怦怦，心急貌。

其三

皇天平分四時兮，竊獨悲此凜秋。白露既下百草兮，奄離披此梧楸。去白日之昭昭兮，襲長夜之悠悠。離芳藹之方壯兮，余萎委約而悲愁。凜，凜然而寒也。奄，忽也。離披，分散貌。芳藹，盛也。約，窮也。秋既先戒以白露兮，冬又申之以嚴霜。收恢台之孟夏兮，然欿傺而沈藏。葉菸於邑而無色兮，枝煩挐而交橫古音黃。顏淫溢而將罷疲兮，柯彷彿而萎黃。萷朔櫹槮之可哀兮，形銷鑠而瘀傷。惟其紛糅而將落兮，恨其失時而無當。恢台，盛大貌。欿傺，陷止也。言收斂長養之氣，使陷止沈藏也。菸邑，殘瘁也。煩挐，紛亂也。淫溢，積漸也。罷，敝也。萷，木梢也。櫹槮，蕭疎也。瘀，病也。紛糅，衆雜貌。喻不值賢君而年將老。擥騑轡而下節兮，聊逍遥以相佯。歲忽忽而遒盡兮，恐余壽之弗將。悼余生之不時兮，逢此世之俇攘。澹容與而獨倚兮，蟋蟀鳴此西堂。

心怵惕而震盪蕩兮，何所憂之多方。仰明月而太息兮，步列星而極明古音芒。擥轡下節，不急馳也。侹攘，狂遽貌。極，至也。仰視星宿，不能臥寐，以至天明。

其四

竊悲夫蕙華之曾敷兮，紛旖倚旎你乎都房。何曾華之無實兮，從風雨而飛颺。曾，重也。敷，布也。都，大也。房，花房也。旖旎，盛貌。華而不實，乃因風雨而飛颺。以爲君獨服此蕙兮，羌無以異於衆芳。閔奇思上聲之不通兮，將去君而高翔。心閔憐之慘悽兮，願一見而有明古音芒。重無怨而生離兮，中結軫而增傷。初謂君專意見任，而歎其終以衆芳目之。閔，傷也。奇思，謂忠策。高翔，遠去也。無過放逐，是以傷耳。豈不鬱陶而思君兮，君之門以九重。猛犬狺狺銀而迎吠兮，關梁閉而不通。天子九門，謂關門、遠郊門、近郊門、城門、臯門、庫門、雉門、應門、路門也。猛犬，指讒邪也。狺狺，犬爭吠聲。閉，喻塞賢路。皇天淫溢而秋霖兮，后土何時兮得漧干。塊獨守此無澤兮，仰浮雲而永歎平聲。喻君澤普施，而我獨不霑，故仰望而長歎。

其五

何時俗之工巧兮〔一〕，背繩墨而改錯。却騏驥而不乘兮，策駑駘而取路。喻易置禮法，棄賢而取不肖也。當世豈無騏驥兮，誠莫之能善御。見執轡者非其人兮，故跼跳而遠去。故賢人皆遠矣。鳧鴈皆唼夫粱藻兮，鳳愈飄翔而高舉古音倨。喻見君不好善，不肖者食祿，則賢人高舉而不留。圜鑿而方枘兮，吾固知其鉏鋙而難入。衆鳥皆有所登棲兮，鳳獨遑遑而無所集。喻羣邪得位，而賢才遠竄也。願銜枚而無言兮，嘗被君之渥洽，太公九十乃顯榮兮，誠未遇其匹合。放逐可以隱忍，感舊不能無言，因嘆不如太公之遇合也。謂騏驥兮安歸，謂鳳凰兮安棲。變古易俗兮世衰，今之相去聲者兮舉肥。變古道，易舊俗，世之所以衰也。相，謂相馬者。古語云：「相馬失之瘦，相士失之貧。」即舉肥之意也。騏驥伏匿而不見兮，鳳凰高飛而不下古音虎。鳥獸猶知懷德兮，何云賢士之不處。言鳥獸且知所擇，何賢士獨無所擇而肯安處乎。驥不驟進而求服古音逼兮，鳳亦不貪餧於爲而妄食。君棄遠而不察兮，雖願忠其焉得。欲寂寞而絶端兮，竊不敢忘初之厚德。獨悲愁其傷人兮，馮鬱鬱其何極。服，駕也。餧，食也。言士不求君，君當求士也。絶端，謂滅其端緒，不使人知，即上文銜枚無言之意。初德，即嘗被渥洽之意。

其六

霜露慘悽而交下兮，心尚幸其弗濟。霰雪雰糅其增加兮，乃知遭命之將至。願徼幸而有待兮，泊莽莽與壄野草同死古音誓。霜露下而霰雪至，喻亂之滋甚也，冀脱免而卒遭徂落也。願自往而徑進兮，路壅絶而不通。欲循道而平驅兮，又未知其所從。然中路而迷惑兮，自壓按而學誦古音嵩。性愚陋以褊淺兮，信未達乎從容。喻阻于邪佞，不識趣舍之所宜也。壓按，裁抑之意。學誦，歌謠之謂。又自傷褊急不能從容。竊美申包胥之氣晟盛兮，恐時世之不固。何時俗之工巧兮，滅規矩而改鑿古音助。楚伍子胥得罪於楚，將適吳，見申包胥而謂之曰：「我必亡郢。」申包胥答曰：「子能亡之，我能存之。」及子胥爲吳王闔閭臣，興兵伐楚破郢。昭王出奔。於是申包胥乃之秦請救，哭於秦庭，七日七夜不絶聲，勺飲不入口。秦伯哀之，爲發兵救楚。昭王復國。此言申包胥氣晟必踐其言者，所以愧後人之不固言也，何今人之滅規矩乎？滅規矩，正食言之謂也。獨耿介而不隨兮，願慕先聖之遺教。處濁世而顯榮兮，非余心之所樂耀。與其無異而有名兮，寧窮處而守高古音告。言始終耿介，庶無愧申包胥乎。食不媮偷而爲飽兮，衣不苟而爲温。竊慕詩人之遺風兮，願託志乎素餐。蹇充倔而無端兮，泊莽莽而無垠銀。無衣裘以御冬兮，恐溘死而不得見乎陽春古音親。雖速死不及春，終不變節。蹇，語詞。充倔無端，即禮不充詘富貴之意。

其七

靚靜杪秋之遥夜兮，心繚悷而有哀古音噫。春秋逴逴綽而日高兮，然惆悵而自悲。四時遞來而卒歲兮，陰陽不可與儷偕古音几。白日晼宛晚其將入兮，明月銷鑠而減毀古音喜。逴逴，往也。年齒將老，悵然悲秋。儷，偶也。不可偶而與之偕，言其迅速之甚。歲忽忽而遒囚盡兮，老冉冉而愈弛。心摇悦而日幸兮，然怊超悵而無冀。中憯惻之悽愴兮，長太息而增欷上聲。弛，放也。心雖冀幸，終難自必，故悽愴增欷而已。年洋洋以日往兮，老嵺遼廓而無處。事亹亹而覬冀進兮，蹇淹留而躊躇古音煮。

其八

何氾濫之浮雲兮，猋標壅蔽此明月。忠昭昭而願見兮，然露陰曀翳而莫達古他悦切。言正直之人爲邪佞隱蔽。願皓日之顯行兮，雲蒙蒙而蔽之。竊不料而願忠兮，或黕膽點玷而汙之。日以喻君，雲以喻羣小，故竭死不顧生之臣，反被以惡名也。堯舜之抗行兮，瞭冥冥而薄天古音汀。何險巇之嫉妒兮，被以不慈之僞名。言堯舜之德已配天矣，而小人猶有「不與子」之謗。彼日月之照明兮，尚黯闇黮淡而有瑕古音蒿。何況一國之事兮，亦多端而膠加古音歌。謂賢愚反戾。被披荷裯儔之晏晏兮，然潢洋而不可帶。既驕美而伐武兮，負左右之耿介。以荷葉爲被雖香好，然浩浩蕩蕩而不可帶。何者？虚而無實也。況君自驕其美，自伐其武，曾荷被之不若，而左右耿介之臣，寧不爲所負乎？憎慍惀論之修美兮，好夫人之慷慨。衆踥妾蹀牒而日進兮，美超遠而逾邁。解見哀郢。農夫輟耕而容與兮，恐田野之蕪穢古音意。事緜緜而多私兮，竊悼後之危敗古音備。世雷同而炫曜兮，何毁譽之昧昧古音寐。羣黨相譽，善惡不分也。今修飾而窺鏡兮，後尚可以竄藏。願寄言夫流星兮，羌儵忽而難當。卒壅蔽此浮雲兮，下暗漠而無光。言君及今而修飾鑑戒，猶可以自全，但歲月急遽譬若流星，恐卒爲小人所蔽，忠臣不得自明矣。意謂時難再得，迷難遽復，此寄言於君之意也。

其九

堯舜皆有所舉任兮，故安枕而自適。諒無怨於天下兮，心焉取此怵惕。乘騏驥之瀏瀏溜兮，馭安用夫彊策古音尺〔二〕。諒城郭之不足恃兮，雖重介之何益。瀏瀏，如水之流也。言所任得人，無怨於下，則不假威刑，自成美化。不然，城郭甲兵不足恃矣。邅翼翼而無終兮，忳屯惛惛昏而愁約古音要。生天地之若過兮，功不成而無效。約，窮也。若過，如過隙也。願沈滯而無見兮，尚欲布名乎天下古音虎。然潢洋而不遇兮，直怐構愁茂而自苦。怐愁，愚昧貌。莽洋洋而無極兮，忽翺翔之焉薄。國有驥而不知乘兮，焉皇皇而更索音朔。不識賢者，空求何益。甯戚謳於車下兮，桓公聞而知之。無伯樂之善相兮，今誰使乎譽之?罔流涕以聊慮兮，惟著意而得之。紛忳忳之願忠兮，妬被披離而鄣之。謂不必流涕深思，惟留意求賢則得賢，所恨妬人鄣蔽，願忠者不得進矣。願賜不肖之軀而別離兮，放遊志乎雲中。乘精氣之摶摶團兮，鶩諸神之湛湛古音雍。驂白霓之習習兮，歷羣靈之豐豐。乞身而退，放志升雲。精氣，日月之光耀也。摶摶，專貌。湛湛，清貌。習習，飛貌。豐豐，多貌。左朱雀之茇茇旆兮，右蒼龍之躍躍瞿。屬雷師之闐闐田兮，通飛廉之衙衙音御。茇茇，飛揚貌。躍躍，說文「先行貌」。衙衙，踈遠貌。飛廉，風伯也。前輕輬涼之鏘鏘兮，後輜乘之從從。載雲旗之委蛇兮，扈屯騎之容容。以上皆言空中遊戲，諸神擁衛之狀。計專專之不可化兮，願遂推而爲臧。賴皇天之厚德兮，還及君之無恙古平聲。推，如「推納溝中」之推。言神遊曠遠，雖云樂矣，然計己思君之心，專專而不可化，所謂「我心匪石，不可轉也」。安得遂推君而爲善，倘賴天之靈，冀及君之無恙而一寤，是我之所願。恙，說文：「憂也。」一曰：蟲入腹，食人心。古者艸居，多被此毒，故相問「無恙乎」。

題九辯

愚讀九辯，其志悲，其託興遠，其言紆徐而婉曲，稍露其本質，即輒爲蓋藏，以此傷其抑鬱憤怨之深，亦以此知楚王之終不悟，而黨人接跡于世，故恐有不密階禍而波及于罪也，不亦悲乎。夫原介而不屈，忠而見逐，其設心本以死自誓，故其出詞直致而無復諱忌。如云「傷靈脩之數化」，「怨靈脩之浩蕩」，「哀朕時之不當」，「余焉能忍與此終古」，「何離心之可同」，「又何懷乎故都」，此所以赴汨羅而從彭咸也。玉即殉其師以死，亦何益成敗之數乎？雖然，北郭騷以頭託白晏子，亦感其分粟養母已耳，師弟子之恩，故不止此。太史公曰：「楚有宋玉、唐勒、景差之徒皆好辭，而以賦見稱，然皆祖屈原之從容辭令，終莫敢直諫。」愚謂宋玉諸賦，大抵婉雅之意多，勁奮之氣少，律以北郭騷，難矣哉，難矣哉。

又題

九辯從古相傳，皆謂宋玉所作，王逸章句具在，可攷也。宋洪興祖得離騷釋文古本一卷，其篇次與今本不同。首離騷，次九辯，而後九歌、天問、九章、遠遊、卜居、漁父、招隱士、招魂、九懷、七諫、九歎、哀時命、惜誓、大招、九思。故王逸於九章哀郢注云：「皆解於九辯中。」儒者因是謂九辯亦屈原所作，不知古本所次不依作者之先後，故置招隱士於招魂之前，又置王褒九懷於東方朔七諫之前，而置大招於最後。陳説之以爲篇第混淆，乃考其人之先後，定爲今本，厥有由矣。儒者又謂「啓九辯與九歌」，乃原所自序。啓，開也，非指禹子。下文「夏康五子」，直以古事爲今事，不敢質言。如上「就重華而陳詞」，亦非真有重華之可就也。此最爲確論。然天問有云：「啓棘賓商，九辯九歌。」王逸注謂：「棘，陳也。賓，列也。九辯、九歌，啓所作樂也。言啓能備修明禹業，陳列宮商之音，備其禮樂也。」似又指啓矣。愚讀九辯久，竊怪其過於含蓄，意謂其懼不密之禍也。近弱侯謂余曰：「九辯非宋玉作也，反覆九首之中，並無哀師之一言可見矣。夫自悲與悲人，語自迴別，不可誣也。」愚於是熟復之，内云「有美一人兮心不繹」，頗似指其師。然離騷、九章中，原所自負者不少，以是而信弱侯之見，卓絶於今古也。

招魂

張鳳翼曰：「古者人死，則以其服升屋而招之。此必原始死，而玉作以招之也。」舊註皆云施之生時，欲以諷楚王。殊未妥。

朕幼清以廉潔兮，身服義而未沬古音寐。主此盛德兮，牽於俗而蕪穢古音意。此宋玉代爲屈原之詞。言其幼性清而廉潔，至今行義而未已，常以盛德爲主，恐牽於世俗，則不能無蕪穢矣。其自治之嚴如此。上無所考此盛德兮，長離殃而愁苦。帝告巫陽曰：「有人在下古音虎，我欲輔之。魂魄離散，汝筮予古上聲之。」考，校也。上無以考其盛德，故放逐而自沉。帝，天帝也。女曰巫。陽，其名也。玉假天帝及巫陽以爲辭端。人，謂屈原。筮予，筮問其魂魄所在而招之，使反其身也。巫陽對曰：「掌夢上帝其命難從。若必筮予之，恐後之謝，不能復用巫陽焉。」此一節巫陽對語，似有脱誤。然其大意謂此掌夢之事，帝令命我有不可從。何者？筮之遲也。如必筮其所在，而後招以與之，則恐後期而其魂徂謝，且將不得用巫陽之技矣。乃下招曰：

魂兮歸來，去君之恒幹，何爲乎四方些。舍君之樂處，而離彼不祥些。些，蘇賀反，語詞也。幹，體也。此下乃歷詆上下四方之不善，而盛稱楚國之樂也。魂兮歸來，東方不可以託些。長人千仞，惟魂是索音朔些。十日代出，流金鑠石古音削些。彼皆習之，魂往必釋古音削些。歸來歸來，不可以託些。託，寄也。八尺曰仞。索，求也。言東方有長人之國，人長千仞，惟求人魂而食之。鑠，銷也。東方有扶桑之木，十日並在其上，以次更行。其熱酷烈，金石皆爲銷釋。彼處居人能習其熱，如魂往則必銷化也。魂兮歸來，南方不可以止些。雕題黑齒，得人肉以祀，以其骨爲醢古音以些。蝮蛇蓁蓁，封狐千里些。雄虺九首，往來儵忽，吞人以益其心些。歸來歸來，不可以久淫些。雕，畫也。題，額也。雕刻其額，以丹青涅之，齒則盡黑。得人之肉，則用以祭神，復以其骨爲醬而食之。蝮，大蛇也。蓁蓁，積聚之貌。山海經：「蝮蛇色如綬文，大者百餘斤。」封狐，大狐也，健走千里求食。虺，亦蛇也。九首，一身九頭也。儵忽，疾急貌。淫，淹也。魂兮歸來，西方之害，流沙千里些。旋入雷淵，爢迷散而不可止些。幸而得脱，其外曠宇古音武些。赤蟻若象，玄蠭若壺古音瓠些。五穀不生，藂叢菅姦是食些。其土爛人，求水無所得古音的些。彷徉無所倚，廣大無所極些。歸來歸來，恐自遺賊些。爢，碎也。曠宇，無人之土也。壺，乾瓠也。菅，茅屬。其地不生五穀，但食此菅草也。西方之土，温暑而乾，燋爛人肉，渴欲求水不可得。今環靈夏之間，有旱海，大七里，無水泉，即其證也。倚，依也。其土廣大，遥遠無極，雖欲彷徉，求所依止，亦不可得也。自遺賊，猶云自貽伊慼也。魂兮歸來，北方不可以止些。層冰峨峨，飛雪千里些。歸來歸來，不可以久古音几些。北方寒冰重累，峨峨如山。其風疾急，雪飛千里。

魂兮歸來，君無上天古音汀些。虎豹九關，啄害下人些。一夫九首，拔木九千古音親些。豺狼從宗目，往來侁莘侁些。懸人以嬉，投之深淵古音因些。致命於帝，然後得瞑些。歸來歸來，往恐危身些。虎豹九關，言天門九重，虎豹守之，下人有欲上者，則齧殺之也。又有人一身九頭，有力，從朝至暮，可拔大木九千株。從，豎也。侁侁，衆貌。豺狼得人，先懸其頭，用之嬉戲，已乃投之深淵，而棄之也。瞑，止也。言投人已訖，致其所受之命於天帝乃止。魂兮歸來，君無下此幽都些。土伯九約，其角觺觺宜些。敦脄梅血拇母，逐人駓駓丕些。參三目虎首，其身若牛古音疑些。此皆甘人，歸來歸來，恐自遺災古音齎些。幽都，地下。后土，所治也。地下幽冥，故稱幽都。土伯，后土之侯伯也。約，屈也。觺觺，角利貌。其身九屈，有角觸害人也。敦，厚也。脄，背也。拇，手大指也。駓駓，走貌。參，三也。甘，美也。言此物食人以爲甘美也。

魂兮歸來，入修門古音眠些。工祝招君，背倍行先些。秦篝構齊縷，鄭綿絡古音路些。招具該備，永嘯呼古音付些。魂兮歸來，反故居古音倨些。修門，郢城門。入，言歸楚也。工，巧也。男巫曰祝。背，倍也。背行，以面鄉外而導之也。篝，薰籠也。縷，綫也。絡，縛也。秦、齊、鄭三國，工善爲此也。招具，即謂此上三物，禮所謂「上服」。該，亦備也。天地四方，多賊姦古音堅些。像設君室，靜閒安古音烟些。多賊姦，即上文所言虎豹神怪之類。像，死者之形貌。高堂邃宇，檻層軒些。層臺累榭，臨高山古音仙些。網户朱綴，刻方連些。冬有突要厦，夏室寒古音玄些。川谷徑復，流潺湲些。風光轉蕙，氾泛崇蘭古音蓮些。經堂入奥，朱塵筵些。邃，深也。檻，楯也。從曰檻，横曰楯。軒，欄板也。層、累，皆重也。無木謂之臺，有木謂之榭。臨高山，言其高出於山上，而下臨其山也。網户，如羅網之狀。朱綴者，以朱丹飾其交綴之處。突，深也。厦，大屋。謂温室也，盛夏暑熱，則有洞達陰堂，其内寒也。流源爲川，注谿爲谷。徑，過也。復，反也。氾，摇動貌。崇，高也。西南隅謂之奥。鋪陳曰筵。言風自蘭蕙之間，經由堂中，以入於奥與承塵筵席之間也。

砥室翠翹，挂曲瓊古音强些。翡翠朱被，爛齊光些。蒻阿拂壁，羅幬僑張些。纂組綺縞，結琦璜些。砥，礪石也。穀梁云：「天子之桷，斲之礱之，加密石焉。」言以細石磨之也。翹，鳥尾長毛也。挂，縣也。曲瓊，玉鈎也。翡，赤羽雀。翠，青羽雀。蒻，蒻席也。阿，曲隅也，以蒻飾之。拂壁，淨壁也。幬，帳也。纂組，綬類。綺，文繒也。縞，細繒也。言幬帳之類，用綺縞。又以纂組結束，玉璜爲飾也。

室中之觀，多珍怪古音記些。蘭膏明燭，華容備些。二八侍宿，射亦遞代古音地些。金玉爲珍，詭異爲怪。蘭膏，以蘭香煉膏也。華容，謂美人也。二八，二列也。大夫有二列之樂，故晉悼公賜魏絳女樂二八，歌鍾二肆也。射，厭也。遞，更也。意有厭倦則使更相代也。

九侯淑女，多迅衆古音宗些。盛鬋不同制，實滿宮些。九侯淑女，設言商九侯之女，入之紂而不喜淫者也。迅，過也，淑女多過於衆人。鬋，鬢也。制，法也。盛飾理鬢，其制不同，皆來充後宮也。容態好如字比，順彌代古音地些。弱顔固植，謇其有意些。順，柔順相代也。固植，有守也。弱而有守，所以有意也。姱容修態，絙亘洞房些。蛾眉曼睩祿，目騰光些。絙，竟也。曼，長而輕貌。靡顔膩理，遺視矊綿些。離榭修幕，侍君之閒古音玄些。靡，緻也。膩，滑也。遺視，竊視也。矊，邈也。翡幃翠帳，飾高堂些。紅壁沙版，玄玉之梁些。沙，丹沙。玄玉，黑玉也。仰觀刻桷，畫龍蛇古音陀些。坐堂伏檻，臨曲池古音柁些。芙蓉始發，雜芰荷些。紫莖屏風，文緣波些。文異豹飾，侍陂陁些。軒輬涼既低，步騎羅些。屏風，水葵也，生水中，莖紫色。文緣波，言葵之文采緣波而生，其侍從之人皆以豹文爲飾，從君遊陂陁之中。軒輬，皆輕車低屯。徒行爲步，乘馬爲騎。羅，列也。

蘭薄户樹，瓊木籬些。魂兮歸來，何遠爲古音怡些？草木叢生曰薄。瓊木，木之美者。言蘭薄當户，又以嘉木爲籬落也。何遠爲，言何以遠去爲哉。室家遂宗，食多方些。稻粢咨穱捉麥，挐袽黄粱些。大苦鹹酸，辛甘行古音杭些。肥牛之腱，臑儒若芳些。和酸若苦，陳吴羹郎些。胹而鼈炮羔，有柘蔗漿些。鵠酸臇鳧，煎鴻鶬些。露雞臛霍蠵攜，厲而不爽古平聲些。室家，宗族也。宗，尊也。言君既歸來，則室家之衆皆來尊之，爲之設食，其方法多端也。稻，秔稬二米也。粢，稷也。穱，擇也。穱麥，稻處種麥，而擇取其先熟者也。挐，糅也。黄粱，出蜀漢，兩浙間亦種之，香美逾於諸粱，號爲竹根黄。言此數種之米相雜爲飯。大苦，豉也。辛謂椒薑，甘謂飴蜜。腱，筋頭也。臑，熟爛也。若謂杜若，用以煮肉去腥而香也。若苦之若，則訓作及。吴羹，吴人工作羹也。胹，煮也。羔，羊子也。炮，合毛裹物而燒之也。柘，藷蔗也。言取藷蔗之汁爲漿飲也，酸以酢漿，烹之爲羹也。臇，臛少汁也。鳧，野鴨也。鶬，鶬鶴也。露雞，露棲之雞也。有菜曰羹，無菜曰臛。蠵，大龜之屬也。厲，烈也。爽，敗也。其味清烈不敗，老子曰：「五味令人口爽。」粔巨籹女蜜餌，有餦餭些。瑶漿蠠蜜勺，實羽觴些。挫糟凍飲，酎紂清涼些。華酌既陳，有瓊漿些。歸反故室，敬而無妨些。粔籹，環餅也。吴謂之寒具，以蜜和米麪煎熬作之餌，擣黍爲之，方言謂之餣者也。餦餭，餳也。以糵熬米爲之，亦謂之飴，此則其乾者也。瑶漿，漿色如玉者。𩰪，見禮經，通作幕，以疏布蓋尊也。勺，挹酒器也。實，滿也。羽觴，飲酒之器，形似有羽翼。言舉幕用勺酌酒而實爵也。挫，捉也。凍，冰也。酎，醇酒也。言盛夏則爲覆蹙乾釀，捉去其糟，但取清醇置之冰上，然後飲之，酒涼適口也。酌，酒斗也。言君魂歸反所居故室，子孫承事恭敬，亦何不可？

肴羞未通，女樂羅些。敶鍾按鼓，造新歌些。涉江采菱，發揚荷當作阿些。美人既醉，朱顔酡些。娭光眇視，目曾波些。魚肉爲肴，致滋味爲羞。未通，謂食品未進而樂已先陳。按，猶擊也。涉江、采菱、揚阿皆楚歌名。娭，戲也。眇，眺也。曾，重也。被文服纖，麗而不奇些。長髮曼鬋，豔陸離些。文，綺繡。纖，精細也。奇，如李廣「數奇」之奇。不奇，謂有偶也。陸離，豔貌。二八齊容，起鄭舞些。衽若交竿，撫案下古音虎些。竽瑟狂會，搷田鳴鼓些。宮庭震驚，發激楚些。吴歈俞蔡謳，奏大吕些。鄭舞，鄭國之舞。衽，衣襟也。言舞人廻轉，衣襟相交如竹竿然，乃以手撫案而徐行也。竽瑟，吹竽彈瑟也。狂，猶猛也。搷，急擊也。激楚，歌舞之名，即漢祖所謂楚歌、楚舞也。吴、蔡，國名。歈、謳，皆歌也。大吕，律名。士女雜坐，亂而不分些。放敶組纓，班其相紛些。組，綬也。纓，冠系也。鄭衛妖玩，來雜陳古音田些。激楚之結，獨秀先些。激楚之結，言歌雜曲者以激楚結之。獨秀，異而出衆也。舊註以結爲頭髻者，非。

箟昆篏庇象棋，有六簙博些。分曹並進，遒相迫古音薄些。成梟而牟，呼五白古音博些。箟，竹名。篏字從竹，博箸也。博雅云：「投六箸，行六棋，故爲六博也。」言宴樂既畢，乃設六博，以箟簬作箸，象牙爲棋也。曹，偶也。遒，亦迫也。投箸行棋，轉相遒迫也。倍勝爲牟。五白，博齒也。言己棋已梟，當成牟勝，故呼五白以助投也。晉制犀比，費白日些。鏗鍾搖簴巨，揳甲梓瑟古音失些。晉制犀比，謂晉國工作博棋箸，比集犀角以爲雕飾。費，耗也。費白日，言博者爭勝不已，耗損光陰也。鏗，撞也。搖，動也。簴，懸鍾格。揳，撫也。梓瑟，梓木爲瑟也。娛酒不廢，沈日夜古音掖些。蘭膏明燭，華鐙錯些。不廢，猶言不已也。沈，沈湎也。錯，置也。結撰至思去聲，蘭芳假古音故些。人有所極，同心賦些。酎飲盡歡，樂先故些。魂兮歸來，反故居古音倨些。撰，述也。假，大也。謂結思爲詞以相樂，如蘭芳之大也。極，竭思也，人各極竭思爲同心之賦。樂先故，謂歡樂先于故舊，以見魂之當歸也。

亂曰：獻歲發春兮，汩吾南征。菉蘋齊葉兮，白芷生。二句韻。獻歲，言歲始來進也。路貫廬江兮，左長薄。倚沼畦瀛兮，遙望博。二句韻。貫，穿過也。廬江、長薄，皆地名。東行出其右也。倚，依也。沼，池也。畦，猶區也。瀛，池中也。依已成之沼，而復爲瀛也。青驪結駟兮，齊千乘平聲。懸火延起兮，玄顏烝。二句韻。此以下盛言畋獵之樂。純黑爲驪。結，連也。四馬爲駟。懸火，懸燈也。玄，天也。顏，色也。言獵則懸燈林中，其火延及，燒于野澤，上烝玄天，使天赤色也。步及驟處兮，誘騁先。抑騖若通兮，引車右還音旋。與王趨夢兮，課後先。步及驟處，步行而及驟馬之處，其走疾也。誘，蓋爲先導而馳騁，以先誘獵衆。若儀禮射儀之有「誘射」也。若，順也。止馳騖使順而通行。引車右轉，以射獸之左也。夢，澤名。楚有雲夢，雲在江北，夢在江南。君王親發兮，憚青兕。朱明承夜兮，時不可淹。皋蘭被徑兮，斯路漸古音潛。兕，似牛，一角，青色，重千斤。言王親發矢以射，而兕恐懼也。朱明，日也。承，續也。淹，久也。日夜相承，猶恐時不得淹也。皋，澤也。被，覆也。徑，路也。漸，没也。春深則草盛，水生而路没也。湛湛江水兮，上有楓古平金切。目極千里兮，傷春心。魂兮歸來，哀江南古音寧。楓木似白楊，葉圓而岐，至霜後葉丹可愛。目極千里，言湖澤博平，春時草短，望見千里，令人愁思也，魂可不歸而哀江南乎？此句含不盡之意。

題招魂

招魂作于屈原既死之後，張鳳翼之言是也。今觀其詞云：「去君之恒幹。」又曰：「像設君室。」夫苟未死，何云「去幹」，又何云「設像」也？玉憋其師沈于汨羅，其魂必散于天地四方矣，故託巫陽招之，無非欲其魂之反也，其危苦傷悼之情可想矣。然敘怪誕、侈荒淫俱非實義，直至「亂曰」數語，乃寫其本色。意以原之南征，值王之畋獵，欲引之通途，而王方射兕淹留也，以致道途荒穢不可以歸，江水草木極望傷心，此江南之可哀者也。原生而惓惓楚國，死而不動心于危鄉乎？故以哀江南終之。夫魂之歸以哀江南，則所謂入脩門反故居者，皆不足爲喜樂矣。是此篇之作，悲其師之不用，痛其國之將亡，而託之招魂。意謂外有怪誕，内有荒淫：怪誕暗指張儀輩之變詐吞噬，荒淫則楚之所以亂也。舊註皆未之及，愚故揭而章之，以見玉之用心婉而實深，緩而實切，先自處于無罪之地，而後微談以冀人之曉也。悲夫，悲夫。

高唐賦

昔者楚襄王與宋玉游於雲夢之臺，望高唐之觀，其上獨有雲氣，崒兮直上，忽兮改容，須臾之間，變化無窮。王問玉曰：「此何氣也？」玉對曰：「所謂朝雲者也。」王曰：「何謂朝雲？」玉曰：「昔者先王嘗游高唐，怠而晝寢，夢見一婦人曰：妾，巫山之女也，襄陽耆舊傳曰：「赤帝女姚姬未行而卒，葬于巫山之陽，故曰巫山之女。」先王，楚懷王也。爲高唐之客。聞君游高唐，願薦枕席。王因幸之。去而辭曰：妾在巫山之陽，高丘之岨，旦爲朝雲，暮爲行雨，朝朝暮暮，陽臺之下古音虎。旦朝視之，如言。故爲立廟，號曰朝雲。」王曰：「朝雲始若何也〔三〕？」玉對曰：「其始出也，㬳兮若松榯音時。㬳，茂貌。榯，直豎貌。其少進也，晰兮若姣姬，揚袂鄣日，而望所思。忽兮改容，偈兮若駕駟馬，建羽旗。晰，白也。姣，美也。偈，舉也。言雲之色變化如此。湫兮如風，淒兮如雨。風止雨霽，雲無處所。」王曰：「寡人方今可以游乎？」玉曰：「可。」王曰：「其何如矣？」玉曰：「高矣，顯矣，臨望遠矣。廣矣，普矣，萬物祖矣。上屬於天，下見於淵，珍怪奇偉，不可稱論。」王曰：「試爲寡人賦之。」玉曰：「唯唯。」

惟高唐之大體兮，殊無物類之可儀古音擬比。巫山赫其無疇兮，道互折而層累古音里。登巉巖而下望兮，臨大阺池之稸水古音洗。儀，像也。赫，盛貌。疇，匹也。互，曲也。層累，重疊也。巉巖，山高峻處。阺，以渚畜水也。稸，與畜同。遇天雨之新霽兮，觀百谷之俱集。濞譻洶洶去聲其無聲兮，潰淡淡而並入。濞，水暴至聲。洶洶，涌也。潰，水相交過也。淡淡，平滿貌。天雨初晴，百谷之水並入蓄水之所也。滂洋洋而四施兮，蓊湛湛而不止。長風至而波起兮，若麗山之孤畝古音米。蓊然，聚貌。湛湛，深貌。弗止，謂不常靜。麗，著也。風吹波起，如孤畝之附山。勢薄岸而相擊兮，隘交引而却會古音係。崒中怒而特高兮，若浮海而望碣石古音試。言水之勢既薄岸而相激，至迫隘之處，其流交引而却，相會也。兩浪相合聚激而中高，如海邊之望碣石也。碣石，山名。礫歷碨猥磥壘而相摩兮，巆震天之磕磕古音記。巨石溺溺之瀺灂兮，沫末潼潼同而高厲。礫，石也。碨磥，衆石貌。相摩，言水觸石自相摩盪也。㟽、磕，皆石相摩之聲。溺溺瀺灂，石在水中出没之貌。沫潼潼，水高起貌。厲，起也。水澹澹而盤紆兮，洪波淫淫之溶潏。奔揚踊而相擊兮，雲興聲之霈霈古音孛。澹澹，水揺也。紆，回也。淫淫，去遠貌。溶潏，猶蕩動也。水相擊踊，波如雲起。霈霈，水聲也。猛獸驚而跳駭兮，妄奔走而馳邁古音厲。虎豹豺兕，失氣恐喙古音係。鵰鶚鷹鷂，飛揚伏竄古音砌。股戰脅息，安敢妄摯？鷂，鷙鳥。禽獸聞水聲，皆驚駭奔竄。股戰，猶股栗也。脅息，猶喘息也。摯，執也。於是水蟲盡暴僕，乘渚之陽，黿鼉鱣鮪，交積縱横古音黄。振鱗奮翼，蜲蜲熼蜿蜿宛，中阪遥望平聲。水蟲魚鱉之屬，驚而陸處暴曬。翼，魚鬣也。蜿蜿，屈曲之貌。皆失勢去水，相望於中阪之上。玄木冬榮，煌煌熒熒。奪人目精，爛兮若列星，曾不可殫形。煌煌熒熒，草木光也。榛林鬱盛，葩華覆蓋古音記。雙椅倚垂房，糾枝還會古音係。徙靡澹淡，隨波闇藹古音意。東西施翼，猗狔豐沛古音孛。椅，桐屬也〔四〕。垂房，花作房生也。糾枝，枝曲下垂也。還會，謂相交也。徙靡澹淡，言木枝動揺于水波之上，相爲掩映。東西施翼，謂枝兩向施布如鳥翼然。猗狔，柔弱貌。豐沛，多也。

緑葉紫裹，朱莖白蔕。纖條悲鳴，聲似竽籟古音利。清濁相和，五變四會古音係。感心動耳，迴腸傷氣。孤子寡婦，寒心酸鼻避。長吏隳灰官，賢士失志。五變，五音之變。四會，謂四方之聲與之相會合，能迴轉入腸，傷損人氣，使若孤寡之悲悽。隳官，失志之感慨也。愁思無已，歎息垂淚。登高遠望，使人心瘁。盤岸巑攢岏完，振陳磑磑古音葵。磐石險峻，傾崎崖隤。巖嶇參差，縱橫相追。巑岏，銳山也。振，起也。陳，列也。磑磑，高貌。隤，墜也。相追，勢若逐也。陬互橫啎，背穴偃蹠。交加累積，重疊增益。陬，山角也。啎，逆也。穴，深處。蹠，徑也。言山之橫逆，皆深穴而塞人徑，石又交加相累，重益其高。狀似砥柱古音祖，在巫山之下古音虎。二句韻。仰視山巔，肅何芊芊。二句韻。炫耀虹蜺五結。俯視崝嶸，窐寥窈冥。不見其底，虛聞松聲。傾岸洋洋，立而熊經。崝嶸，高峙貌。窐寥，空深貌。岸既將傾，水流又迅，故立者恐懼，如熊攀樹而身僂傴。久而不去，足盡汗出古音赤。悠悠忽忽，怊悵自失。久立恐懼，流汗至足。使人心動，無故自恐。賁育之斷，不能爲勇。孟賁、夏育，亦失其勇。卒愕異物，不知所出。縰縰莘莘，若生於鬼，若出於神。狀似走獸，或象飛禽。譎詭奇偉，不可究陳。卒然復有警愕之怪物，不知所從來。縰縰莘莘，衆多貌。

上至觀側，地蓋底平。箕踵漫衍，芳草羅生。秋蘭茝蕙，江離載菁精。青荃射夜干，揭車包并。山形如簸箕之掌而寬大，其上芳草羅列而生。諸皆草名。包并，叢生也。薄草靡靡，聯延夭夭古音倚。二句韻。薄，草叢也。靡靡，相依倚貌。夭夭，美貌。越香掩掩，梟雀嗷嗷。雌雄相失，哀鳴相號平聲。越香，謂香氣超越。掩掩，香氣貌。王睢鸝黄，正冥楚鳩。秭歸思婦，垂雞高巢古音稠。其鳴喈喈，當年遨遊。更唱迭和，赴曲隨流。皆鳥名。秭歸，因婦人思歸而得名，故云思婦。高巢，其巢高也。赴曲者，鳥之哀鳴有同歌曲，故言赴曲。隨流者，隨鳥類而成曲。有方之士，羨門高谿。上成鬱林，公樂聚穀。方，法術也。舊注：仙人有羨門高誓，谿疑是誓字。愚謂谿字不韻，應作谷與穀韻。上成等，張銑曰：皆古之名術士。進純犧，禱璇室。醮諸神，禮太乙。傳祝已具，言辭已畢。純犧，謂純色犧牲也。禱，祈神也。璇室，以玉飾室也。醮，祭也。諸神，百神也。太乙，天神。祝，告神辭也。王乃乘玉輿，駟蒼螭，垂旒旌，旆合諧古音奚。紬抽大弦而雅聲流，洌風過而增悲哀古音噫。於是詞謳，令人惏凜悷吏憯慘悽，脅息增欷。駟蒼螭，謂以螭龍爲駟也。合諧，旌旆相和之貌。紬，引也。言引大樂之弦，使雅聲流暢也。洌風，寒風也。於是乃縱獵者，基趾如星。傳言羽獵，銜枚無聲。弓弩不發，罘浮罕罕不傾。涉漭漭，馳苹苹。罘罕，網也。傾，猶施也。漭漭，水廣遠貌。苹苹，草聚生貌。飛鳥未及起，走獸未及發古音歇。彌節奄忽，蹄足灑血古音洫。舉功先得，獲車已實。彌節，猶駐節也。奄忽，少時也。言鳥獸未及飛走，少時而蹄足之上，皆已灑血也。獲車，載獵所得獸車。舉其先得者，其車已滿矣。王將欲往見之，必先齋戒。差時擇日，簡輿玄服古音逼。玄服，法服也。簡輿，車脩法服。

建雲旆，蜺爲旌，翠爲蓋古音記。風起雨止，千里而逝。蓋發蒙，往自會古音係。風雨言疾也。王至廟，如發其蒙，自與神會也。思萬方，憂國害，開賢聖，輔不逮。開導賢聖，使之進用其謀猷，以輔己不逮。此陳諫於王也。九竅通鬱，精神察滯古音帶。延年益壽千萬歲。凡人九竅患精氣鬱滯，今得人佐理，則九竅通暢，精神明爽，得以察，去其滯，故延年益壽。此言不必往遊之意，而諷以憂國用賢矣。

題高唐賦

按：高唐賦始敘雲氣之婀娜，以至山水之嶔巖激薄，猛獸、鱗蟲、林木詭怪，以至觀側之底平，芳草、飛禽、神仙、禱祠、謳歌、畋獵，匪不畢陳，而終之以規諫，形容迫似，宛肖丹青，蓋楚辭之變體、漢賦之權輿也。子虛上林實踵此，而發揮暢大之耳。矧其通篇閒雅，委婉舒徐，令人且悲且愕，且歌且謠，是亦風人之極思。而其末猶有深意，謂求神女與交會，不若用賢人以輔政，其福利爲無窮也。三山顔達龍曰：「宋玉高唐賦之醜者，不知何所見而云然。」

神女賦

楚襄王與宋玉遊於雲夢之浦，使玉賦高唐之事。其夜玉寢，夢與神女遇，其狀甚麗，玉異之。明日，以白王。張鳳翼曰：乃玉夢，非王夢也。舊作王夢，則於下「若此盛矣」

處不通。且白字應體貼，未有君白臣之理。今改正。王曰：「其夢若何？」玉對曰：「晡夕之後，精神怳忽，若有所喜古去聲，紛紛擾擾，未知何意。目色髣髴，乍若有記。見一婦人，狀甚奇異。寐而夢之，寤不自識音志。罔兮不樂，悵爾失志。於是撫心定氣，復見所夢。」王曰：「狀如何也？」玉曰：「茂矣美矣，諸好備矣。盛矣麗矣，難測究矣。上古既無，世所未見，環姿瑋態，不可勝讚古音薦。其始來也，耀乎若白日初出照屋梁。其少進也，皎若明月舒其光。須臾之間，美貌橫生。煒兮如花，温乎如瑩，玉色也。五色並馳，不可殫形。詳而觀之，奪人目精。其盛飾也，則羅紈綺繢盛文章，極服妙綵照萬方。振繡衣，被袿裳，穠不短，纖不長，步裔裔兮曜殿堂，忽兮改容，婉若遊龍乘雲翔。嫷妥被服，侻脱薄裝，嫷，解也。侻，脱也。沐蘭澤，含若芳。性和適，宜侍旁，順序卑，調心腸。」卑，弱也。言性靈和適，心腸調順，宜侍於君之旁也。王曰：「若此盛矣，試爲寡人賦之。」玉曰：「唯唯。」

夫何神女之姣麗兮，含陰陽之渥飾。披華藻之可好兮，若翡翠之奮翼。渥飾，謂穠豔也。含，猶言鍾也。其象無雙，其美無極。毛嬙鄣袂，不足程式。西施掩面，比之無色。近之既妖，遠之有望。骨法多奇，應君之相。視之盈目，孰者克尚。私心獨悦，樂之無量。交希恩疎，不可盡暢。他人莫覩，玉覽其狀。其狀峨峨，何可極言。

貌豐盈以莊姝兮，苞溫潤之玉顏。眸子炯其精朗兮，瞭多美而可觀。眉聯娟以蛾揚兮，朱脣的其若丹。素質幹之醲實兮，志解泰而體閒。既姽嫿獲於幽靜兮，又婆娑乎人間。解泰，尚素也。體閒，安舒也。姽，閒也。嫿，靜好也。宜高殿以廣意兮，翼放縱而綽寬。動霧縠以徐步兮，拂墀聲之珊珊。望余帷而延視兮，若流波之將瀾。奮長袖以正衽兮，立躑躅而不安。澹清靜其愔嫕兮，性沈詳而不煩。澹，靜貌。愔，和也。嫕，柔順也。不煩，靜也。時容與以微動兮，志未可乎得原。意似近而既遠兮，若將來而復旋。褰余幬而請御兮，願盡心之惓惓。懷貞諒之潔清兮，卒與我乎相難。陳嘉辭而云對兮，味芬芳其若蘭。精交接以來往兮，心凱康以樂歡。神獨亨而未結兮，魂煢煢以無端。含然諾其不分兮，喟揚音而哀歎平聲。頩并薄怒以自持兮，曾不可乎犯干。亨，通也。結，諧也。頩，色也。持，守也。顏色含怒，竟自持守不可以非禮犯之。於是搖珮飾，鳴玉鸞。整衣服，斂容顏。顧女師，命太傅。歡情未接，將辭而去。遷延引身，不可親附。似逝未行，中若相首古音狩。目略微眄，精彩相授。志態橫出，不可勝記。意離未絕，神心怖覆古音阜。禮不遑訖，辭不及究。怖覆，謂恐怖而反覆也。願假須臾，神女稱遽。徊腸傷氣，顛倒失據。闇然而冥，忽不知處。情獨私懷，誰者可語去聲。惆悵垂涕，求之至曙。

題神女賦

張鳳翼曰：「此乃玉夢，非王夢也。舊作王夢，則于下『若此盛矣』處不通。且白字應體貼，未有君白臣之理。」愚謂「白」字「對」字俱不宜屬之君，張之言是也。然此皆其小者。讀此賦必明作者之意，苟得其意，則爲玉夢無疑。或問作者之意，曰：諷也。或問：好色之賦，目欲顏而心顧義，是之謂諷。今此無有，何以爲諷？曰：彼之諷在詞之中，此之諷在詞之表。或問：何以？曰：「楚襄聞先王之夢巫山女也，徘徊眷顧，亦冀與之遇，玉乃託夢告之。意謂佳麗而不可親，薄怒而不可犯，亟去而不可留，是真絕世神女也。彼薦枕席而行雲雨，無乃非貞亮之潔清乎？王之妄念可以解矣，是玉之所爲諷也。嗟夫，不特夢寐神女爲然，物有貞而不可覬，事有淫而不可成者，皆此類也。玉之辭誠婉，而其意誠規。愚病從來讀者未察，故表出之。若夫洛神之賦，徒誇窈窕而寄悲思，匪有關于世教也，君子又奚取乎？

風賦

時襄王驕奢，故玉作此賦以諷之。

楚襄王遊於蘭臺之宮，蘭臺，臺名。宋玉景差侍。有風颯然而至，景差，亦楚大夫。颯然，風聲也。王乃披襟而當之，曰：「快哉此風，寡人所與庶人共者邪？」披衣當風，快其凉也。宋玉對曰：「此獨大王之風耳，庶人安得而共之？」王曰：「夫風者，天地之氣，溥暢而至，不擇貴賤高下而加焉。今子獨以爲寡人之風，豈有説乎？」宋玉對曰：「臣聞於師，枳句鈎來巢，空穴來風。師，屈原也。枳，木名。句，謂多屈曲可以爲巢，故鳥多巢之。空穴，謂門户之穴，可以通氣，故風多從之。其所託者然，則風氣殊焉。」雖同託空穴，其於清濁亦殊矣。王曰：「夫風始安生哉？」宋玉對曰：「夫風生於地，起於青蘋之末。侵淫谿谷，盛怒於土囊之口古音苦。緣太山之阿，舞於松柏之下古音虎，飄忽淜滂，激揚熛怒古上聲。耾耾宏雷聲，迴穴錯迕。蹷石伐木，梢殺林莽古音姥。土囊，谷口也。淜滂，風擊物聲。熛，火飛也。耾耾，風聲。迴穴，風不定貌。錯迕，雜錯交迕也。蹷，動也。梢，剽也。風之盛也如此。至其將衰也，被麗披離，衝孔動楗，眴絢渙粲爛，離散轉移移與離韻。被麗披離，四散之貌。楗，拒門也。言風之將輕，衝穴動門而已。故其清涼雄風，則飄舉升降古音洪。乘淩高城，入於深宮宮降韻。抵華葉而振氣，徘徊於桂椒之間，翱翔於激水之上古音常。將擊芙蓉之精，獵蕙草，離秦蘅古音杭，槩新夷，被稊梯楊，迴穴衡陵，蕭條衆芳。然後徜徉中庭，北上玉堂，躋於羅帷，經於洞房，迺得爲大王之風也。邸，觸也。精與菁古字通。獵，歷也。秦，秦芑。蘅，杜蘅。新夷，一名留夷。稊者，楊之秀也。言雄風之起，淩越翱翔於城水之上，而邸觸香木芳草也。徜徉，猶盤旋不定也。

躋，升也。經，入也。此乃大王之風。故其風中人狀，直憯悽惏慄厲，清涼增欷去聲。二句韻。憯悽惏慄，寒貌。其清涼使人歎美。王曰：「善哉論事。夫庶人之風，豈可聞乎？」

宋玉對曰：「夫庶人之風，塕一孔然起於窮巷之間，堀堁課揚塵，勃鬱煩冤，衝孔襲門古音民。塕，風起之貌。堀，突也。堁，塵也。勃鬱煩冤，風廻旋之貌。襲，入也。動沙塸謳，吹死灰古音虛，駭溷濁，揚腐餘，邪薄入甕牖，至於室廬。塸，沙堆也。腐，餘臭也。故其風中人狀，直憞音墜溷鬱邑，毆驅温致濕，中心慘怛，生病造熱。中唇爲胗，得目爲曠，啗齰側嗽獲，死生不卒。此所謂庶人之雌風也。」憞，惡也。溷，亂也。鬱邑，憂也。惡風中人如此。歐温濕之氣而來，令人生病。寒盛則生熱。胗，脣傷。曠，目疾。啗齰嗽獲，中風口動之貌。風疾既甚，言死而未即死，言生而又有疾，故曰不卒。風以雌雄分，其言使之然也。知其雄而不侈，知其雌而不忘斯善矣，此所謂諷也。

題風賦

夫風豈有雌雄？人自雌雄耳。以雌雄之人而當天風之飄颯，判乎，其欣喜悲戚之不相侔也，則謂風有雌雄亦可。抑不特風雪月雨露，莫不皆然。喜心感者，撫景而興懷。悲心感者，觸處而擘涕。何者？情能變物，而物不能以變情也。昔京都貴人聚而夜飲，襲貂衣，團紅爐，相與言曰：冬已深矣，煖而不寒，氣候之不正也。其僕隸凍不能忍，抗聲答曰：堂上之氣候不正，堂下之氣候甚正。聞者皆爲之一噱。人君苟知此意，則加志窮民，又烏能已？故宋玉此賦，大有裨于世教也。

登徒子好色賦

假辭以爲諫。

大夫登徒子侍於楚襄王，短宋玉曰：「玉爲人體貌閑麗，口多微辭，又性好色，願王勿與出入後宮。」王以登徒子之言問於宋玉。玉曰：「體貌閑麗，所受於天也。口多微辭，所學於師也。至於好色，臣無有也。」王曰：「子不好色，亦有説乎？有説則止，無説則退。」玉曰：「天下之佳人，莫若楚國。楚國之麗者，莫若臣里。臣里之美者，莫若臣東家之子。臣東家之子，增之一分則太長，減之一分則太短。著粉則太白，施朱則太赤。眉如翠羽，肌如白雪，腰如束素，齒如含貝。嫣然一笑，惑陽城，迷下蔡。然此女登墻闚臣三年，至今未許也。登徒子則不然。其妻蓬頭攣耳，齞脣歷齒，旁行踽僂，又疥且痔。登徒子悦之，使有五子。王孰察之，誰爲好色者矣。」是時，秦章華大夫在側，因進而稱曰：「今夫宋玉盛稱鄰之女，以爲美色。愚亂之邪，臣自以爲守德，謂不如彼矣。章華大夫，楚人，入仕于秦，時使楚，因聞玉之言，故疑其不免爲所惑亂者。臣則所守者德，不若是矣。此亦玉假託之之辭。且夫南楚窮巷之妾，焉足爲大王言乎？若臣之陋目所曾覩者，未敢云也。」王曰：「試爲寡人説之。」大夫曰：「唯唯。」

「臣少曾遠遊，周覽九土，足歷五都。九州之土，五方之都。出咸陽，熙邯鄲，從容鄭衛溱洧之間。熙，戲也。溱洧，鄭二水名。是時，向春之末，迎夏之陽，鶬鶊喈喈，羣女出桑。此郊之姝，華色含光，體美容冶，不待飾粧。臣觀其麗者，因稱詩曰：『遵大路兮攬子袪古音顧，贈以芳華辭甚妙古音暮。』於是處子怳若有望而不來，忽若有來而不見。意密體疏，俯仰異觀去聲，含喜微笑，竊視流眄。處女，未嫁者。言若有相望而守禮不來，情意已密而形體疏遠。復稱詩曰：『寤春風兮發鮮榮，絜齋俟兮惠音聲，贈我如此兮，不如無生。』處子稱詩以答大夫。寤，見也。言見春發榮，乃先齋戒以待，惠我好音，而今贈我大路之詩，我則不如無生。言不受也。因遷延而辭避。蓋徒以微辭相感動，精神相依憑。目欲其顔，心顧其義古音俄，揚詩守禮，終不過差古音磋。故足稱也。」於是楚王稱善，宋玉遂不退。宋玉于鄰女之窺而三年不許，亦顧義之意也。

題登徒子好色賦

夫別嫌明微，賦之文也。委婉冲融，賦之讓也。陰陽順理，賦之貞也。超脱清和，賦之雅也。發乎性情而止乎禮義，賦之本也。五者備，賦乎賦乎。愚讀宋玉登徒子賦，曰「玉好色，勿與出入後宫」，何其野而不文？至「所受於天」，「所學於師」，何其誇而不讓？登墻相窺，何其淫而不貞？俚及疥痔之談，何其鄙而不雅？及至卒章，「以微詞相感動，精神相依憑。目欲其顔，心顧其義，揚詩守禮，終不過差」，則作而歎曰：美哉，得其本乎，是不可以枝葉而棄其靈根也。於是，斷自「章華大夫」以下而熟誦之。

【校勘記】

〔一〕「俗」原作「谷」，據四庫本改。
〔二〕「彊」原作「疆」，據四庫本改。
〔三〕「朝雲始若何也」四庫本作「朝雲始出狀若何也」。
〔四〕「桐」原作「相」，據毛傳改。

跋

夫古今聲音必有異也，故以今音讀今，以古音讀古，句讀不齟于脣吻，精義自繹于天衷，確乎不可易之道也。

自唐以來，皆以今音讀古之辭賦，一有不諧則一曰「叶」，百有不諧則百曰「叶」，借「叶」之一字而盡該千百字之變，豈不至易而至簡，然而古音亡矣。古音既亡，則昔人依詠諧声之義，泯泯于後世，不可謂非闕事也。吴才老楊用脩有志復古，著韻補、古音叢目諸書，庶幾卓然其不惑。然察其意，尚依違于叶音可否之間，又未嘗會稡秦漢之先，究極上古必然之韻，故其稽援雖博，終未能頓革舊習，而詩、易、辭賦卒不可讀如故也。

余少受詩家庭，先人木山公嘗曰：「叶音之說，吾終不信。以近世律絶之詩叶者且寡，乃舉三百篇盡謂之叶，豈理也哉？然所從來遠，未易遽明爾。豎子他日有悟，毋忘吾所欲論著矣。」余於時默識教言，若介于胸臆。故上綜往古篇籍，更相觸證，久之豁然自信也。獨弱侯先生論與余合，抑何其寥寥乎。

近有搢紳不知古音者，或告之曰：「馬，古音姥。」渠乃呼其從者曰：「牽我姥來。」從者愕然，座客皆笑。夫用古于今，人之笑也。則用今于古，古人之笑可知。故自叶音之說以來，賢聖之咥然于地下也久矣。余不得不力爲之辯，暢吴楊之旨，洗今古之陋，實余干鬲所拳拳矣。惜著論也晚，未及報命于先人，又筆力短淺，不足以發余之弗克，負荷，罪矣夫。

萬曆甲寅春人日，陳第書于江心寺之浩然樓。

附録

一、雜卦傳古音攷

雜卦傳

乾剛坤柔，比樂師憂。臨觀之義，或與或求。屯，見而不失其居。蒙，雜而著。震，起也。艮，止也。損益，盛衰之始也。大畜，時也。无妄，災也。萃聚而升不來也。謙輕而豫怠也。噬嗑，食也。賁，無色也。兑見而巽伏也。隨，無故也。蠱，則飭也。剥，爛也。復，反也。晉，晝也。明夷，誅也。井通而困相遇也。咸，速也。恒，久也。涣，離也。節，止也。解，緩也。蹇，難也。睽，外也。家人，内也。否泰反其類也。大壯則止，遯則退也。大有，衆也。同人，親也。革，去故也。鼎，取新也。小過，過也。中孚，信也。豐，多故。親寡，旅也。離上而坎下也。小畜，寡也。履，不處也。需，不進也。訟，不親也。大過，顛也。姤，遇也，柔遇剛也。漸，女歸待男行也。頤，養正也。既濟，定也。歸妹，女之終也。未濟，男之窮也。夬，決也，剛決柔也。君子道長，小人道憂也。

攷定雜卦傳並韻

第曰：雜卦傳文極奇雅，韻又鏗鏘，真十翼之鼓吹也。歷世既久，容有錯誤。今本諸儒所更定，一以古韻讀之，未有未安，妄附己意，以俟知者攷焉。

乾剛坤柔，比樂師憂。臨觀之義，或與或求。屯，見而不失其居。蒙，雜而著。

愚按：居，古讀倨。詩蟋蟀：「無已大康，職思其居。好樂無荒，良士瞿瞿。」漢韋玄成戒子孫詩：「昔我之墜，畏不此居。今我度茲，戚戚其懼。」

震，起也。艮，止也。損益，盛衰之始也。大畜，時也。无妄，災也。萃聚而升不來也。謙輕而豫怠虞氏本作怡也。

按：災，古讀咨。易林：「三德五材，和合四時。陰陽順序，國無咎災。」龜策傳：「十有二月，日至爲期。聖人徹焉，身乃无災。」來，古讀釐。詩頍弁：「爾酒既旨，爾肴既時。豈伊異人，兄弟具來。」匡衡歌：「无説詩，匡鼎來。匡説詩，解人頤。」怠，古讀怡。范蠡曰：「得時无怠，時不再來（音同上）。」劉歆烈女贊：「齊姜公正言行不怠，勸勉晉文反國无疑。」

噬嗑，食也。賁，无色也。兑見而巽伏也。隨，無故也。蠱，則飭也。

按：色，古讀失。春秋：「子服惠伯曰：中不忠，不得其色。下不共，不得其飾。事不善，不得其極。」龜策傳：「與物變化，四時變色。居而自匿，伏而不食。」伏，古讀偪。考工記：「不伏其轅。」鄭注云：「故書伏作偪。」賈誼鵩賦：「禍兮福所倚，福兮禍所伏。憂喜聚門，吉凶同域。」朱穆絶交詩：「飛不正向，寑不定息。饑則木攬，飽則泥伏。」

剥，爛也。復，反也。

按：反，古讀販。荀子：「積反貨而爲商賈。」詩泯：「信誓旦旦，不思其反。」楊修節遊賦：「回旋詳觀，目周意倦。極歡遊以從容，乃棄車而來反。」

晉，晝也。明夷，誅也。井通而困相遇也。

荀云：「誅，滅也。」陸韓云：「傷也。」朱子亦云：「傷也。」蘇子瞻云：「明夷于南狩，得其大首，故曰誅。」此理皆可通，然以誅對晝，非其類矣。孫奕云：「誅當作昧。明出地上爲晝，明入地下爲昧。」此於義爲近，然與遇諧聲，非其韻矣。焦弱侯云：「誅當作夜。」晝夜義既相對，而古音尤順，謹證于左。

按：晝，古讀注。張衡西京賦：「衛尉八屯，警夜巡晝。植鎩懸猷（音伐），用戒不虞（古讀去聲）。」夜，古讀裕。詩葛生：「夏之日，冬之夜。百歲之後，歸于其居（古讀倨）。」振鷺：「庶幾夙夜，以永終譽。」離騷：「吾令鳳凰飛騰兮，繼之以日夜。飄風屯其相離兮，率雲霓而來御。」

咸，速也。恒，久也。渙，離也。節，止也。

按：久，古有二音，讀九，亦讀几。此久讀几。詩六月：「吉甫燕喜，既多受祉。來歸自鎬，我行永久。」楚詞：「層冰峩峩，飛雪千里些。歸來歸來，不可以久些。」

解，緩也。蹇，難也。睽，外也。家人，内也。否泰反其類也。大壯則止，遯則退也。

按：韓康伯云：「大壯則小人止，儒者皆本之。」然易未嘗爲小人謀也。熊叔仁曰：「大壯剛以動，而曰止，非其象矣。止蓋上字之誤。」

大有，衆也。同人，親也。革，去故也。鼎，取新也。小過，過也。中孚，信也。豐，多故。親寡，旅也。

按：信，古讀伸。詩揚之水：「終鮮兄弟，維予二人。無信人之言，人實不信。」漢武悼李夫人賦：「仁者不誓，豈約親兮。既往不來，申以信兮。」親寡旅也。韓康伯云：「親寡，故寄旅也。」荀本「豐多故親」爲句，「寡旅也」爲句，竊疑。六十四卦，皆提卦名，乃解其義。此獨先親寡，而後旅，何也？弱侯云：「豐，多故也。旅，寡親也。即曹攄所謂富貴他人合，貧賤親戚離者也。」聞者爽然，義成妙對，聲復克諧，不可易矣。

離上而坎下也。小畜，寡也。履，不處也。

按：下，古讀虎。詩凱風：「爰有寒泉，在浚之下。有子七人，母氏勞苦。」禮運：「粢醍在堂，澄酒在下。陳其犧牲，備其鼎俎。」寡，古讀鼓。東方朔七諫：「淺智褊能兮，聞見又寡。數言便事兮，見怨門下。」史記敘傳：「天下已平，親屬既寡。悼惠先壯，實鎮東土。」

需，不進也。訟，不親也。頤，養正也。大過，顛也。

按：顛，古讀真。詩車鄰：「有車鄰鄰，有馬白顛。未見君子，寺人之令。」漢謡：「邪徑敗良田，讒口亂善人。桂樹花不實，黃爵巢其顛。」

既濟，定也。未濟，男之窮也。歸妹，女之終也。漸，女歸待男行也。姤，遇也，柔遇剛也。夬，決也，剛決柔也。君子道長，小人道憂也。

按：自大過以下，舊簡參錯，今合蘇蔡所定爲次，可讀矣。然「漸女歸待男行」，較歸妹似多寡不協，未濟「男之」二字，亦似本漸歸妹而錯，愚以鄙意妄定于左：

既濟，定也。未濟，窮也。漸，男之待也。歸妹，女之終也。姤，遇也，柔遇剛也。夬，決也，剛決柔也。君子道長，小人道憂也。

陳第伏羲圖贊，明萬曆一齋集刻本影印本，北京出版社一九九七年

二、陳第年譜

七世祖一齋公年譜

陳斗初 編　郭庭平 評注

開篇語　陳第年譜有兩種：一爲七世祖一齋公年譜（簡稱本譜），是陳第七世從孫陳斗初在清道光二十八年（一八四八）重刊一齋集時所編；一爲陳第年譜，是今人金雲銘看到本譜「簡而不明，且錯誤百出、前後顛倒」，重新進行編寫，於一九四四年完成初稿，又於一九四五年加以修正定稿的。雖然説本譜成書時間比陳第年譜早了將近一百年，但一直是刻本的形式，且依附於一齋集，在内容上也不如陳第年譜周詳，因而其影響也遠不如陳第年譜。但是，本譜畢竟是陳第年譜的濫觴，它到底哪些地方出現差錯，金先生的批評是否中肯，竊以爲很值得探討。今以道光本爲底本，對本譜進行點校，按已見並參照陳第年譜作必要的評注。

公諱第，字季立，號一齋。世居連江城西化龍橋北。父木山公以庠生隱於吏。母楊孺人於明世宗嘉靖二十年辛丑三月初三日吉時，孕及期夢雷振而公生。隆準方瞳，顴骨高聳。有遊僧見之，試其啼，曰：「是兒聲出丹田，他日必成遠器。」

評注　本譜「世居連江城西化龍橋北」爲是。陳第年譜：「先生生於連江西郊化龍橋北。」「西郊」誤，應爲「城西」，因化龍橋在城内，不在郊外。連江縣志儒林陳第（民國版）：「陳第，字季立，號一齋，龍西鋪人。」連江縣志古代人物傳陳第（二〇〇一年版）：「連江縣城龍西鋪人，生於明嘉靖二十年（一五四一）。」據焦竑澹園集續集卷十陳木山小傳、楊孺人小傳，陳第之父名應奎，字符瑞，號木山。其母楊孺人，本縣塘下村人。由於金雲銘先生當年未見澹園集一書，故陳第年譜未能對陳第父母兄簡况作出完整表述。

壬寅年二歲。

癸卯年三歲。

甲辰年四歲。俱在母乳抱。

乙巳年五歲。木山公始行作吏。

丙午年六歲。

丁未年七歲。俱偕伯兄幼讀，一目十行，過目成誦，終身不忘。

評注　陳第長兄名穀，字季實，號又山。陳木山公小傳：「課二子穀若第，皆有聲鄉校中。」楊孺人小傳：「（楊孺人）訓導穀，遊擊將軍第之母也。」

戊申年八歲。木山公畢吏事歸，受經家庭。不讀傳注，詰之，則曰：「兒欲思而得之，不欲以先人之説錮靈府。」

己酉年九歲。即倜儻自負。

庚戌年十歲。潮河川變，木山公閲邸報，每恨無丈夫子當關，爲朝廷灑一腔熱血。公聞之，即能領其意。

辛亥年十一歲。

壬子年十二歲。

癸丑年十三歲。

甲寅年十四歲。

乙卯年十五歲。俱在家，肄業經史之暇，學擊劍，喜談兵，人咸以狂生目之。

丙辰年十六歲。讀書雲居山寺。

評注 雲居山位於閩江口北岸，在連江縣城東面，相距十五里，素有「天上雲居，人間仙境」之美稱。山中有上庵寺、下庵寺和静室寺，三寺鼎立，各距二里左右。上庵寺又名雲居寺，始建於唐代，陳第即在此讀書。

丁巳年十七歲。寺有虎牝牡戲於庭，公與之相視而忘。

戊午年十八歲。以詩質余居陽先生，先生驚嘆曰：「異哉！陳叔子之爲詩也，取意於風雅，取詞於漢魏。」

己未年十九歲。補弟子員，試輒冠軍。

庚申年二十歲。娶林孺人。木山公復作吏於漳，脱林可玉等五人獄。公以省覲習其人，玉念舊德常厚款公。公有詩：「種田垂釣自江鄉，四十年來意未忘。閩海驚濤辛苦地，至今回首望清漳。」初從都督俞公大猷學兵法。

評注　本譜「五人獄」，乃「六人獄」之誤。陳第贈林可玉一詩有序云：「嘉靖庚申，林子與共鄉人五，爲倭掠至漳，幸脱。」焦竑陳木山小傳：「漳獄係六人待誅」，「六人卒得釋」。可見「林子與共鄉人五」，乃林可玉與五個同鄉之意。本譜確實把陳第隨俞大猷學兵法的時間搞錯了。陳第年譜：「是年俞大猷尚在大同効力，舊譜（即本譜，下同）作『初從都督俞公大猷學兵法』，有誤。告俞虚江先生文云：『嗚呼，世之明師多矣，孰有若先生者乎？第自萬曆癸酉（一五七三）九月下帷家居，先生過而聘焉。』則在先生三十三歲，不當在二十歲也。」

辛酉年二十一歲。讀書中巖寺。

評注　距連江縣城西二里左右，有座玉泉山，由前中後三個巖群組成。山上風景優美，名勝古刹甚多，如玉泉寺、中巖寺、後巖寺等。中巖寺始建於唐大中元年（八四七），陳第即在此讀書。

壬戌年二十二歲。戚公繼光逐倭於馬鼻。倭踞江心，潮退四面皆泥淖，計無所出。聞公有狂生名，折柬召之，公攝置几上不視。戚公悔曰：「豈有狂生而可折柬致耶？」遂親訪之，一見大悦。促膝畫策，秘軍聲作八音以通語，仿乘橇作土板以行泥。選壯士數百人，日各斤肉，飽則手狼筅（狼筅，竹竿別名。戚公鴛鴦陣與藤牌並用），演一「必」字。人初不測所用，及交鋒，倭以短兵，我以長械，且「必」字五畫應手踣五人，土板往來便捷，揮以劍，無一脱者。今爲業魚之資，邑人有句：「儒將衣冠今已杳，尚教漁子腳撐舟。」

評注　馬鼻是連江境内最北的一個重鎮，距縣城九十里，因海邊有一疊巖石酷似駿馬的鼻子而得名。戚繼光率部到馬鼻平倭，陳第獻平倭策的故事流傳甚廣，本譜的記載也相當詳盡，但陳第本人並没有留下相關的文字，只在告先人文中籠統地提到「嘉靖壬戌，主將戚公入閩，第首仗劍從之遊」。因而陳第年譜認爲：「戚譜此年條下雖記戚公於八月十八日至連江，但並未言逐倭於馬鼻事。因戚譜按日記甚詳，當時駐紮連江係閲補傷亡、整理器械，至八月二十九日大兵即開往福清，以破牛田倭。舊譜所記，恐有附會之處。但當年先生以邑諸生，必見及戚公無疑也。」竊以爲這種質疑乃在情理之中。不過民間傳説不會是空穴來風，而獻策的時間又無法確定，鑒於没有看到更早的文字記載，也只能以本譜是瞻。但陳第的狂傲，戚繼光的親訪，似應視之爲文學筆法。

癸亥年二十三歲。五月五日，偕戚公宴將吏於南門敵樓上，觀競渡。席半，托疾入内。明日未暮捷音至，邑人士謀勒石紀功。公仿春秋書法，大書：「某年月日，總戎戚公大破倭兒於馬鼻，殲之。」碑豎西郊外。

評注　明嘉靖三年（一五二四），參政蔡潮先在連江建四門敵樓，後直到嘉靖二十年（一五四一）才建好城墻。南門敵樓面對敖江，故可觀端午龍舟競渡。據連江縣志大事記（民國版）：「嘉靖四十二年（一五六三）夏，五月初二日，副總兵戚繼光大破倭兒於馬鼻，殲之。」而據戚譜：「（倭）遂退連江之馬鼻，五月初二日，繼光督軍襲之，賊聞大軍將至，艙舟十二艘，擬乘潮開遁。光次日遣部將王如龍等三枝趨羅源，以遏北遁。親督大兵候潮涸進剿，大破之。」這樣看來，本譜的破倭時間爲五月初六，縣志爲五月初二，戚譜則爲五月初三，三者稍有出入。從理論上説，戚譜最爲可靠。

甲子年二十四歲。長女生。

乙丑年二十五歲。母孺人病心痛，術家謂三七根磨酒可愈，然難得其生而真者。公極力求禱，忽有友人宦雲南，以侑函寄至，服之遂愈，人謂孝感所致。謁潘碧梧先生於省城。

丙寅年二十六歲。遊學三山及漳之龍巖。

穆宗隆慶元年丁卯年二十七歲。春，同陳可欽諸友賞牡丹賦詩。公性善飲，每飲數百杯，嘗以陶淵明自比。

評注　隆慶元年爲一五六七年，穆宗是陳第所經歷的第二世皇帝。他的賞牡丹詩爲同陳可欽諸友於陳邦敬宅賞牡丹，花品極佳，自剡溪來：「才近清明花又新，卻憐閩海對花神。天嬌盡帶昭陽色，縹緲遥傳剡水春。一徑閑雲時自種，半簾疏雨晚相親。同遊既醉争呼酒，誰肯韶光負此辰。」陳第善飲，且崇拜陶淵明，在詩文中經常提及。

戊辰年二十八歲。長子生。

己巳年二十九歲。作尚行訓示漳中諸生。

庚午年三十歲。別潘碧梧先生。

辛未年三十一歲。作洗心訓示三山諸生。

評注 本譜此説被陳第年譜采納了，但很值得商榷。陳第二十五歲始在福州如蘭精舍師從潘先生，到三十歲那年的春天便在福州與潘先生告別，因此不可能在三十一歲作洗心訓示三山諸生。儘管寄心集「以體裁分，而非以年月分」（金雲銘），但就局部而言，有的作品還是按照時間順序排列。寄心集卷二的洗心訓示三山諸生與尚行訓示漳中諸生一前一後擺列井然，怎麽會是前者寫於三十一歲，後者寫於二十九歲呢？陳第二十七歲（丁卯年）有參加秋試的機會，落榜後，二十八歲先在如蘭精舍講學，二十九歲再到漳州講學，因而洗心訓示三山諸生當爲陳第二十八歲時的作品。

壬申年三十二歲。重遊玉泉寺，題詩有句云：「僧房借宿十餘年，偶爾重遊意愴然。」

評注 陳第二十一歲在中巖寺讀書，而玉泉寺位於前巖，兩寺同在一座山，相距不過里許。估計他當時也曾在玉泉寺過夜，故有此詩句。

神宗萬曆元年癸酉年三十三歲。講學於如蘭精舍，調停諸生，動有節製。嘗曰：「男子具六尺軀，縱無他事業，亦當如班超、傅介子輩立功異域，奈何瑣瑣遨遨抱筆硯，向里胥口中唱姓字取功名哉。」所得資斧歸，不以爲私。木山公飲於人，每大醉或竟夜。公與兄文學又山公，必具燈燭向門外，雖風雨寒凍不廢，人以爲難。

評注　萬曆元年爲一五七三年，神宗是陳第所經歷的第三世皇帝，也是最後一個皇帝。這一年他拜俞大猷爲師學兵法，本譜誤爲二十歲（詳見前）。這段經歷告俞虚江先生文有較爲詳細的叙述：「萬曆癸酉九月，下帷家居，先生過而聘焉。是冬，相從鎮東。甲戌春，相從清源。秋，又相從京師。日夜教誨，古今兵法之要，南北戰守之宜，靡不探其奥藴。」陳第一生師從二人，一是二十五歲隨潘碧梧學文，一是三十三歲隨俞大猷學兵，終成文武雙全之奇人。

甲戌年三十四歲。三月，從俞都督遊小雲關，遂往温陵與我渡陳公談天下事。七月，俞公以都督入掌後軍府事。公從至京，因得縱覽各邊，察其形勢。

乙亥年三十五歲。在京謁戚總理。上書於譚大司馬綸公，論獨輪車制。司馬嘆服，即補授鎮撫，充教軍官董其事。

評注　陳第年譜：「先生在京師得俞公之推薦，得謁戚總理於薊門（時戚繼光總理薊鎮事）。」此説合理。因爲邊關大將若無詔令是不會待在京城的，要謁見就只能到駐地。

丙子年三十六歲。車成，論功。七月十五日，協理戎政尚書劉公應節推補五軍四營中軍。八月，領京營軍三千出薊鎮防秋。蒙譚綸公贈詩：「君是當今定遠侯，賦詩横槊古檀州。胸中剩有三邊略，手裏能揮二丈矛。紫塞雲行天漠漠，陰山花滿日悠悠。永無烽火塵宸慮，自賴金城克壯猷。」戚公贈詩：「從來文武不相分，俎豆干戈羡有君。已著白袍稱國士，忽摇赤羽號將軍。心期報主年方壯，志欲吞胡策自勤。試向燕然臺上望，佇看裘帶靖腥風。」邑人吴文華大司馬贈詩：「急思報主换征袍，神劍雙飛意轉豪。親鼓貔貅清大漠，兼團魚鶴净洪濤。旌旗影動軍聲壯，刀戟光横殺氣高。百尺高樓誰可及，元龍本日共吾曹。」俞公贈詩：「南北馳驅五十年，君恩念老賜歸田。乾坤多少綱常事，衣鉢而今有爾傳。」順天巡撫王公一鶚薦語：「練部曲之心以仁，酬國士之知以義，恤貧苦若家人婦子，談韜略本禮樂詩書。」

評注 儒藏史部儒林年譜稱本譜「乃至他人薦語、贈答詩句亦盡數羅列，可稱詳贍」，此處即可見一斑。但譚綸、戚繼光、吴文華、俞大猷的贈詩都不在這一年，分别依次爲其三十七歲、四十歲、五十六歲、三十九歲時，詳見拙文譚綸等人何時贈詩陳第。

丁丑年三十七歲。正月二十八日，兵部尚書譚公綸題補潮河川提調。三月二十二日，到任。構駐馬讀易軒。十二月，總督楊公兆薦語：「合文事武備以成能，抱内安外攘之長策。猷同曲逆，事類班生。」

戊寅年三十八歲。六月，擒獲叛逆張廷福。總督具題，兵部覆奏語：「北虜寒心，邊烽不聳，績有可嘉，相應紀録。」迎木山公就養，次子生。

己卯年三十九歲。二月，巡撫陳公道基薦語：「出其長，犁虜庭而事辦。要所就，建上將而功成。」巡撫于公薦語：「愛士若投醪挾纊，理戎本禮樂詩書」。三月，總督軍門具題，奉旨加級賞銀。秋，木山公卒。八月，工科給事中王公致祥薦語：「慷慨負請纓之志，雄豪真制閫之才。」奉旨賞銀。十二月，總督梁公夢龍薦語：「胸富甲兵，氣吞胡虜。宜加顯擢，以策後庸。」

庚辰年四十歲。十二月，兵部尚書方公逢時題補薊鎮三屯車兵前營遊擊將軍，以署參將駐漢兒莊，用副總兵體統行事。聞俞武襄訃。

評注　陳第四十歲官至遊擊將軍，此爲入世之巔峰。四十三歲解甲歸田，則出世矣。聞俞大猷訃於前，擢遊擊將軍在後，因主次而顛倒，不必苛責。漢兒莊營城位於遷西縣城北偏西五十二里，今爲漢兒莊鄉人民政府所在地。根據四鎮三關志記載，明洪武年間修城堡一座，爲駐兵之營。隆慶六年（一五七二），戚繼光在城内建中路南兵副總兵公署衙，駐兵訓練。萬曆七年（一五七九）戚繼光重修漢兒莊城。萬曆八年（一五八〇），陳第擢遊擊將軍，「以署參將駐漢兒莊，用副總兵體統行事」。

辛巳年四十一歲。三月騎驢上任，不役一人。公以千載一時，鋭於任事。延訪父老所疾苦，按誅悍卒，明約束，拔材武，所部化其禮讓，咸恥舊習，行役、樵蘇皆有法。駐牧豪帥來觀，皆心折拜服。修百廢，建學舍，遠近風動，外户不閉，路不拾遺。戰士人人思奮，雖兒童亦習旗鼓，自張一軍。兵有病鬼祟，公以片紙書：「古北正神驅餓鬼，速退。」焚之，立愈。欽差查閱邊工，費公堯年復命語：「修築有勞，金湯永固。」奉旨賞銀。五月，總督梁公夢龍薦語：「識達古今，忠廉尤爲可敬。才兼文武，恬静獨遭時流。」巡撫張公保薦語：「恤兵若兄弟父子而貧病咸甦，理戎本禮樂詩書而好頑胥化。」

評注 陳第年譜：「先生於是年春正月（按舊譜作三月，誤）蒞任漢莊。」其實二者説法皆誤，陳第是在四十歲除夕前莅任漢莊。梁軍門禀帖：「卑職十二月二十七日到任。」處置給假禀帖：「照得卑職於八年十二月二十七日到任，次日召全營兵士親自教戒。」陳第年譜又將得梁夢龍總督薦語的時間移到四十二歲那年，説是「時青把都侄哈不慎既受賞於上谷，而又從長昂寇薊遼（全邊略記卷一），先生乃上書於總督梁夢龍言戰守之策。書上，得梁公薦語」。那麼，陳第何時上書梁公呢？從上大司馬梁公揭的内容看，當與寫作上戚總理議討屬夷呈同時。上戚總理議討屬夷呈云：「本府經略以來，一十五年，虜塵屏息，朝廷無北顧之憂，已昭昭在人耳目矣。」戚繼光在隆慶二年（一五六八）調往薊州，到萬曆十年（一五八二）剛好十五年。可見這兩篇文章均寫於陳第四十二歲那年，得梁夢龍總督薦語自然也在這一年。

壬午年四十二歲。十月，閱視刑科周公邦傑薦語：「遴才歐越，邁迹幽燕。棄舊學而機悟韜鈐，撫新軍而恩覃醪纊。」奉旨賞銀。十一月，制府吴公兑妻弟周安，持制府封筒，發所屬營兵布疋，浮價以售。公曰：「如是則兵窮，窮則逃邊，政所由壞也。」歸其人於制府，制府恚領之。

評注　陳第年譜：「於七月二十日，有制府吴兑表弟（舊譜作妻弟）周楷者，以書及禮帖托先生爲之配賣青布五千余疋於軍士，布每疋值銀一錢以上，索價二錢以上。先生以若徇其情，則剥軍士以奉貴勢也，因辭其布，而璧其儀。原差領書而去，有怏怏色。」這件事到底發生在何時，來人又是誰？陳第奉答小司空我渡陳公云：「今年七月内有周楷者，自稱軍門表弟，將布五千疋托第散與兵士，扣月糧爲價，第不敢徇。」可見本譜又錯了。

癸未年四十三歲。投劾歸。公在兵未久，所得俸賜悉以給賓客、饗士，濟宗族。去之日，僅留一劍一馬，皆戚公所贈。馬轉以贈人。劍值百金，常佩以出入。歸途登泰山謁闕里，覽南都金陵牛首、燕子諸勝。與張崇仁比部别，慨然曰：「自古隱士多遊人少，五嶽之遊吾其自泰山始乎？然有母在，弗忍遊也。讀書未富，亦未可以遊。」著塞曲。

評注　所謂「投劾」，是指呈遞彈劾自己的狀文。這是古代棄官的一種方式。但陳第丢官是在前一年，當時陳我渡寫信詢問他原因，他在奉答小司空我渡陳公中説「今年七月内有周楷者」云云，可見他當年就丢了官職，所以陳第年譜云：「是年十一月，終以此去官。」不過陳第没有馬上離去，而是到第二年（癸未年）夏天才解甲南歸的。途中他將自己在邊塞創作的詩歌編爲薊門塞曲，並在七月十六日寫了自序，但直到六十一歲那年才與兩粤遊草合刻出版。

甲申年四十四歲。築倦遊廬於西郊，杜門讀書，專心著述。邑人吴尚書贈詩：「浮雲世事總紛紛，聊向城西作隱君。雨足春犁常自理，月窺巖牖每平分。投林袖剩三邊略，閉户襟披百代文。多爾顔齡看獨健，即求穩卧未堪云。」尚書長君二十歲，亦忘年交也。公藏書甚富，所傳世善堂書目載一千九百餘部，皆五代以後書。先伯祖振圖公幼年猶及見之，後爲巡撫趙公國麟久假。

評注 陳第年譜：「舊譜排吴尚書贈詩於萬曆十六年（按：誤，甲申應爲萬曆十二年），但明史記十六年冬吴公始劾張鯨，則歸隱連江，至快須至十七年春，故將其繫於此年（按：指萬曆十九年己丑，陳第四十九歲）之下較妥。」從吴文華濟美堂集卷一可知，贈詩爲季立歸隱築室西郊，當在陳第歸隱之時，拖到四十九歲未免太晚。

乙酉年四十五歲。母孺人卒，奉木山公柩合葬張門山。龍陽居士余公世貴作志銘。

丙戌年四十六歲。賦西郊即事詩。著薊門兵事。

評注 所賦西郊即事詩爲：「頻年稱病謝人喧，寂寞松筠水上村。最是多情風與月，無時不到野夫門。」所謂著薊門兵事，當是指編輯此書。此書是陳第鎮守邊塞時的作品，在他六十三歲那年刻成出版，沈有容作刻薊門兵事序。

丁亥年四十七歲。三月生日賦詩。

戊子年四十八歲。吴尚書邀東亭看菊，賦詩。尚書素不飲酒，飲，公必大醉。

評注　吴尚書的東園在東城外，園中有曠如亭，「東亭」即此。陳第年譜：「是事舊譜繫於萬曆十六年四十八歲之下，有誤。因是年冬，吴尚書尚在南京任，未歸田也。」甚是。

己丑年四十九歲。至潮謁韓文公祠。祠在潮城外，山川樹木皆以韓名。

庚寅年五十歲。遊石門寺，讀壁間詩，懷王十竹侍御，有句：「御史錚錚一代賢，題詩精舍尚依然。」

評注　陳第年譜誤以爲陳第遊的是粤東石門寺，所以提出疑問：「舊譜以遊石門寺繫於此年，未知何據，今姑仍舊。」殊不知此乃連江石門寺也。石門寺位於敖江南岸覆釜山下，建於唐中和元年（八八一）。宋紹興年間，賜爲李彌遜侍郎的功德廟。據縣志記載，明朝的王德溢（字懋中，號十竹，監察御史）、孫用（監察御史）、吴文華（尚書）等鄉賢都留下遊石門寺的詩篇。二十世紀六十年代興建南宫水庫，石門寺從此没於水中。

辛卯年五十一歲。秋，上邑人吴容所尚書壽有句：「尚書勛業九州知，弧矢懸當織女期。」

壬辰年五十二歲。中秋遇雨，同陳于虞、吴衡甫（本譜誤爲「宇」）飲有句：「開窓更秉連宵燭，玩月翻成聽雨樓。」

癸巳年五十三歲。郊居，喜客至有句：「十載烟霞成錮癖，論文能得幾人來。」著海防事宜。

甲午年五十四歲。辭許撫臺聘。刻松軒講義。

乙未年五十五歲。配林孺人卒。除夕悼亡詩：「去年當此夜，高燭照深杯。今夕復何夕，悽悽鬱不開。漏聲隨淚盡，春色帶愁回。擊缶憐莊子，悲心强自裁。」辭金撫臺聘。刻謬言，即以奉覽張崇仁比部。

評注　「辭金撫臺聘」發生在丁酉年，陳第五十七歲。入粤記：「萬曆丁酉冬，余自清漳歸三山，借芝山僧房翻閲藏經。」辭金撫臺聘命：「翻經寓禪林，落花白晝静。忽有中堅來，口稱撫臺聘。」

丙申年五十六歲。董公崇相過訪，一見成莫逆交。改葬木山公、楊孺人於荻蘆峽。公性至孝，每臨觴歡暢時，忽談及親，淚即汪汪，至老猶然。是年虎禍大熾，六月二十六夜讀書，西郊有犬幾爲所噬，起而叱之，得免。次子殤。

評注　叱虎行有序云：「萬曆丙申，虎禍大熾，頻入城邑，賊虐人畜，民甚苦之，無如之何。

余郊居，六月二十夜，有犬幾爲所噬，起而叱之，得免，因有此作。」因此「叱虎」並非發生在「六月二十六日」。陳第三十八歲生次子祖發，祖發十八歲則陳第五十五歲，因此「次子殤」應在上一年。陳第年譜：「次子生於萬曆六年，至此年（按：指乙未年）適十八歲。舊譜排之次年，有誤。」

丁酉年五十七歲。始出遊。夏，歸自清漳，借芝山僧房閱藏經。冬，與林培之先生遊訪沈有容將軍於鎮東。刻意言。

評注　這幾件事按時間順序應如是：春正月增訂意言，三月序而刻之。春末夏初遊漳州，冬歸福州，借芝山僧房閱藏經，但其間未曾與林培之先生遊訪沈有容將軍於鎮東。入粵記：「未幾，余訪沈士弘將軍於鎮東。」此行陳第並未提及林培之，他是獨自前往的。

戊戌年五十八歲。入粵。居羅浮，遊西樵，出海觀厓山宋故宫處至石牌洋。五月六日歸連江，謁吴尚書。十三日復出，九月二日從譚山人祭定宇先生定宇，培之字。翻刻謬言。

評注　石牌洋在平潭島西北的海面，並不在廣東。陳第在入粵前曾與沈有容泛海觀石牌洋，後來在入粵記提及此事。説入粵後「出海觀石牌洋」，此一誤。「五月六日歸連江，謁吴尚書。十三日復出」，是在入粵前，這裏放在入粵後，此二誤。林培之卒於次年秋九月初二日，怎麽會在此年「九月二日從譚山人祭定宇先生」呢？此三誤。翻刻謬言，是在次年，此四誤。金雲銘先生批評本譜「錯誤百出、前後顛倒」，愈發信然。

己亥年五十九歲。二月初四日過德慶，聞吴襄惠訃，作文祭之。遊西粤蒼梧，訪沈刺史於康州，憩足三洲。

庚子年六十歲。中秋，病。客有送烏鬚藥者，却之。合刻粤草、塞曲。

評注 客有惠染鬚方者却之：「回首歸來十七秋，閉門讀易出門遊。誰言解組當青鬢，翻到懸車畏白頭。鏡裏形容隨自老，酒邊心事不知愁。去年東粤今西粤，萬里滄江一没鷗。」從詩題可知，是送染鬚方而非烏鬚藥，從詩句「回首歸來十七秋」、「去年東粤今西粤」看，送染鬚方是在五十九歲那年。沈有容在萬曆辛丑十月望日撰寫合刻粤草塞曲序，怎麽可能在前一年（庚子年）合刻粤草、塞曲呢？又誤。

辛丑年六十一歲。同沈有容、王鍔遊南臺，留經月。秋，再至清漳，有句：「重來三十載，感慨遊非昨。」刻書札。

評注 陳第年譜：「先生由粤東還閩，過崇安，遊武夷，經延平。春初，抵家。」這一筆交代陳第由粤歸家的行蹤，本譜至少要加「由粤東還閩，春初抵家」九個字，以免應該説的没説。陳第遊南臺，刻石紀念，並序其詩云：「萬曆辛丑秋，余同宛陵沈有容、温陵王鍔遊南臺，二君下山，余獨留經月，漫題。」本譜不可在「留經月」前省了「獨」字，以免不該省的苟省。金雲銘先生批評本譜「簡而不明」，應該是指此類情况。不過金先生誤以爲南臺在福州，其實在泉州清源山。陳第在這年秋天再至清漳，曾獨自再遊清源山，此時俞大猷去世已三年。物是人非，感慨萬千，陳第遂吟詩題刻。其寄心集有清源小雲關刻石一詩並序：「萬曆甲戌春三月，余從先師俞虛江遊清源。辛丑秋再至，以鐵如意擊石，吟曰：重來三十年，感嘆遊非昨。空餘夢寐存，九原豈可作？徘徊石刻前，淚灑秋風落。」自注曰：「俞師舊有紀遊石刻。」本譜遺漏題刻一事。另，此年春，陳第從廣東回來後，曾在三月到厦門探訪沈有容，四月初一同遊南普陀寺，並刻石紀念。本譜和陳第年譜都沒有提及此事，陳第年譜誤爲十月（沈寫序時間）去厦門。沈有容合刻塞曲粵草序：「今辛丑春，先生自粵歸，復過余嘉禾，檢其篋中，得兩粵遊草。」至今南普陀寺摩崖石刻還留有陳第與沈有容的題刻：「萬曆辛丑四月朔，三山陳第、宛陵沈有容同登茲山，騁望極界，徘徊竟日。」

壬寅年六十二歲。十二月初七日，同沈將軍往東番（即今臺灣）剿倭。初八晚，舟過澎湖外洋，颶風大作，歌以自寬：「水亦陸兮，舟亦屋兮，與其死而棄之，何擇於山之足水之腹兮！」作東番記。

評注　陳第年譜：「先生作有東番記一篇，當係記其在臺之事，惜今已佚。」後來發現此文尚存，原來它被編入沈有容閩海贈言，此書藏於日本東京帝國大學附屬圖書館。一九五五年冬，中国臺灣學者方豪將原刻本攝影成片，一九五六年以「慎思堂」名義影印出版，一九五九年編入臺灣文獻叢刊第五十六種，重新排印出版。東番記寫於臺灣行的第二年，陳第在篇末寫道：「予親睹其人與事，歸語温陵陳志齋先生，謂不可無記，故掇其大略。」從時間上説，不可能在當年。方豪陳第東番記考證：「陳第撰泛海歌在萬曆三十年冬，撰東番記在萬曆三十一年春。」另，這一年仲春，陳第與福建南路參政施德政、沈有容將軍一行三人，同登漳州龍海南太武山，題刻詠志。石刻位於山腰的雲根洞旁，施德政所作同連江陳一齋、宣城沈士弘登太武山居首，左邊的石壁上陳第與沈有容的題刻並列。施德政：「立馬閩山第一峰，海天無際豁心胸。身凌霄漢星堪摘，界限華夷户可封。躡蹬喜尋仙子跡，登臺羞問宋王蹤。千年光景百爵酒，興盡歸來月滿艟。」陳第：「臨風清瀟共徜徉，東望滄溟思渺茫。古塔嵯峨雲不散，故宫寂寞夜偏長。巖頭荒草埋仙跡，春盡花飛滿佛床。偶爾開尊同衛霍，佇看雄劍掛扶桑。」沈有容：「攜尊登眺興偏濃，景物清怡日色溶。波浪千層翻地軸，風雲八陣結天沖。塔邊殘壘空芳草，泉上懸崖有老松。把劍專從飛將後，壯心直欲掃妖兇。」此事本譜和陳第年譜皆遺漏。值得注意的是，陳第的題刻活動，集中在萬曆二十九年（一六〇一）暮春至萬曆三十年（一六〇二）仲春，差不多一年的時間，而地點都與他有着某種情結。厦門，是他摯友沈有容將軍的防區。泉州和漳州，不但是他早年講學之所，而且泉州是他恩師俞大猷的故鄉，漳州還是他的父親工作過的地方。顯而易見，這四處題刻並非隨意爲之，而是陳第在年逾花甲時精心安排的情感寄托。

癸卯年六十三歲。遊粤東，懷吴襄惠。十月朔，賦詩寄伯兄：「吾兄今日正懸弧，閩楚關山萬里途。苜蓿也應開客席，芹花何處進仙壺。雁來遠海音書少，雲入遥天夢寐徂。記得西郊棲隱地，年年稱壽醉酣呼。」時又山公司訓德興。刻薊門兵事。

評注　此詩原題爲「癸卯十月朔日，奉寄家兄時司訓德興」，十月初一是陳第兄長又山的生日，故贈之。陳第年譜：「由此詩可見是年十月先生當歸連江家中，未遠行。舊譜載此年遊粵東，無據。」根據沈有容閩海贈言，晋江石湖水寨改建工程於此年二月二十日竣工，隨後沈有容從厦門移鎮石湖。傅鑰聞沈士弘將軍復邀陳季立校石湖走筆奉寄兼訊士弘一詩云：「春暮言尋惠遠遊，重來鈐閣對殘秋。榻從今日知仍下，轄爲當時悔不投。白鶴暫離飛錫地，將軍真築校書樓。相看百里雲依樹，尺素雙緘怯溯流。」可見當時沈有容還邀請陳第到他的駐地石湖水寨營署中校對書稿。石湖校書一事，金雲銘陳第年譜没有提及，因其未見閩海贈言。

甲辰年六十四歲。春，再入金陵。秋末，聞焦狀元弱侯先生老而好學，造訪。不通姓字，談論竟日夜，即宿書樓，秉燭閱藏書幾遍，誤者指而正之。明日，先生笑曰：「君殆閩之季立耶。」相得益歡。自是恒往來其家，借讀所未讀書，毛詩古音攷復加編輯。

評注　此乃學者交遊之千古佳話也。

乙巳年六十五歲。送崇相入京。九月，泊舟彭蠡賦詩：「九月四日祁山陽，已見菊花滿店香。今日舟中不見菊，向晚泊舟彭蠡傍。」

丙午年六十六歲。伯兄又山公卒。八月晦日，遊滕王閣。刻毛詩古音攷。

丁未年六十七歲。賦詩留別德興諸生余來蘇。

評注 焚毛詩古音攷於先兄靈前序云「丙午夏刻成，先兄逝矣，余奔至德興」，可見其兄卒於丙午夏。陳第年譜：「葬事既畢，先生乃順途由饒州渡彭蠡往遊九江、南昌、廬山諸地。離德興時有留別德興諸生余來蘇（又山公得意弟子）。」可見此詩也應寫於丙午年。

戊申年六十八歲。冬入金陵，與焦太史圍爐談易。侍郎黄公汝亨從太史過訪僧舍，有贈：草庵蕭蕭傍玄閣，疏樹掛楊透籬落。中有高人踞榻眠，青眼相看疏禮法。自言病足足甚奇，每到名山勝健兒。東遊海岱西太華，插身霄漢臨武夷。韓彭勛業等塵土，冥坐蒲團證千古。微妙直抉羲皇前，申公毛公何足數？塵談所至暢玄風，令人重見希夷翁。生來仙骨非侯骨，高顴隆準雙方瞳。問翁行藏何所止？到處名山容屐齒。縱身獨往無窮門，不論此身死不死。翁今杖策過西湖，梅花孤嶼有林逋。三月采蓴六橋下，我亦歸來作酒徒。

評注 陳第年譜：「舊譜引此詩繫於六十八歲之下，且云在金陵成贈，大誤。因六十八歲時先生尚未遊太華，且詩中明言過訪西湖，而作金陵，無乃大謬。」陳第七十二歲遊太華山，七十三歲在浙江養病，黄侍郎贈詩可能在此時。

己酉年六十九歲。客金陵，寄詩示兒句云：「生既耽五嶽，死豈戀一方？」公嘗言：「生即捉杖行走，死即螻蟻烏鳶。古人入山采藥，不知所終，豈盡仙去哉？」

庚戌年七十歲。途中望饒州，懷又山公句云：「學道豈容同傲弟，好修終是愧難兄。」刻伏羲圖贊。

評注　刻伏羲圖贊是在萬曆三十九年（一六〇九），也就是陳第六十九歲時，又誤。陳第伏羲圖贊跋云：「丙午於金陵屬草草就」，「戊申冬再入金陵，寒爐夜雪，時時聽弱侯先生談易」，「今春解凍，録是編以請」，「遂序而付之剞劂」。

辛亥年七十一歲。登嵩山，遊太室，坐玩秦槐漢柏。天仙祠後有白松一株，皮白楸翠，相傳黄帝以前物，愛其奇，購一圖以自隨。刻寄心集。

壬子年七十二歲。入潼關，登太華，觀陳希夷臥處。上終南觀老子石青牛，遠望太白積雪。歸而復出。刻尚書疏衍。

癸丑年七十三歲。遊武當山。三月三日謝席主句云：「餘生七十有三春，愧説懸弧是此辰。」養病雁蕩之陽。刻屈宋古音義。

評注　遊武當山並非此年，五嶽遊草自序：「泝漢江，歷襄陽，顧於峴山、習池間，冒雪上武當山而回。因渡彭蠡，窺豫章滕王閣，見長兄於饒江學舍，復還金陵憩跡。」可見陳第遊武當山時長兄猶健在。陳第年譜：「萬曆三十五年丁未（一六〇七），先生六十七歲。是年，先生泝長江、漢水往遊湖北武當山，由襄陽上泝至均州（今湖北丹江口市），登太和絶頂。」刻屈宋古音義亦非此年，從陳第寫跋的時間可知：「萬曆甲寅春人日，陳第書於江心寺之浩然樓。」

甲寅年七十四歲。五月，由南都出紫荊關，關吏詰所之，示以句云：「關門欲問真姓名，唯有神仙洞府知。」公每出，以一僮自隨，所至不投一刺，飄飄若神仙。遂逾沙河，歌詠恒山之上。

乙卯年七十五歲。浮洞庭，吊賈誼、屈原於長沙汨羅。五月，登嶽麓，觀禹碑。上衡山，臥祝融峰。七月，居廬溪，病虐，沽酒飲之，愈。中秋，泊舟潞河，大風雨。九日得句云：「誰意歸來雙鬢蒼，江湖清夢總難忘。」歸連江，病幾死。五嶽之遊畢。

丙辰年七十六歲。倦遊有句云：「此時筋力倦，築室想空林。」病愈，復治裝入蜀，將遊峨眉。刻五嶽遊草。

丁巳年七十七歲。自鐔州覺有疾，正月返省下，二十九日歸連江。二月初四日，不食，有句：「神仙辟穀我能之，實爲行遊未有期。」初五日，不言，有句：「而今始會無言意，子貢曉曉欲告誰?」二月望，决夢，定三月念一丙戌日殁。至念一問：「夜何其?」以子時對。索筆書：「當俟天明。」並書一聯云：「達道惟五，不朽惟三，汲汲孜孜生未逮。述經有四，遊州有八，瀟瀟灑灑死何求。」復就枕。寅時，起坐，披衣，飲茶，合眼逝。

評注　至此，陳第終其不尋常之人生。以下文字，或追叙身前身後事，或轉述他人評論，或感慨守籍之難，如年譜之跋然。

前一日，董伯起自倭酋歸。董侍郎以語公，公大書：「可語寧海厚犒之，伯起仍往宣諭。」人謂戚公破倭，沈公剿倭，公皆與有力。今將就木，此志猶不衰，平生之悲憫亦深矣。

評注　董應舉的族侄伯起，在一次執行偵察任務時被倭寇抓住，並送往日本羈押。後倭寇想打探明朝政府的態度，就派一個頭目送伯起回到福州，後來朝廷派伯起前往向倭寇宣諭。在陳第去世前一天，董應舉把這個消息告訴他。董應舉所撰一齋先生考終録序：「歿前一日予之宗孫伯起倭酋送歸以語君君取筆大書可語寧海厚犒之伯起仍往宣諭遂擲筆」陳第年譜斷爲：「歿前一日，予之宗孫伯起，倭酋送歸，以語君。君取筆大書『可語寧海厚犒之』，伯起乃宣諭，遂擲筆。」陳第年譜的斷句，導致「伯起乃（仍）宣諭」與「遂擲筆」在語意上根本無法銜接。這段話應作如是句讀：「歿前一日，予之宗孫伯起倭酋送歸，以語君，君取筆大書：『可語寧海厚犒之，伯起仍往宣諭。』遂擲筆。」董伯起後來官至遊擊將軍，董應舉崇相集有伯起歸自日本，又爲海將兩首七絶云：「舌鋒已折肥前島，雄劍新開海外天。莫説封侯憑燕頷，男兒心骨是中權。」「沙塞雖長尚可乘，冥冥滄海杳難憑。從教衛霍雄千古，蹴踏風濤能不能。」

葬官嶺，墓牌侍郎董公筆，墓道黄公琮、徐公亮同立。黄公時官按察司副使，並著敘傳一篇，論曰：「陳子季立，古之所稱奇男子也。才品高天下，然嘗跡其生平，非忠信不言，非中正不蹈，又近於躬行君子者，蓋先正有言豪傑而聖賢者。余交之久，知之深，故能言之。」

評注 官嶺是連江縣浦口鎮的一個漁村，村中立有一塊墓道碑，正中刻「明一齋陳先生墓道」八個大字，落款爲「嶺東友人黄琮題浙東門人徐亮立」。陳第墓在距離官嶺村不遠的山丘上，建於明天啟三年（一六二三），占地四十平方米，坐西北向西南。墓碑上刻着「明一齋陳先生墓」，上款爲「向丁坐癸天啟癸亥」，下款爲「友人黄琮門人徐亮造」。筆者曾兩次到過陳第墓，留下題陳第墓一絶云：「村中墓道碑猶在，山上墳丘三異埋。音韻千秋成學問，海天一色入胸懷。」

温陵何公喬遠亦爲立傳，論曰：「俞武襄，儒者也。束髮從戎，歷涉山海，身經百戰，爲東南砥柱名臣。然其生平所國士待者，湯克寬、歐陽深、鄧鐘與公四人而已。彼三人者以武功終始，公獨以著述名其家。回視立談抵掌，橫槊薊門時事，直作三昧遊戲觀矣。晚年雲水翔遊，脱韁於風塵之外，察其意似欲立身於無何有之鄉，以第一等人自期。試問當世諸君子，有超而上者誰耶？」

評注 何喬遠，字穉孝（稚孝），號匪莪，晚號鏡山，明代晋江人，是傑出的方志史學家。主要著作有名山藏（輯明朝十三代遺事）和閩書一百五十卷，頗流行於世。何喬遠性格剛直不阿，在史學上敢於秉筆直書發表自己獨特見解。他不但爲陳第立傳，而且給予這麼高評價，足見陳第其人不尋常。

董公祭文："於乎！先生以生死爲一貫，則我不宜爲之哀。以世法爲徽纏，則我不宜爲之奠。然猶爲此者，人各有情，不得相禁也。憶昔丙申之歲，葬我先慈，非兄將不能襄事。丁酉之役抱病自廢，非兄將不能北首。其後鼓壯吾氣，勤攻吾短，玉我非一載之肺腸。雖口不相下，直如金火相尅相成。兄嘗謂我遍交宇内無兩一齋，我亦自信生平無兩罵友，今罵不可得聞矣。兄之云亡，如割我體，於乎痛哉。屈指朋友，真無兄其人矣。兄學窮五經，遊遍五嶽，其爲人得易之潔浄，得書之知遠，得禮之節文，得詩之愷切，於倫常得春秋之斷，其行事嶽立山藏，百物不能撼，萬變不能摇。兄謂寧嘗與寧海沈公浮黑水擊倭奴，風濤掀天，檣摧柁折，舟膠沃礁，直須臾碎耳。兄謂寧海凝而神，死可不散色，笑自若也，竟以無事而成海上之功。其他静定類此者多。兄生平著述，多自出己意，排世所習，曠千古所未聞。伏羲圖贊尤爲超絶，一筆渾成，當與太極圖表裏，斷然千古無疑也。余雖與兄議論有左，至此一書則噤口不敢應。於乎，一齋死亦足矣，死亦足矣。"

評注　陳第臨終前作病答董崇相罵友詩，董應舉在陳第殁後爲罵友撰寫祭文，皆情真意切，讀後令人動容。自古文人相輕，罵友之誼顯得尤爲難能可貴。董應舉以五經評陳第之爲人，真可謂知己之論也。

刻弢終録。麟經直指屬草未就，二戴粹纂雖有成書，惜與海防事宜、東番記俱逸而不傳。

評注 陳第逝世後，其子陳祖念與董應舉刻一齋先生弢終録，集陳第重病在床所作詩文於一書。東番記被收入沈有容的閩海贈言，流傳下來了。

道光二十八年歲次戊申中秋，七世從孫斗初謹識。

結束語 本譜作者陳斗初是陳第兄長陳縠的後裔，陳第一脈到曾孫陳元鍾止。陳斗初重刊一齋集，並爲陳第撰寫年譜，無疑爲陳第著作的流傳和對陳第生平的研究做出很大的貢獻。但是，本譜確實存在不少問題，「簡而不明，且錯誤百出、前後顛倒」的斷語，應該説基本上是實事求是的。

我們知道，陳第在邊塞雖然升遷爲薊鎮屯車兵前營遊擊將軍，以署理參將副總兵體統行事，但是所任官職並不高，時間也不是很長，所以他一生的行藏很難出現在所謂的文獻記載中。陳第歸隱後，要麼閉門讀書，要麼出門遠遊，也不可能在當代留下足音。好在陳第貴有自知之明，而且也很聰明，他巧妙地在自己的著作中留下人生的軌迹，或有意或無意。比如每本書的序跋、正文盡可能説明寫作的緣由及事情的來龍去脈，文末交代寫作的時間地點；再如詩歌，或詩題，或小序，或注解，或詩句經常出現人物、事件、時間、地點；又如文章、書信等，也或多或少保存了自己的有關信息。正因此，我們完全可以從陳第的著作中梳理出他一生的基本經歷。但是這種梳理工作，並非在公園的幽徑裏漫步，而是在盤錯的古道裏跋涉，因爲陳第並没有簡單地把人生足迹展示給後人，而是在或明或暗、若有若無、斷斷續續、曲曲折折中留下蹤迹，如果不下一番功夫很難取得真經。陳第留下近千首詩歌，其中蘊含着大量的人生信息，但這些詩歌並非按時間編排的，這就給梳理工作帶來了很大的困難。對此金雲銘先生大發感慨：「雖有兩粵及五嶽諸遊草，然均出之吟詠，語焉不詳。且其詩以體裁分，而非以年月分，故前後錯綜，難尋端緒。」以致在編寫陳第年譜時，「不憚炎暑，揮汗爲繹其端緒。旁參群籍，頗費勾稽，耗時數月，草成斯篇」。顯然，陳斗初對此認識不足，所下的功夫不够，出現這麼多差錯自然在所難免了。

陳第年表

明世宗嘉靖二十年辛丑（一五四一），一歲

三月初三（陽曆三月二十八日），出生於連江縣城龍西鋪陳家。祖父名諱不詳，貧寒出身，勤勞起家，生財以義，置田建屋，壽逾八十，鄉評推重。祖母趙氏，佐夫持家，一錢不私，生有五子。父親排行老大，名應奎，字元瑞，别號木山，早歲爲諸生，晚歲爲郡曹，貧窮辛苦，不怨不尤。母親楊氏，本縣塘下村人。陳第爲次子，字季立，號一齋。兄陳穀，字季實，號又山。

舊譜：孕及期夢雷震而公生。隆準方瞳，顴骨高聳。有遊僧見之，試其啼，曰：「是兒聲出丹田，他日必成遠器。」

嘉靖二十四年乙巳（一五四五），五歲

其父始爲福州府功曹小吏。

嘉靖二十五年丙午（一五四六），六歲

始與兄在家讀書。

嘉靖二十六年丁未（一五四七），七歲

仍與兄在家讀書。

舊譜：一目十行，過目成誦，終身不忘。

嘉靖二十七年戊申（一五四八），八歲

父畢吏事從福州歸，居家教授二子讀經書。陳第不讀傳註，父問其因，第曰：

「兒欲思而得之，不欲以先人之説錮靈府。」

嘉靖二十九年庚戌（一五五〇），十歲

是年發生「潮河川變」。父閲邸報，「每恨無丈夫子當關，爲朝廷灑一腔熱血。」陳第聞之，能領其意。

嘉靖三十四年乙卯（一五五五），十五歲

從六歲至十五歲，陳第與兄均在家讀書。學經史之暇，亦學擊劍，喜談論兵法，旁人視其爲狂生。

嘉靖三十五年丙辰（一五五六），十六歲

讀書雲居山寺。

嘉靖三十六年丁巳（一五五七），十七歲

曾見雄雌二虎於庭院戲耍，陳第與之對視，毫不懼怕。開始遊歷東南名勝景區。

嘉靖三十七年戊午（一五五八），十八歲

陳第以詩請教余居陽先生，余讀後嘆曰：「異哉，陳叔子之爲詩也，取意於風雅，取詞於漢魏。然而世弗好也，叔子其窮乎。」

嘉靖三十八年己未（一五五九），十九歲

補弟子員，考試總名列第一。而且「少在庠序，有志當世，每讀傳記至古人揚威沙漠，轉戰祁連之事，輒頓足而起，恨不得在當時爲之戮力先軀也」。

詳陳第薊門兵事上巡按于公揭。

嘉靖三十九年庚申（一五六〇），二十歲

娶林孺人爲妻。是年，其父木山公任漳州府功曹小吏，解救林可玉等六人免於死刑，無罪釋放。

嘉靖四十年辛酉（一五六一），二十一歲

始於縣城西郊中巖寺讀書。

嘉靖四十一年壬戌（一五六二），二十二歲

八月，戚繼光率部到連江馬鼻平倭，陳第獻平倭策「秘軍聲作八音以通語，仿乘橇作土板以行泥」。

嘉靖四十二年癸亥（一五六三），二十三歲

五月初三日，戚繼光在馬鼻殲滅倭寇。鄉紳勒石紀功，陳第仿春秋筆法，大書「某年月日，副總兵戚公大破倭兒於馬鼻，殲之」。

嘉靖四十三年甲子（一五六四），二十四歲

長女出生。

嘉靖四十四年乙丑（一五六五），二十五歲

至福州如蘭精舍求學，拜潘碧梧先生爲師。

舊譜：母孺人病心痛，術家謂三七根磨酒可愈，然難得其生而真者。公極力求禱，忽有友人宦雲南，以侑函寄至，服之遂愈，人謂孝感所致。

嘉靖四十五年丙寅（一五六六），二十六歲

遊學如蘭精舍，學友有郭道見、包惟義、趙忠卿、林惟椿、林國器、林國卿、趙思國、蘇集高、吴學淳、張崇仁等。與莆田林兆恩先生相識，談論心性之學。

明穆宗隆慶元年丁卯（一五六七），二十七歲

春，同陳可欽諸友賞牡丹，賦詩。陳第善飲，常以陶淵明自比。

隆慶二年戊辰（一五六八），二十八歲

講學於福州如蘭精舍，作洗心訓示三山諸生。長子祖念出生。

隆慶三年己巳（一五六九），二十九歲

跟隨潘碧梧先生到漳州講學，作尚行訓示漳中諸生。

隆慶四年庚午（一五七〇），三十歲

春，告别潘碧梧先生。

隆慶五年辛未（一五七一），三十一歲

遊學福州。

隆慶六年壬申（一五七二），三十二歲

遊學福州歸，重遊玉泉寺，題詩有句云：「僧房借宿十餘年，偶爾重遊意愴然。」

明神宗萬曆元年癸酉（一五七三），三十三歲

春，出遊燕趙。秋，回到連江。九月，從俞大猷學習兵法。冬，隨俞大猷到

鎮東。

舊譜：嘗曰男子具六尺軀，縱無他事業，亦當如班超、傅介子輩立功異域，奈何瑣瑣遨遨抱筆硯，向里胥口中唱姓字取功名哉。所得資斧歸，不以爲私。木山公飲於人，每大醉或竟夜，第與兄文學又山公，必具燈燭向門外，雖風雨寒凍不廢，人以爲難。

萬曆二年甲戌（一五七四），三十四歲

春，跟從俞大猷到泉州，同遊清源山。與陳我渡相見。秋，跟從俞大猷到京都。

萬曆三年乙亥（一五七五），三十五歲

在俞大猷引薦下，於京都拜謁兵部尚書譚綸、兵部侍郎王崇古、順天巡撫王一鶚等人。於薊門拜謁戚總理。陳第上書兵部尚書譚綸，論獨輪車制。譚尚書嘆服，於是補授鎮撫以充教軍官，負責教練車陣。

萬曆四年丙子（一五七六），三十六歲

在京教練車營，克成營陣。論功，補五軍四營中軍。

萬曆五年丁丑（一五七七），三十七歲

正月，上上大司馬譚公書，向兵部尚書譚綸請纓。二十八日，題補爲潮河提調。二月中旬，陳第到任。四月，譚綸逝世。八月中秋，迎接妻子到塞上。譚綸贈詩云：「君是當今定遠侯，賦詩橫槊古檀州。胸中剩有三邊略，手裏能揮二丈矛。紫塞雲行天漠漠，陰山花滿日悠悠。永無烽火塵宸慮，自賴金城克壯猷。」

舊譜：十二月，總督楊公兆薦語：「合文事武備以成能。抱内安外攘之長策。猷同曲逆，事類班生。」

萬曆六年戊寅（一五七八），三十八歲

仍在潮河，主持薊鎮撫夷之事。時巡撫陳我渡剛到薊門，陳第作稟貼請其巡邊，以收四益。古北奸軍張廷福因走失官馬投降大嬖只，主使教唆無所不至，企圖破壞正常撫賞。陳第奉戚繼光手諭，指揮中軍戚金於六月將之擒獲。陳第迎父母就養。次子祖發出生。冬十月，俞大猷以疾乞歸，陳第相送江邊。

舊譜：總督具題，兵部覆奏語：「北虜寒心，邊烽不聳。績有可嘉，相應紀録。」

萬曆七年己卯（一五七九），三十九歲

二月，參與建造潮河川石橋。春，黃台吉小妻大嬖只又起兵侵犯古北口及曹家塞，陳第與諸將率領五百騎出擊，活捉十三人，斬首五級，虜獲駝馬十八匹，器仗百五十。三月朔日，馬上讀邸報，知躋身薦剡之列，乃作書謝于按院特薦。秋，父木山公卒於潮河。恩師俞大猷卒於閩。

俞大猷贈詩云：「南北馳驅五十年，君恩念老賜歸田。乾坤多少綱常事，衣鉢而今有爾傳。」

舊譜：二月，巡撫陳公道基薦語：「出其長，犁虜庭而事辦。要所就，建上將而功成。」巡撫于公薦語：「愛士若投醪挾纊，理戎本禮樂詩書」。三月，總督軍門具題，奉旨加級賞銀。八月，工科給事中王公致祥薦語：「慷慨負請纓之志，雄豪真制閫之才。」奉旨賞銀。十二月，總督梁公夢龍薦語：「胸富甲兵，氣吞胡虜。宜加顯擢，以策後庸。」

萬曆八年庚辰（一五八〇），四十歲

正月二十八日，得知俞大猷逝世，慟哭不已，作祭俞虛江老師文與哭俞虛江先師。二月，聽説友人郭道見在福建逝世，半信半疑。五月陳穀至薊門，陳第始信噩耗。三月，戚繼光同翟大夫視察潮河，又廣徵戰守之策，陳第作邊防五事答戚總理。六月十日，作祭郭道見。秋，又作七律哭郭道見。六月，兄扶父靈柩歸葬，護送母親及第妻子回連江。是年，戚繼光欲推薦陳第任古北路將，陳第上書推讓。又推薦其任燕河路將，陳第認爲燕河條件過於優越，不能有所建樹。於是戚繼光向兵部推薦他守衛喜峰口要隘。十二月，陳第擢任薊鎮三屯車兵前營遊擊將軍，以署參將駐漢兒莊，用副總兵體統行事。十二月二十七日到任。

戚繼光贈詩云：「從來文武不相分，俎豆干戈羡有君。已著白袍稱國士，忽摇赤羽號將軍。心期報主年方壯，志欲吞胡策自勤。試向燕然臺上望，佇看裘帶靖腥風。」

萬曆九年辛巳（一五八一），四十一歲

關心百姓疾苦，按律誅殺悍卒，嚴明軍隊紀律，恩威並重，兵民相安。整頓軍隊，補充兵員，借取窯柴千擔之事，教兵士以行營之法。善處理頑兵梁小兒奪妻事件，獲梁軍門贊賞。揚兵關外，嚇破虜膽，得戚總理贊揚。時營房嚴重缺乏，先後撰寫添蓋營房呈、添蓋營房再呈，向戚繼光請示建營房事宜，得到「自今以後，一切任本官便宜」批復。興辦義學，親爲軍民子弟講學。時陳第於潮州參與修築的古口緊要邊墻敵臺及潮河大橋等工程竣工，得奉旨賞銀並嘉獎：「修築有勞，金湯永恃。」二月，陳第派人返鄉祭祀父親岳母，並接母親和妻子至漢兒莊。秋，陳第妻子至漢兒莊，母親獨自留在連江。

萬曆十年壬午（一五八二），四十二歲

春，喜峰口外虜阿只孛賴於潘家口外捕去射撥軍人，第上書戚總理，自請出關征剿，以遏跳梁。時青把都之侄哈不慎既受賞於上谷，又從長昂寇薊遼，陳第作上大司馬梁公揭論述戰守之策，得兵部尚書梁夢龍薦語：「識達古今，忠廉尤爲可敬。才兼文武，恬静獨遭時流。」操練本營民兵子弟，儼然有法，開童子軍之先河。率童子軍參加湯泉（今遵化北）會操，操後作謝敕按院賞幼兵文。五月初至七月十日，帶領士兵修築營房東西兩面圍墻三百六十丈，一年完成兩年工程計劃。在營區鑿三口井，解决飲用水問題。九月朔日，聽到潘碧梧先生離世噩耗，撰祭碧梧潘先生文與哭碧梧潘師詩。七月二十日，制府吴兑表弟周楷，要陳第爲他配賣青布五千餘匹給軍士，索價加倍，遭拒。十一月，陳第因此去官。冬，陳第仍留薊鎮。朝廷要調戚繼光往廣東，陳第作燒荒行寄托感慨。

舊譜：十月，閱視刑科周公邦傑薦語：「遴才歐越，邁迹幽燕。棄舊學而機悟韜鈐，撫新軍而恩覃醪纊。」奉旨賞銀。

萬曆十一年癸未（一五八三），四十三歲

二月，戚繼光調任廣東。三月，陳第作七古見楊花以抒懷。到京都與俞大猷長子告别，作南還留别俞克仁京邸。夏，解甲南歸，漢兒莊父老涕泣相送，陳第作答漢兒莊父老詩。臨行，將所得俸賜全都送給賓客，把戚繼光贈送的駿馬轉贈同僚，把俞大猷贈送的青驄馬囑托友人牧養，自己只留一柄寶劍。七月十六日，陳第乘船至潞河，將歷年在薊門所作詩歌整理成書，取名薊門塞曲。歸途中，乘便登泰山觀日出，這可算是陳第遊五嶽之始。途經金陵，遊金山、焦山、牛首山、燕子磯、采石磯諸勝。秋，經過蘇州，與張崇仁刑部同車並轡遊山，遊覽姑蘇諸勝。

萬曆十二年甲申（一五八四），四十四歲

回到連江，作歸自薊門詩。在西郊築倦遊廬，閉門讀書，專心著述，吟詠自樂。邑人吳文華作季立歸隱築室西郊詩贈之。

萬曆十三年乙酉（一五八五），四十五歲

聞戚繼光解甲歸田，作組詩奉贈戚都護歸田十首，並專程送戚繼光到浙江常山。分別後回閩，途經江西玉山，作常山別戚南塘都護歸宿玉山有作。順道遊武夷山，遇見林龍江，作武夷逢林龍江。

舊譜：母孺人卒，奉木山公柩合葬張門山。龍陽居士余公世貴作墓志銘。

萬曆十四年丙戌（一五八六），四十六歲

在連江居家讀書。

萬曆十五年丁亥（一五八七），四十七歲

三月三日，作丁亥生日一詩。

萬曆十六年戊子（一五八八），四十八歲

得知戚繼光逝世，欲往山東蓬萊祭奠。行至蘇州，因病而歸，作赴吊戚都護行至蘇州以病不果一詩。

萬曆十七年己丑（一五八九），四十九歲

到潮州拜謁韓文公祠。吴尚書歸里，從之遊。

萬曆十八年庚寅（一五九〇），五十歲

居家讀書著述。回信林大良，談歸田後生活，談謬言、薊門兵事書稿。七月初八，吴尚書七十壽辰，陳第作奉壽大司馬吴容所翁。

舊譜：庚寅年五十歲。遊石門寺，讀壁間詩，懷王十竹侍御，有句云：「御史錚錚一代賢，題詩精舍尚依然。」

萬曆十九年辛卯（一五九一），五十一歲

隱居連江西郊，讀書著述，灌園自樂。

萬曆二十年壬辰（一五九二），五十二歲

春二月，寧夏兵變。秋九月，平叛。先後聞而作春日聞寧夏兵變、聞寧夏平誌喜。作園居三篇，描述隱居生活，表達心聲。中秋逢雨，與陳于虞、吴衡甫飲酒，作詩記之。

萬曆二十一年癸巳（一五九三），五十三歲

初春，傳倭寇來犯，陳第受父老鄉親之托，撰防海事宜。不久倭寇向遼東，便將書稿藏箱。初冬，收到鄧道鳴來信並籌海圖編一書，陳第回信並寄去防海事宜書稿。妻五十歲，第作隱園勸内。

萬曆二十二年甲午（一五九四），五十四歲

二月，松軒講義付梓。春，詔又下，起吴尚書爲南京工部，吴力辭不赴，陳第作春日勸駕大司馬。夏，吴尚書贈所書詩扇，陳第作容所翁惠詩扇一握賦謝。秋，吴尚書邀東園賞菊，陳第作吴容翁邀東亭看菊。冬十二月十五日，福建巡撫許孚遠初次致書，欲聘陳第爲幕府。以病辭謝。

萬曆二十三年乙未（一五九五），五十五歲

春，許撫臺又欲疏薦於朝，相約在南平、建甌以山人禮相見，陳第不赴約，回信並作詩見志。不久，許撫臺擢南京大理卿，陳第題詩送之。二月，謬言付梓。書刻成，適張崇仁來信，回信並以書相贈。吴尚書讀後作答陳季立論「一貫」，陳第回信虚心接受。曾到三山訪學友，作三山感舊詩。秋，次子祖發殤，作悼亡詩三首。十二月，妻病逝，陳第於除夕作悼亡詩。

萬曆二十四年丙申（一五九六），五十六歲

初春，董應舉來訪，兩人一見如故，成莫逆之交。改葬父母及妻於荻蘆峽。寄謬言給林日正（福清人），請求改削批註，同時寄意言書稿。六月二十日深夜，郊居與客坐談，有虎逐犬闖入，起而叱之，虎驚走，遂作叱虎行。秋十月，董應舉奉母柩葬於連江安定山，陳第爲之料理一切。

吴文華贈詩：「急思報主换征袍，神劍雙飛意轉豪。親鼓貔貅清大漠，兼團鵝鸛净洪濤。旌旗影動軍聲壯，刀戟光横殺氣高。百尺高樓難可及，元龍本自共吾曹。」原題爲讀陳季立薊門兵事有贈，是吴尚書讀書稿而後作，準確時間不詳。

萬曆二十五年丁酉（一五九七），五十七歲

正月，風雨連旬，閉門增訂意言書稿。三月，撰序並付梓。春末夏初，出遊漳州。冬，回到福州，寓居芝山僧房翻閲藏經。福建巡撫金學曾欲聘之，辭不就。東莞林培之以御史言事，謫閩爲鹽運知事，欲結識陳第，後經施艮庵介紹，兩人成爲好友，與遊華林西禪諸寺。未幾，陳第前往鎮東訪沈有容將軍。是年，董應舉因病不欲科考，陳第勸説與激勵，董重新發奮備考，翌年春闈中進士。

萬曆二十六年戊戌（一五九八），五十八歲

仲春，到海壇訪沈有容，以薊門塞曲示之，並與之泛海觀石牌洋。四月，林培之來信，言其將告歸，邀請遊粤。陳第從水路至福州，尋至鼓山，兩人同遊雪峰、水口，往來十餘日。五月六日，陳第回連江，祭告先墳，辭别吴尚書。十八日與林培之在福清宏路驛站會合，次日同遊石竹山。二十二日到莆田，拜林龍江祠，遊九鯉湖。二十六日到泉州。六月初三到漳州，初七出閩關，初八到潮州，十六日到惠州。兩人别過，培之回東莞，陳第入羅浮。六月二十九日，進羅浮山，居石洞，遍遊名勝，十月底出山，歷時四個月。十月二十九日，訪於東莞林培之。十一月初一，與林培之同往西樵，依次遊南海神廟、海珠寺、浮丘祠、聚仙臺、大科峰、九龍洞、碧玉泉、白雲洞等，計十日。首次出海觀崖山宋故宫處。仲冬，遊端州七星巖，郡人梁約中導遊。兩日後，陳第又獨自前往，遇道人作導遊，遊所未遊。於東山訪鄧道鳴將軍，居九星巖下。是年九月，吴尚書卒，享年七十八歲。

萬曆二十七年己亥（一五九九），五十九歲

孟春，鄧道鳴將軍招飲於燕喜亭，作詩和之。二月，到康州拜訪沈刺史，遊三洲巖。初四日，聞吴尚書死訊，作文祭之，並到端州拜謁生祠。二月末，乘船進入廣西蒼梧，又達昭州，告别老鄉平樂縣令黄文宇。溯漓江，經陽朔到桂林，老鄉薛慕南接待，遍遊風洞山、七星峰、象鼻山、白龍洞等名勝。拜謁老友陳文溪，邀遊虞山、堯山。薛慕南又導遊獨秀山。嘗觀榕樹門，拜謁先師俞虚江公祠。四月初，返蒼梧，欲遊都嶠、白石，阻雨不果，又回康州。夏，重宿海珠寺，有詩。寫二信以答林培之，其一談漫遊之幸與苦，其二論讀書之法。不久，林培之來會，與之再遊崖山，觀宋故宫處，作崖門吊古詩。秋，給董應舉去信，告之遊蹤遊感，以及翻刻謬言於粤一事。九月初二日，林培之卒於東莞家中，陳第視殮慟哭，作祭文致奠。九月十一日，又前往康州沈刺史處過冬。時黎馬屎糾衆剽掠

三州十邑，夏，制府令鄧道鳴將軍渡海，與雷廉、瓊崖二將，分東中西三路以進。鄧道鳴居東路，獨奪�門天險，大破黎人，擒其渠魁，班師而還。陳第作鄧將軍平黎小傳並詩以贊之。

萬曆二十八年庚子（一六〇〇），六十歲

暮春初旬，與鄧道鳴同遊曹溪，詩以言別。孟夏末旬，復還康州，收林懷瓊信並回復。夏，仍在康州沈士莊刺史署中。秋，因病留康州，病愈遊陸賈祠。時其兄應貢北上，作懷家兄詩。九月，自康州返廣州。重陽日，與諸友共遊，有詩九日贈莫元慎秀才、九日薄暮、同董廣文、莫李二文學過唐山人青門別業。經端州，謁林培之墓，亦有詩。告別東莞諸友返鄉，冬經江西贛州，追懷林培之，均有詩。

萬曆二十九年辛丑（一六〇一），六十一歲

冬盡春來，入閩關，過崇安，遊武夷，經南平，回到家鄉。暮春，往厦門拜訪沈有容，示之兩粵遊草書稿。四月初一日，二人同遊五老峰，並刻石紀遊。居家期間，開始編撰毛詩古音攷，尚未脱稿。秋，再遊清源山並刻石留念，拜謁俞大猷墓。又約沈有容、王鍔同遊泉州南臺，並獨居南臺月餘，亦刻石留念。是年，刻書劄燼存，合刻薊門塞曲、兩粵遊草。

萬曆三十年壬寅（一六〇二），六十二歲

仲春，陳第與福建南路參政施德政及沈有容將軍一行三人，同登漳州南太武山，題刻詠志。過訪漳州林可玉，有詩贈之。其兄陳穀尚滯留京師，陳第作懷又山家兄三篇。十二月初七日，與沈有容同往東番（臺灣）剿倭。初八晚，舟過澎湖，颶風大作，陳第歌以自寬。颶風平息，沈有容復請歌，陳第復歌，發其渡海之意。

萬曆三十一年癸卯（一六〇三），六十三歲

正月，自臺灣返回泉州，作東番記，又作舟師客問。二月，薊門兵事付梓，沈有容作序。夏末出遊，經武夷山，走東西浙，躡天臺石梁，觀雁宕瀑布。過會稽，手摩神禹窆石。繞出七里灘，陟嚴子陵釣臺。秋末回到泉州，應邀前往晉江石湖校對薊門兵事書稿，並與何喬遠等温陵七子唱和。十月初一日，兄陳穀生辰（時爲德興訓導），陳第賦詩贈之。

萬曆三十二年甲辰（一六〇四），六十四歲

春，來到金陵。寓居讀書，亦遊覽金陵名勝古迹，吟詩自樂。暮秋，聽説焦竑老而好學，前往拜訪，兩人一見如故。默寫毛詩古音攷書稿，重新修改編輯，並得到焦竑的幫助。冬末，作懷李皞如詩。

萬曆三十三年乙巳（一六〇五），六十五歲

寓居南京謝公墩山房讀書。春，欲邀董應舉郊遊，未果。六月，董應舉南京國子監博士考滿，北上課績，陳第以詩贈別。時莊應曙歸閩，作送莊應曙歸閩兼柬何稚孝一詩。夏末，由金陵溯長江，攜毛詩古音攷書稿，前往江西德興訪兄，途中遇大風，作乙巳大江遇風紀事一詩。初秋，抵德興與兄相聚。八月十二日又分别，繼而浮大江而上，陟齊雲、九華、匡廬諸巔，至黄鶴樓醉焉。溯漢江，歷襄陽，顧於峴山、習池間，冒雪登武當山而回。因渡彭蠡，窺豫章滕王閣，見長兄於饒江學舍。冬，居德興與兄過年，並以毛詩古音攷求正。

萬曆三十四年丙午（一六〇六），六十六歲

春，別兄返金陵。仲夏，毛詩古音攷刻成。兄陳穀以事往饒州，竟卒旅舍。聞訃，陳第趕往德興奔喪，焚毛詩古音攷於先兄靈前祭奠。兄葬事畢，陳第順路自饒州渡彭蠡，重遊九江、南昌、廬山等地，臨行作留別德興諸生余來蘇。值沈有容五十歲生辰，作壽沈士弘將軍五十初度。

萬曆三十五年丁未（一六〇七），六十七歲

居金陵，讀書著述。有感於出遊六年未歸，作寄家一詩。

萬曆三十六年戊申（一六〇八），六十八歲

春，居金陵，讀吳襄惠公集有感，賦詩一首。十一月，董應舉以南倉曹三年報滿，陳第送之入京課績。作答貧士見志。

萬曆三十七年己酉（一六〇九），六十九歲

仍居金陵。欲遊五嶽作豫戒詩寄兒祖念並諸親友，以示其志。春三月，起程欲遊嵩山，才到安徽宣城，病足而止。夏，到浙江遊雁蕩山、天台山，於西湖避暑。秋，又回到宣城，病足未愈，養痾於沈士莊家，讀所未見書。冬，病足宣城，仍未出遊。病愈，作述懷詩寄焦竑。伏羲圖贊刻成。

萬曆三十八年庚戌（一六一〇），七十歲

春，回到連江，不久又遊金陵。秋，作寄南海鄧道鳴將軍。

萬曆三十九年辛亥（一六一一），七十一歲

秋，自金陵取道汴梁（開封），遊嵩山。臨行，作遊嵩山留別弱侯先生一詩。舟行從金陵經安徽宿州進入河南，陸行經河南扶溝、曲梁抵登封。冬初，登嵩山，看太室，觀秦槐漢柏，登天中閣，遊天仙祠，觀祠後白松，坐而賞玩，經日不去，乃購松圖自隨。旅途兼逗留嵩山四十餘日，下山猶戀戀不舍，作歸途回望嵩山一詩。歸程於扶溝阻風。於宿州阻水遇雪，終返回金陵。刻寄心集。

萬曆四十年壬子（一六一二），七十二歲

春初，從金陵再至浙東會稽（紹興），謁禹廟，遊蘭亭。又經括蒼（麗水）遊南雁宕諸勝，寓永嘉（温州）江心寺讀書。秋，取道洛陽入潼關，登太華、終南，遥望太白皆積雪，如玉柱卓立。其旅途大約由淮北乘舟至銅山，然後經商邱、開封、中牟、鄭州、滎陽、洛陽、新安、澠池、陝縣，過函谷關，入潼關，登太華。在洛陽遊九龍臺，遇縉紳許春元等邀飲，與之談遊。又到華州，經灞陵，過臨潼，登驪山，西入長安，遊終南山，再沿原路回到浦口（南京）。仲冬，尚書疏衍付梓。歲末，陳第回家過年。

萬曆四十一年癸丑（一六一三），七十三歲

春，離家，讀書清源山中。又到杭州西湖山寺中讀書，三月三日生辰有詩謝席主。作紀過詩、讀書等。夏，重遊上天竺寺。六月，遊紹興鹿池山。暮秋，再往永嘉（温州），寓江心寺讀書，並編撰屈宋古音義。除夕於江心寺度過，詠詩三首。是年未出遊，自云「暫養痾於雁宕之陽」。

萬曆四十二年甲寅（一六一四），七十四歲

正月初七，在江心寺爲屈宋古音義寫跋。從温州舟行至杭州，恰逢暮雪，冒雪重遊西湖，謁岳廟。正月十五，在杭州度過。五月初三日，由南京出發，渡治而北，出紫荆關，歌嘯恒山之上。其遊恒路綫：由運河北上至徐州，過留城（沛縣），經山東滕縣、鄒縣，取道河北正定、唐縣、易縣，然後出紫荆關渡沙河，經靈邱而抵恒山。遊畢恒山，沿原路歸，下紫荆關，途經鄒縣之嶧山，以洪水不能登，過滕縣阻雨於逆旅，七月十一日歸抵南京，往返行程共計六十八日。遊恒山途中戒酒，作止酒二首。回到南京後於寓所讀書，中秋重陽均無外出，也無飲酒。

萬曆四十三年乙卯（一六一五），七十五歲

夏，從金陵出發，舟行往遊南嶽衡山。南浮洞庭，吊賈誼、屈原於長沙汨羅。遂登嶽麓觀神禹碑，高臥祝融峰絶頂，旬日還。至淥口，取道江右，歸家。往衡山途中過武昌登黄鶴樓，過岳陽登岳陽樓，經湘潭渌口抵衡山。衡山歸來，取道江西，經萍鄉，抵瀘溪（屬袁州府）。時七月大暑，乃避暑山中，作請死一詩。居瀘溪山中病瘧，乃遣人沽酒飲之，病愈。八月初旬離開瀘溪，乘舟下袁水，經宜春、分宜、清江、樟樹，折入贛江，過豐城，溯汝水，經臨川、南城、黎川等地。走陸路度杉關以歸閩。由光澤再乘舟經邵武、南平，順閩江而下，於九月初抵家。董應舉辭官歸里，不久又被起用，未赴任，陳第作聞董崇相大理寺之命，賦此勸駕。冬，卧病，仍不廢讀。

萬曆四十四年丙辰（一六一六），七十六歲

仲春，病初愈。三月三日誕辰，蘭九丈攜觴過訪，以詩謝之。時董應舉辭官居家，開發名勝百洞山（青芝山），陳第作青芝十日遊。夏末，曬家中藏書，並作世善堂藏書目録，題詞自稱「温麻山農」。作倦遊、諭懷詩。季秋，刻五嶽遊草。然遊心終未已，又欲出遊四川峨眉，行至南平，因病而返。

萬曆四十五年丁巳（一六一七），七十七歲

正月末，回到福州，其子祖念趕往侍候。二十七日，自謂乃不起之病。二十九日，返回連江。二月初四不食，初五不語，辟穀示寂。作遺誡，吟詠不斷。三月二十一日子時，書一自挽聯。天明，從容謝世。

時董應舉居家未復出，常照料病榻前，作陳季立病念之有賦，陳第答以病答董崇相罵友詩。陳第逝後，董應舉作祭陳一齋文。臨終前一日，董應舉告之董伯起被倭酋送歸之事，陳第取筆大書：「可語寧海厚犒之，伯起仍往宣諭。」刻一齋先生考終録，董應舉序，陳祖念跋。

舊譜：温陵何公喬遠亦爲立傳，論曰：「俞武襄，儒者也。束髮從戎，歷涉山海，身經百戰，爲東南砥柱名臣。然其生平所國士待者，湯克寬、歐陽深、鄧鐘與公四人而已。彼三人者以武功終始，公獨以著述名其家。回視立談抵掌，横槊薊門時事，直作三昧遊戲觀矣。晚年雲水翔遊，脱韁於風塵之外，察其意似欲立身於無何有之鄉，以第一等人自期。試問當世諸君子，有超而上者誰耶？」

明熹宗天啟三年癸亥（一六二三），陳第逝世六年始建陳第墓，面向大海。墓地面積四十平方米，墓丘三合土構築（寬五米，進深四米），墓碑中刻明一齋陳先生墓，右上刻向丁坐癸天啟癸亥，左下刻友人黄琮門人徐亮造。山下官嶺村中立一墓道碑，上端爲雙龍搶珠浮雕，底座面雕刻奔鹿圖案，正中碑文爲明一齋陳先生墓道，落款爲嶺東友人黄琮題，浙東門人徐亮立。陳第遺誡有「不墓」之囑，其子陳祖念不敢違背，而友人門人不受約束，故墳墓、墓道碑皆友人黄琮，門人徐亮建造，也算不違遺誡。

舊譜：葬官嶺，墓牌侍郎董公箄，墓道黄公琮、徐公亮同立。黄公時官按察司副使，並著敘傳一篇，論曰：「陳子季立，古之所稱奇男子也。才品高天下，然嘗跡其生平，非忠信不言，非中正不蹈，又近於躬行君子者，蓋先正有言豪傑而聖賢者。余交之久，知之深，故能言之。」

圖書在版編目(CIP)數據

毛詩古音攷；屈宋古音義／(明)陳第撰；郭庭平點校．—福州：福建教育出版社，2024.9
(八閩文庫・要籍選刊)
ISBN 978-7-5334-9843-6

Ⅰ.①毛…　Ⅱ.①陳…　②郭…　Ⅲ.①《詩經》—音韻學—研究②楚辭—音韻學—研究
Ⅳ.①H111

中國國家版本館 CIP 數據核字(2024)第 002591 號

毛詩古音攷
屈宋古音義

作　　者：［明］陳　第　撰　郭庭平　點校
責任編輯：黄哲斌　劉露梅
裝幀設計：張志偉
美術編輯：季凱聞
出版發行：福建教育出版社
電　　話：0591-87115073(發行部)
網　　址：http://www.fep.com.cn
地　　址：福建省福州市夢山路 27 號
郵政編碼：350025
經　　銷：福建新華發行(集團)有限責任公司
印刷裝訂：雅昌文化(集團)有限公司
地　　址：深圳市南山區深雲路 19 號
開　　本：890 毫米×1240 毫米　1/32
印　　張：14.75
字　　數：294 千字
版　　次：2024 年 9 月第 1 版第 1 次印刷
書　　號：ISBN 978-7-5334-9843-6
定　　價：88.00 元